# 征途

## ——薛德震哲学书信集

薛德震 著

哲学是一条波涛滚滚奔腾不息的长河

哲学是人类追求美好境界的学问，追求真、善、美、爱的和谐统一

对于中国人民来说，目前还是处于强调呼唤增强主体性的历史阶段

人民出版社

# 目 录

## 回忆、记叙与争鸣

# 自序与后记

# 附录 序言与书评

# 代自序
## 致张小平、黄书元的一封信

张小平同志并报

黄书元同志：

　　送上我今年新编撰的《征途——薛德震哲学书信集》一书的稿本，请批评指正。

　　这本书，以我同黄楠森教授在人道主义和异化问题上的争鸣为主线，把30年来我同他的争论串连起来。黄教授是北京大学哲学系的一位教授，也是我国在"左"的影响下形成的有关人道主义和异化问题的传统观点的主要代表人物之一。我从1979年开始研究并撰写有关马克思主义人的哲学文章，黄教授就是主要的辩论对象。1983年，周扬同志反思"文化大革命"的惨痛教训，自我批评、自我扬弃了"文革"前自己所持的有关人道主义和异化问题的错误观点，但却遭到了黄楠森教授等一批持有相同观点的人们的批判。胡乔木以自己署名的，但是存在逻辑混乱、自相矛盾的缺陷的长文支持了黄对周扬的批判。"文革"后的这一著名学案，当时就遭到党内外许多人的抵制和反对，后来只得草草收场。

　　党的十六大以后的新一届党中央，总结和汲取了国际国内在社会主义革命和建设中的经验教训，特别是在指导发展问题上作出了具有重大的深远意义的理论创新,制定了坚持以人为本的科学发展观。这是在发展问题上的世界观和方法论的集中体现。接着,党中央又提出了构建社会主义和谐社会的重大战略指导思想。这些实践和理论上的重大创新,是作为执政党的哲学思维方式的重大变革,真正摒弃了"以阶级斗争为纲"的思维方式,具有划时代的实践的和历史的意义。但是,党中央的这种创新实践和创新理论,却遭到了黄楠森教授的持续多年的质疑。黄教授在 2004 年 3 月 1 日在《北京日报》上发表了一篇题为《马克思主义与"以人为本"》的文章。这篇文章,表面上看并没有直接反对以人为本的科学发展观,但是骨子里对以人为本的科学发展观却是充满了质疑的。这篇文章,不讲逻辑,思想混乱,自相矛盾,表面上说了赞成"以人为本",但实际上散布对以人为本科学发展观的无穷的疑虑。我在同年 5 月写了一篇文章,题为《谈谈马克思主义的人本主义——兼与黄楠森教授商榷》,原来是要指名道姓与黄教授争鸣的,但当时报社的编辑同志有顾虑,就隐去了姓名,发表了我这篇文章的摘要,题目也改为《提"以人为本"会导致"以我为本"吗——兼谈正确理解马克思主义的人本主义》。我的这篇文章的未经删改的全文编入了我的《人的哲学论说》一书,由中国社会科学出版社在 2004 年 8 月正式出版面市。我的这本《哲学书信集》就是以这篇指名道姓与黄教授商榷的文章作为首篇。黄教授后来又写了多篇文章,仍然坚持已被实践检验扬弃了的错误观点,对中国人民在党的正确领导下的创新实践和创新理论不断地提出种种质疑,所以我又写了一批论文,对黄教授以及同他持有相同、相近观点的人们的质疑,作出了我的回应。我后来写的同胡乔木、卢之超同志商榷的文章,都是同黄教授争论的延伸和继续,因为黄教授多次将胡乔木的那篇长文拿出来作为自己提出种种质疑的理论根据,所以,对乔木同志的那篇逻辑上自相矛盾的长文不作出辨析和澄清,黄教授还会拿它来作为挡箭牌和护身符。这些文章都收录在我的《以人为本 构建和谐社会 40 论》一书之中,而这本《哲学书信集》第一单元的几十封同专家学者们的通信则记述了这些文章写作的背景、针对性和现实意义之所在,如实地记录了这种争鸣的真实历程。

本书的第二、第三单元,则弥补了 2003 年 10 月党中央正式提出以人为本的科学发展观以前，我同黄教授争鸣的一些关节点的故事和历程。

　　第四单元，是学界朋友们为我的几本书所写的序言和书评，从中也可以看出学界的专家教授们是怎样评论我同黄教授长达30年的争论的。

　　现在，哲学界、学术界的气氛并不活跃，更谈不上活泼，这同我们这个繁荣的、蒸蒸日上的时代和社会并不相称。我们出版单位，应在活跃正常的学术争鸣上多花点功夫，多做点努力。我对黄教授一直坚持用平等的、民主的、说理的态度同他争鸣，我想这是完全符合党的"双百"方针和现在治国理政的根本理念的。

　　这本书如实地记录了我同黄教授的学术争鸣。但是，这本书的意义绝不仅仅限于我同黄教授的个人观点之争，究其实质关系到对中国人民在党的正确领导下的创新实践和创新理论应当持什么样的正确的态度，也关系到对马克思主义的真精神、对在实践中发展着的马克思主义如何正确理解和正确把握的问题。我不敢说，我的理解就是绝对正确的，我只企望公开出版，留下这一真实的记录，让实践、历史和人民来检验和评判。

　　中国特色社会主义是与全体中国人民切身利益攸关的事业，我们的党中央对它充满了必胜的信念，对中国人民的这种创新实践和创新理论充满了自信，在处理像黄教授这样对创新实践和创新理论的质疑时，采用了一种宽容的、平等的、让其公开表达，并允许同他持不同观点的人们与他公开辩论的方式来处理，让人们在正常的批评与自我批评中，相互切磋，自我反思，自我扬弃，不再采用过去那种高压的、大批判的、一棍子打死的老办法，开创了执政党处理党内、人民内部思想认识分歧的先河和新气象。我认为，我们党在这方面所取得的新的成功、新的经验，特别珍贵，表明我们的党已经成长为一个真正成熟的郑重的执政党，是一个极为负责任的可以信赖的执政党，是一个中国人民乃至世界人民应当尊重的执政党，中国人民幸甚，我们应当十分珍惜！

　　我的这本书的书名为《征途》，实际上也可以称作《正道》。我在《征途》中所执著追寻的"正道"，一曰正确的道路，二曰正确的道理即真理，也就是说，要坚决地走中国特色社会主义道路，要坚定地维护中国化的、发展着的马克思主义——中国特色社会主义理论体系。让我们共勉之。

　　此致

　　敬礼！

薛德震

2009 年 8 月 10 日

# 代序一
# 张世英教授的一封来信

德震同志：

我长期不去哲学系，昨天因事前往，才收到大札，迟复为歉。我年岁太大，写字手发颤，几难成形，加上耳聋，平日不敢通过电话与朋友交谈，一般用电脑联系。听说您不用电脑，只好写信。

"哲学应是一条波涛滚滚、奔腾不息的长河。"说得好，乃我心之所同然。从这一句话，就可以看出，您不但好学沉思，而且富于热情。一般认为古希腊人有沉思的特点，其实还有热情的一面。我觉得您也有这双重的优点。

《〈归途〉读后感》对我的称赞，我感到亲切、真诚。这主要是因为您把对拙著的不足之处也指出来了。有褒有贬，始见真情。有人给我的书写书评，全是表扬，毫无己见。我读后既感谢，又是无动于心。《读后感》最后一段："对中国人民来说，目前还是强调呼唤增强主体性的历史阶段。"这几句话似乎让我感到我和您正在同呼吸，与中国历史的搏动共起伏。我几年前一再强调既要吸收西方近代主体性精神和"主客关系"的思维方式，更要"超越"它，用中国传统的"天人合一""主导"它。两年前，北大心理系主任朱滢先生突然来电话，说要写一本书，想引用我《超越自我》一文的观点，说明我代表中国人的传统观点。书成后，送我一本。他来我家时，还是初次相识,读了他的书以后,我觉得我讲的"超越"自我、"超越"主体性,未免讲得太早了。他用大量心理实验和调查证明,中国人当前还缺乏主体性,缺乏独立的自我观。结论同您的话几乎相似:中国人目前还需要强调自我(实即"主体性")的历史阶段。受他的启发,我这两年写的文章,基调都是:中国人现在最需要的是强调主体性;大说"超越"主体性,未免言之过早。您文末上引的那几句话和朱滢先生的结论,几乎不约而同地启发了我。我这两年正在按您们两位的思路前行。而我相信您和朱先生并不相识,可见您们的见解是时代的要求。时代使我们走到一起来了。

顺请

大安

张世英

2009 年 3 月 12 日

# 代序二
# 陈晏清教授的一封来信

德震同志：

您好！大著收到。见书如见人，看到您的书，真有一种老朋友久别重逢之感，异常兴奋。

二十多年来，您在繁忙的职务工作之余，并且顶着压力，执著于人的哲学的问题的研究，取得了丰硕的成果。党中央提出以人为本的科学发展观，是集中了全党的智慧，特别是理论界长期研究的成果的。这里面，您的贡献分量很重。

"以人为本"是现时代的时代精神，是哲学的主题。您做的事情，是追索和塑造时代精神的工作，是真正的哲学家应做的事情。可喜的是，这一主题已被越来越多的哲学研究者所领悟。这就有可能使我们的哲学研究走上正道，并能打开广阔的天地。

我这些年没有太大的成就，当然也做了一些事情。把我的情况说得很糟也会使您感到难堪，因为您是在我学术成长的起步时期给过我巨大支持和帮助的师长和朋友，不愿看到我搞得太糟糕。明年我的文集，还有一两本新书出版，到时候一定送您指教。

从您大著的"后记"里看到，您曾两次患过心衰，这很令人挂念。望您多加保重。

周凡现在我们这里做博士后研究。我曾在《新华文摘》上读到过他给您写的书评。周凡是一位很有思想、很有学术功底的年轻学者。

有机会,我会去北京看望您。年纪大了,更加想念老朋友。

祝

好

晏清上

2006 年 10 月 29 日

# 前　言

## 一

我在完成了《人的哲学论说》、《人的哲学论纲》、《以人为本　构建和谐社会 20 论》、《以人为本　构建和谐社会 40 论》和《为他人作嫁衣裳》等书的撰著和出版工作以后,朋友们为我高兴,向我表示祝贺。他们对我说,漫长的三十年的精神苦旅,既经历过政治高压下的艰难跋涉,又经历过春风阳光沐浴下的高歌前行,这样的曲折行程,定会有许多鲜为人知的故事,写写这些亲历的人和事,可以留下珍贵的记忆和精神财富。听了朋友们的建议后,我重新翻阅十几本笔记和文稿档案,经过反复思考,慢慢形成一种设想。我认为事后写回忆录,一是记忆可能不是很准确,二是不可避免地会掺进一些后来的成分,不如把近五六年来同朋友们的通信和有关文档记录汇集起来编成一本书,这样能够给人以真情实感。

经过几个月的努力,编成了这样一本小书:《征途——薛德震哲学书信集》。我已出版了几本关于人的哲学的论著,这本书信集如果纳入这个系列,可以称作"人的哲学论辩",以与黄楠森教授的辩论为主线,既以黄教授在"文革"前后在人道主义和异化问题上的传统观念为辩论的对象,又以党中央制定以人为本的科学发展观后,黄教授(包括与他持有相同或相近观点的其他学人)的种种质疑为辩论的对象。

# 二

这本书信集的体例和具体内容,大体上可以分为四个单元:(一)通信与交流;(二)回忆、记叙与争鸣;(三)自序与后记;(四)附录:序言与书评。

第一单元是我与学界朋友们的通信、交谈及其他互动交流的篇札,其中包括论辩对象、报刊编辑和各方面的学者、专家和友人,记录了我的一些文章的写作背景、意图和针对性,一些重要的理论观点是怎样形成的,可以让读者洞见、透视我当时的真实思想。这些书信主要是记录了2003年10月党的十六届三中全会正式提出以人为本的科学发展观以后,我是怎样从马克思主义人的哲学的角度对之进行跟踪学习、解读和论说的。

编好第一单元的初稿后,还有点缺憾,就是缺少有关20世纪八九十年代,我从事人的哲学研究的人和事。八九十年代至2003年以前我从事人的哲学研究的成果,已经汇集在《人的哲学论说》和《人的哲学论纲》两本书之中,没有必要再重复了。但是,在这期间与一些关节点有关的人和事,只好用第二、第三单元来弥补了。

第二单元的第一篇文章,回忆了我是怎样在煤油灯下开始学哲学的。第二篇《马克思主义有自己的人道主义》,记录了我在1983年4月北京大学关于人道主义学术讨论会上发言的基本观点。在这次学术讨论会上,黄楠森教授的发言,反复讲人道主义是资产阶级的意识形态,同马克思主义是根本对立的,不应当讲在马克思主义中有任何积极意义的人道主义。他承认有社会主义的人道主义,是在胡乔木同志发表了那篇长文以后才改口的。第三篇《我参与讨论胡乔木论异化的文章》一文,回忆了在中宣部召开的胡乔木那篇长文未定稿的讨论会上我的发言的要点。第四篇《致力于社会主义社会发展动力的开发》则记录了我在人的哲学研究中的一个重要收获。我在研究中,深深地感到过去关于人类社会发展动力的种种表述,例如关于阶级斗争动力说、生产力动力说、生产力与生产关系矛盾动力说等等,都存在不很周密之处。我在学习《邓小平文选(1975—1982年)》时,受到启发,觉得应当把人类社会发展的动力作为一个系统来加以把握,并在实践中将其作为一个动力系统来进行开发,于是概括出"动因开发"、"动能开发"和"动力开发",并写了这篇短文在《读书》杂志1983年第8期上发表。重读这一篇文章,使我深深地感到,在邓小平开创的关于中国特色社会主义理论中蕴藏着丰富的、深邃的"以人为本"的哲学思想,人既是社会的人,同时社会又是人的社会,人与社会是个有机的统一体,人的发展和社会的发展,是两个紧密联系的、不可分割的"历史过程",只有这两个发展是相匹配的、相协调的、相结合的,才是真正全面的发展、可持续的发展、科学的发展。而所有这一切都是马克思主义关于人的哲学的根本观点。我在学习《邓小平文选》时概括出"动因开发"、"动能开发"和"动力开发",都是运用马克思主义人的哲学的根本原理,也就是运用唯物史观的根本原理同实际相结合来谈学习《邓小平文选》的新感悟、新论说,所以在我所理解的人的哲学中具有重要的意义和价值,打破了传统的哲学解释体系见物不见人的片面性、局限性和误区。我后来虽然多次回到这一论题上来,每次都有所充实和深化,但追溯其起始还是这篇短文,所以我是比较看重这篇短文的。第五篇《人的主体性觉醒是一种极大的社会进步》,因积极地评价了改革开放初期化名"潘晓"的青年人提出人生价值问题的那场大讨论,在《北京日报》理论周刊上发表后,引起了理论界和平面媒体、网络媒体的广泛关注,所以加了个题注也收入了本书。第六篇《我的人学研究回眸》及以后的九篇文章,是《以人为本　构建和谐社会40论》一书出版后新写的,一并收录到本书中,细心的读者可以品味出其中也有我同黄楠森教授的分歧和争鸣。

第三单元包括自序、引言、前言、跋和后记等,如实地记述了我当年撰文著书时的思想和感受,可以说真实地记录了我的心路历程。

第四单元是附录,选刊了学界朋友们为我的撰著所写的序言和书评。他们都是旁观者,反映和记录了社会的客观的观察和评说,是一种社会历史记录。其中胡义成教授的《以人为本:国内外有关学术争鸣述评》一文,虽然不是专门评论拙著的,但也多处提到我的论著和一贯的基本观点,而且因其视野开阔、学术性强,给人以启迪,可以为本书大为增色,所以收入了本书。胡义成教授将我同黄楠森教授的这场争论,放在国际国内关于历史发展观的学术争鸣的大背景下来观察、思考、论说,更可以看清楚这场争论的价值和意义。这是我要特别感谢胡教授的。

从胡义成教授的述评中可以看到,我和黄教授的争论有其历史必然性。发生于 20 世纪六七十年代的"文革",对党和国家的各级干部,包括国家主席和广大知识分子的惨无人道的摧残和迫害,引发人们呼唤马克思主义的人道主义,成了复兴以人为本唯物史观的强大催化剂;"文革"后的拨乱反正、正本清源成了弘扬这种历史观的重要契机。进入 20 世纪的最后二十年,即八九十年代,中国特色社会主义高歌前行,社会主义市场经济体制的确立和蓬勃发展,更给无人的历史观以强烈的冲击,"以人为本"成了全体人民、全体社会成员包括"官"与"民"共同的强烈要求,为以人为本的唯物史观提供了肥沃的土壤也就是充分的社会历史条件。所以同黄楠森教授所坚持的无人的历史观的冲突必然会凸显,黄教授的那种无人的、毫无生气的历史观必然会有人来批判。事实上,除了我,胡义成教授的文章还提到有一大批有独立思考的、清醒的学者也参加了对黄教授所持观念的批评,而且可以预计还会有越来越多的学人会同这种无人的历史观绝裂。

总之,这里有我同论辩对方的思想碰撞和观点交锋;有我同朋友们的精神交流与思想共鸣;有我同别人信息的交换和情感的互动。所有这一切,都是历史和我精神世界的真实记录。论辩对方的原文和朋友们的书信、文稿我无权改动,我自己写给别人的信函文书也已成了历史,除了为了节约篇幅和读者的时间,省略了抬头、问候语和结尾处的致敬语、祝福语以及署名,信函的实质内容,我也无权再做改动,所以,这是一本实录,真实地记录了我的思想的发展历程。

# 三

我与黄教授在人的哲学问题上辩论了三十多年,看来可能还会继续辩论下去。其实,我们都是现实的人,不是生活在真空中,在"左"的思潮肆虐之时,我也受到过感染和影响,黄教授的某些观点,在"文革"前和"文革"的早期阶段,我也曾经持有过,正如周扬在"文革"后的拨乱反正、正本清源时他在自我反思、自我批判、自我扬弃时所说的那样,我也经历过这样的阶段。

经历过"文革"十年浩劫的洗礼，我们回过头来重新学习马克思主义的经典原著，豁然发现我们原来的认识和理解确确实实是有片面性，是有误读和误解，因而下决心丢掉原来某些经不起实践检验的错误观点。这个过程是痛苦的、沉重的。但是，一旦越过了这个自我反思、批判、扬弃的阶段，重新回到马克思主义的正确轨道上，精神获得了解放，的确又是轻松和愉悦的。

在经过实践的校正，重新回到马克思主义的正确轨道上来以后，在新的解读的基础上，形成新的论述。但我一直坚持认为这种新感悟、新解读、新论述，必须接受实践、历史和人民的检验。对于黄教授等的反驳、诘难、质疑，我总是采取欢迎的态度，用平等的、民主的方法与之争鸣，不能沿用过去那种上纲上线、打棍子、扣帽子的老办法。在党中央创立以人为本的科学发展观和构建社会主义和谐社会的重大战略指导思想以后，我所写的几十篇文章，虽然在思想、理论观点上与黄教授等人有重大区别，但总是坚持平心静气地摆事实、讲道理，让实践、历史和人民慢慢地来评说。

# 四

说是哲学通信，其实并不玄虚，它同当今中国人的生存生活世界是息息相通的。在我从事马克思主义人的哲学研究的起步阶段，我在 1980 年 12 月 25 日《人民日报》上发表了一篇题为《"人"在马克思主义哲学中的地位》的文章，记述了这种研究的缘起。这篇文章的开篇部分是这样说的："'人'这种动物同其他一切动物有一个本质的区别，就是具有自我意识。人不断地反问自己：人的本质是什么？人的价值是什么？人生的目的和意义是什么？人是追求自主和自由的，但在现实生活中为什么总是障碍重重？人是向往幸福的，但在人生的历程中为什么总是苦难丛生？人是应该得到解放的，但为什么又总是剥削、压迫缠身？屈原在《离骚》中对人生发出这样的叹息：'长太息以掩涕兮，哀民生之多艰'。屈子不只是消极地叹息人生之多艰，而且不屈不挠地寻求对人生奥秘的解答：'路漫漫其修远兮，吾将上下而求索'。古今中外多少思想家想解这些'谜'，但没有人能够完全解决它。马克思主义哲学创始人是在解决人的解放这个根本问题的斗争中，批判地继承前人的优秀思想成果,总结当时自然科学的成就和阶级斗争的经验,锻造了无产阶级和全人类解放的精神武器——马克思主义哲学的。我们可以说,马克思主义哲学就是有关人的解放的哲学。'人',既是马克思主义哲学的出发点,也是它的目的。可是,在我们长期流行的哲学书籍中,马克思主义哲学的这个主题却逐渐淡薄了、消失了。被马克思所发现的、获得了科学形态的'人',又从马克思主义哲学中销声匿迹了。"(见《人的哲学论说》第42~43页)

在这篇文章的结束语部分我是这样说的:"恩格斯曾经说过:'随着自然科学领域中每一个划时代的发现,唯物主义也必然要改变自己的形式。'①现在,不但自然科学,而且社会科学,以及自然科学和社会科学一体化的科学,都获得了划时代的发展。马克思主义哲学面临着无数新的课题和新的任务。整个人类哲学史,走的就是否定之否定、螺旋式上升的道路。哲学史的这个发展规律也适用于马克思主义哲学发展的历史。'人'在马克思主义哲学中的遭遇,实际上经历了一个肯定——否定——否定之否定的螺旋式上升的过程。我们今天提出'人'在马克思主义哲学中的地位问题,绝不是说要恢复到一百多年前的水平,把马克思和恩格斯一百多年前说过的东西原封不动地照搬过来;而是要在他们已经开通的航道上,在新的实践水平、新的思维能力的基础上,研究'人'和人的解放问题。恢复'人'在马克思主义哲学中的地位,高举起马克思主义的旗子,向着共产主义前进,向着全人类的彻底解放这个目标前进——这就是我们马克思主义工作者所面临的崇高任务。"(见《人的哲学论说》第50~51页)

## 五

人们常说文学不能脱离人的生活,离开了人的生活文学便会枯槁;哲学也不能脱离人的生活,离开了人的生活,对人的生活不闻不问,漠不关心,同样也会枯萎,失去生命力。人类的生存生活是文学的哲学的生命之源,无论

---

① 《马克思恩格斯选集》第4卷,人民出版社1995年版,第228页。

是形象思维还是抽象思维,都应植根于人类的生存生活世界之中,只有这样才能根深叶茂,生机盎然。同时我还感悟到,哲学没有终极之时,它也不是终极真理,而是奔腾不息滚滚流向人类智慧之海的一条长河。

对于论辩的对方,不以敌对的态度和方法对之,而是以平等的、民主的、说理的态度和方法相对,所以总是因为他们的思想理论观点激发了我的心智、激活了我的理论思维而心存谢意;对于他们能与时俱进改变自己过时的观点而感到高兴,对他们能理解认同我的观点而表示欢迎。我觉得作为学人应有独立的人格和独立思考的精神,但作为处理人际关系则不应狂妄不羁,拒人于千里之外,而应力求在自己的践履中体现和谐哲学的精神。这是我所追求的为人为文之道。

书信部分的排列次序,既不以观点的异同或姓氏的笔画,也不以官阶的大小或社会地位的高低,而以首次信函,或交流发生时间的先后,同时,为了读者阅读的方便和连贯,则把同一个人的信函文稿编排在一起。

读者朋友们,过去如果读过我的或论辩对方篇札的,现在再将这些书信同那些篇札对照地读一读,定会有一些新的感受。这正是这些书信的魅力和价值之所在,也是我为什么要编撰这本书的理由。如果我的这本书能够引起读者再去查阅我和论辩对方的论著,我会感到非常高兴和感谢,也算达到了出版这本书的目的。

最后,我想用恩格斯的一句名言来结束这篇前言:"一个民族想要站在科学的最高峰,就一刻也不能没有理论思维。"①

愿人类的生活之树常绿,智慧之树常青;愿人类的哲学长河永远波涛滚滚奔腾向前,永葆蓬勃生机,永葆青春活力!

---

① 《马克思恩格斯全集》第20卷,人民出版社中文第1版,第384页。

# 通 信 与 交 流

## 致黄楠森

## 一、2004 年 5 月　谈谈马克思主义的
## 人本主义 *——兼与黄楠森教授
## 商榷

　　黄楠森教授 3 月 1 日在《北京日报》上发表了《马克思主义与"以人为本"》一文,我反复读了几遍,仍然搞不清楚黄教授到底是赞成"以人为本",还是反对"以人为本",所以撰写此文,向黄教授提出商榷和请教。

### (一)马克思主义的人本主义与以往
### 人本主义根本区别是什么?

　　有没有马克思主义的人本主义? 二十多年前关于人道主义的那场大争论,争论的其实就是这个问题。主张有马克思主义的人道主义的人们,实际上也就主张有在马克思主义世界观指导下的人本主义。人道主义、人本主义是 Humanism 的不同汉译,其共同点都是承认人是根本。广义的人道主义都强调人的价值,人是根本,应当把人放在本位。但是历史上的各家各派

---

　　* 本文首次全文在中国社会科学出版社 2004 年版《人的哲学论说》一书发表,从行文的口气、文风到内容都可以说是致黄先生的一封公开信。

人道主义,对人的本质、人的属性、人的规定性却有着不同的、甚至根本不同的理解。马克思主义的人道主义就是在这一点上与以往的一切人道主义有着根本的区别。几十年来我国哲学界、学术界在人道主义问题上的争论,归根到底就集中在这个问题上。

在党中央提出要"坚持以人为本"以后,那些曾经反对讲有马克思主义的人道主义、人本主义的人们也承认有"马克思主义的人本主义"了,这是一种可喜的进步,是值得欢迎的。但是,黄教授在作了这种承认后,马上又说:"这不是说以人为本与人本主义毫无区别。以人为本是一种态度、方式、方法,而人本主义是一种观点、看法、理论"。这种表述真是令人如坠云里雾中,"态度、方式、方法"同"观点、看法、理论"到底是一种什么关系?"态度、方式、方法"里面就没有"观点、看法、理论"?"观点、看法、理论"里面就没有"态度、方式、方法"?这样去区分"以人为本"与"人本主义"只能是越区分越混乱,越让人摸不着头脑。作这种区分,实际上仍然是把"人本主义"当作是费尔巴哈等哲学家的专利品,就像把人道主义当作是资产阶级的专利品一样。其实,有黑格尔的、费尔巴哈的、空想社会主义的人道主义、人本主义,也有马克思主义的人道主义、人本主义,它们之间的真正区别不在于"态度、方式、方法"与"观点、看法、理论"这种说不清道不明的区别,而在于对"人"的不同理解,也就是对"人"的本质有不同性质的抽象。在20多年前的那场大争论中,实际上最后归结为"抽象的人"还是"具体的人"的争论。主张有马克思主义的人道主义、人本主义的人们说,马克思主义所说的"人"是具体的人,是从事感性活动的、在历史发展中实践的人;而批判者则把对方硬扣上"宣扬抽象的人"的帽子,然后将其归入费尔巴哈、空想社会主义者一类。这些批判者所批判的其实不是主张有马克思主义的人道主义、人本主义的人们,而是直接批判马克思、恩格斯,因为马、恩曾经反复多次讲过,他们研究唯物史观的出发点是人,是现实的、活生生的从事感性活动、实践活动的人。马克思在批判旧哲学、创立自己的新哲学时,在《关于费尔巴哈的提纲》这篇著名文章中,曾经强调地说:"从前的一切唯物主义(包括费尔巴哈的唯物主义)的主要缺点是:对对象、现实、感性,只是从客体的或者直观的形式去理解,而不是把它们当作感性的人的活动,当作实践去理解,不是从主体方面去理解。"①马、恩关于他们研究的出发点是现实的人、具体的人的种种论述,我和其他持有相同观点的人们已经大量引用过,这里就不重复了。

是"抽象的人",还是"具体的人",这是一个认识论问题。其实,"人"作为客观存在物,任何时候都是具体的、现实的。所以有"抽象"与"具体"之分,是指人们对"人"的认识、在思维中对"人"的反映和把握,有"抽象"与"具体"之分。马、恩对"人"的认识是建立在科学抽象的基础之上的,是把握了人在不同历史条件下的现实的、具体的属性的,而黑格尔、费尔巴哈,空想社会主义的哲学家、思想家们对"人"的认识则是建立在非科学的抽象的基础之上的,没有真实地反映人的真正的属性。黑格尔对人进行了颠倒的把握和反映,把人只当作意识的、思想的存在物,所以是唯心主义的;费尔巴哈对人进行了非科学的、不真实的把握和反映,他舍弃了人身上生动的、丰富的、在历史中不断发展的本质,特别是人的社会性,只把人当作感性的存在而不是感性的活动来看待。他的方法是撇开历史的进程,在那里孤立地、静止地考察人,"假定有一种抽象的——孤立的——人的个体",并且仅仅把人身上的生物学、生理学和心理学的特性抽象出来作为这个孤立的人类个体的本质规定,所以马克思说他只能把"人"的本质"理解为'类',理解为一种内在的、无声的、把许多个人自然地联系起来的普遍性。"②而马克思主义哲学对人、人的本质则进行了真实的、科学的抽象和反映,把握了现实的人的存在、活动和实践,所以是关于现实的人及其历史发展的科学,正如恩格斯在《费尔巴哈和德国古典哲学的终结》中所说:"费尔巴哈没有走的一步,必定会有人走的。对抽象的人的崇拜,即费尔巴哈新宗教的核心,必定会由关于现实的人及其历史发展的科学来代替。"③也正如列宁所说:"当思维从具体的东西上升到抽象的东西时,它不是离开——如果它是正确的……真理,而是接近真理。物质的抽象,自然规律的抽象,价值的抽象及其他等等,一句话,那一切科学的(正确的、郑重的、不是荒唐的)抽象,都更深

---

① 《马克思恩格斯选集》第1卷,人民出版社1995年版,第54页。
② 《马克思恩格斯选集》第1卷,人民出版社1995年版,第56页。
③ 《马克思恩格斯选集》第4卷,人民出版社1995年版,第241页。

刻、更正确、更完全地反映着自然。"①马克思主义哲学关于人、人的本质的抽象是这种科学的、正确的、郑重的抽象，因而是真理，而黑格尔、费尔巴哈关于人、人的本质的抽象则是非科学的、不郑重的、不正确的抽象。这个道理其实并不难理解，正像对于客观存在的物质世界，在不同的哲学家的眼中有不同的反映，但是物质世界绝不会因为不同的哲学家对它采取不同的态度而丧失它的客观存在这一根本特性一样，人也不会因为不同的哲学家对他有不同的看法，而丧失他的客观存在的现实性。

唯物史观的创始人马克思和恩格斯本人都一再承认了"现实的人"、"在历史中行动的人"是他们创立唯物史观的出发点，而且有他们创立唯物史观时期以至晚年的大量著作作为证明，现在居然有人视而不见，如果有人重述马、恩的观点，还要遭到责疑，甚至批判，我们到底应当相信谁呢？不过为什么在时隔一百多年后的今天，这会成为人们争论的一个问题，倒是非常值得人们研究的一种思想现象。这是涉及认识论上的一种带有普遍性的现象。一个概念、范畴、原则、原理一旦从客观事实中抽象出来以后，人们很容易把它当作一个先验的模式，似乎是一个不言自明的东西，不再问一问它们是怎样形成的，是怎样产生的。恩格斯曾经尖锐地批判过杜林的先验论，强调地指出："原则不是研究的出发点，而是它的最终结果；这些原则不是被应用于自然界和人类历史，而是从它们中抽象出来的；不是自然界和人类去适应原则，而是原则只有在符合于自然界和历史的情况下才是正确的。"②

## （二）马克思主义的社会主义与前马克思主义的社会主义的根本区别在哪里？

黄教授还说："前马克思主义的社会主义是人本主义的，而马克思主义

---

① 《列宁全集》第 38 卷，人民出版社中文第 1 版，第 181 页。
② 《马克思恩格斯选集》第 3 卷，人民出版社 1995 年版，第 374 页。

的社会主义是科学的社会主义，它把人类社会看成是客观存在，具有自己的客观规律，反对把社会发展归结为人的思想观念的发展。换句话说，它是以社会为本。"这段话是颇令人思量的，按照这种说法，就应当坚决反对提"以人为本"，而他却一再表示：肯定"以人为本"是"理论上的重大突破"、"是顺理成章"的，这怎么能自圆其说呢？其实，上述论述还是没有搞清楚前马克思主义的人本主义与马克思主义的人本主义的根本区别。前马克思主义的社会主义与马克思主义的社会主义的根本区别并不是一个主张"以人为本"，一个主张"以社会为本"，如果这样去区别的话，那么不是等于说我们党现在提出的坚持以人为本，促进经济社会和人的全面发展的科学发展观，是倒退到空想社会主义去了吗？

在二十多年前关于人道主义的大争论中，我曾写了专文论述过马克思的社会主义的科学性与价值观的统一。马克思主义的人道主义，正是在批判了黑格尔、空想社会主义者把社会发展归结为人的思想观念的发展和费尔巴哈对抽象的人的崇拜以后建立起来的。正是由于马克思完成了这样的批判，所以恩格斯才把唯物史观定义为"关于现实的人及其历史发展的科学"。恩格斯作这一论断时，难道也是"把社会的发展归结为人的思想观念的发展"？我要提请黄教授特别注意，恩格斯所讲的关于现实的人及其历史发展的科学，也就是关于人类社会历史发展规律的科学，不是凡讲人就没有规律可言、就没有科学性可言的。马克思主义的人道主义、人本主义，是建立在对人类社会历史发展的客观规律科学认识的基础之上的，也是科学性与价值观的统一。马克思科学社会主义中包含着这样的人道主义、人本主义是题中应有之义。

黄教授在文中还批评有人"认为以人为本是马克思主义的核心的观点"，我因未见过他所批评的文章，对方是在什么意义上这样说的，对双方的观点无法比较，因而无法发表意见。但是，就黄教授本人的文章，我倒要提出一点请教。黄教授一方面批评别人的观点，另一方面自己又说：以人为本"即指人们抱着以人为根本的态度、方式、方法来处理问题，而所谓根本就是最后的根据或最高的出发点与最后的落脚点。"你的这种又是"出发点"、又是"落脚点"，而且还是"最高的"、"最后的"、"根本的"观点，当然会自认是属于"马克思主义的",不会是"非马克思主义的",那么,这种观点同你所批评的那种观点还有多少距离呢?

## (三)提出"以人为本"会导致"以个人为本"、 "以我为本"以至"天下大乱"吗?

黄教授提出不能把"以人为本"理解为"以个人为本"、"以我为本",用心良苦,值得尊重。但有人发生这样的误解,根源还是在于没有真正理解马克思主义所讲的"人"。人是天生的社会动物,劳动创造了人,但是只有结成一定的生产关系和其他社会关系,人才能从事劳动和其他社会活动,所以马克思说人的本质并不是单个人所固有的抽象物,"一切社会关系的总和"是形成人的本质的"现实基础"。不在一定的社会关系中,人不但无法从事生产劳动和其他任何活动,而且连生存下去都不可能。所以,马克思主义所讲的"人",是具有丰富内容和多重规定性的概念,他既是主体,又是客体,而且是主客体的统一体;既是个体,又是群体,而且是个体与群体、个人与类的统一;既是"我",又是"你"和"他",而且是你、我、他的统一……那种把"以人为本"理解为"个人中心主义"、"以我为本",是对马克思主义人本主义的误解或曲解。至于说人们"按照自己的需要要求于社会",是否一定会导致"天下大乱",则是应当进行具体分析的。个人与社会一方面具有统一性,社会是由人组成的,人是社会的人。但是,另一方面,当人与社会相对而言时,它们又是一对相对应的概念。人要求社会满足自身的需要,社会要求每个人对社会作出贡献。人对社会的要求和社会对人的要求,都是客观存在的,不管你提不提"以人为本"它都是存在的,即使你一千个反对,一万个不赞成,坚决地闭口不提"以人为本",它还是存在的。人与社会的这种双向的价值追求,在任何社会都是存在的。马克思主义强调社会、群体、集体的价值,但从不泯灭个体的价值,更没有用集体、群体、社会的价值去否定个体的价值,因为这样做是根本不可想象的,社会毕竟是由一个个个体组成的,马克思和恩格斯无数次地强调过个体的价值,在《共产党宣言》这部纲领性著作中,在展望未来理想社会时,他们还强调地说:"代替那存在着阶级和阶级对立的资产阶级旧社会的,将是这样的一个联合体,在那里,每个人的自由发展是一切人的自由发展的条件。"①马克思在《资本论》第1卷中指出未来更高级的共产主义的社会形式,是"以每个人的全面而自由的发展为基本原则的"。② 历史上出现过的"天下大乱",正是由于人格化的社会,即社会的当权者没有正确地认识和处理好人的这种满足自身需要的客观要求。历史上出现的阶级斗争,正是由于作为社会统治者的阶级残酷的剥削和压迫造成的。中国共产党作为建设中国特色社会主义的领导力量,作为我们国家的执政党,提出在我们的一切工作、一切活动中要"坚持以人为本"是完全正确的,是完全符合我们党所处的社会历史地位的。我们党在提出坚持以人为本思想的同时,还始终坚持要大力发展生产力,调整生产关系和上层建筑,使其适应生产力发展的需要,为发展生产力服务。大力发展生产力,正是为了解决我国社会现阶段的主要矛盾,即人民日益增长的物质文化需要同落后的社会生产的矛盾。其实,人的一切需要的满足,最终还是要靠人的大脑和四肢的辛勤劳动生产才能实现的,以人为本,促进社会和人的全面发展的科学发展观的提出,首先是为了解决中国社会主义现代化建设中出现的新问题。同时也是为了最大限度地调动人的劳动生产的积极性和创造性。人类无止境的需要,正是推动人类社会永远前进的永不枯竭的内在动因,现阶段我国人民日益增长的物质文化需要同落后的社会生产的矛盾,正是推动我国人民去建设中国特色社会主义社会的强大动力。总之,我们党提出的科学发展观,是在新的历史条件下既坚持又发展了马克思主义,是对社会发展规律的正确认识和把握,是一种进步和成熟。它导致的结果绝不会是"天下大乱",而必然是人与自然、人与社会的和谐发展。如果反其道而行之,则是真正会导致"天下大乱"的。

毛泽东同志曾经说过:"世间一切事物中,人是第一个可宝贵的"。③ 所

---

① 《马克思恩格斯选集》第1卷,人民出版社1995年版,第294页。
② 《马克思恩格斯全集》第23卷,人民出版社中文第1版,第649页。
③ 《毛泽东选集》第4卷,人民出版社1991年版,第1512页。

以马克思主义的人本主义是尊重人的价值、人的自由、人的权利的。但是，马克思主义的人本主义是既讲人的价值又讲人的社会责任的，既讲人的自由又讲人要受到社会规范的约束的，既讲人的权利又讲人的社会义务的，并不是说任何人可以任意地不受任何约束地胡作非为。人之所以为人，是有做人的标准、做人的"格"的。1937 年 10 月 10 日，毛泽东在给审判因逼婚不成开枪打死刘茜的黄克功案件的审判长雷经天的信中说，黄克功"犯了不容赦免的大罪，以一个共产党员、红军干部而有如此卑鄙的，残忍的，失掉党的立场的，失掉革命立场的，失掉人的立场的行为，如为赦免，便无以教育党，无以教育红军，无以教育革命者，并无以教育做一个普通的人。因此中央与军委便不得不根据他的罪恶行为，根据党与红军的纪律，处他以极刑。"①这就是说，即使曾经立过很大功劳的共产党员、革命干部，不但要有党的立场、革命的立场，而且还要有做人的立场。失去了做人的立场，失去了做人的"格"，犯了不容赦免的大罪，也是要受到严厉惩罚的。所以，每一个作为社会一分子的人，必须受到社会伦理道德、法律法规等社会规范的约束；所以，要教育人、改造人、塑造人，要进行精神文明建设。社会主义精神文明建设是人自身的现代化建设，目的是使人成为社会主义现代化的合格的建设者。

（作于 2004 年 5 月。《北京日报》曾于 2004 年 6 月 7 日以《提"以人为本"会导致"以我为本"吗——兼谈正确理解马克思主义的人本主义》为题，发表了本文的摘要）

---

① 《毛泽东文集》第 2 卷，人民出版社 1993 年版，第 39 页。

## 二、2009年3月8日 呼吁
## 进行正常的学术争鸣

您好！寄赠我新近出版的《以人为本 构建和谐社会40论》一册，请批评指正。

我与先生认识已有半个世纪了，而且还面对面地辩论过，交锋过，就是在这本《40论》中，也有多篇文章是同先生辩论的，我想先生是会感觉到的。其实，按我的本意，是要指名道姓同先生商榷的。但是，现在还有一些人不习惯指名道姓的争鸣。这也是由于"文革"之前和之中，把"批判"、"批评"的名声搞坏了。周扬同志在他那篇引起误解和遭到新一轮大批判的学术报告中曾经总结过这方面的经验教训，并曾力争恢复学术批判、批评的正常秩序。但是令人遗憾的是，"文革"之前、之中的流毒至今未能完全清除，人们对学术批评、批判、争鸣，仍然心存疑虑。

我一直将先生视为著名的学者，但智者千虑必有一失。既然是学者，就要坚持独立思考，坚持有创新之论之学，因此就必然会有失误失当之时之事。我认为真名实姓地同先生辩论、商讨、切磋，是对先生的一种尊重，因为我是把先生当作平等的学者来对待的。学者就应当有学者的风度，这是中国知识分子的为文为人之道，是中国知识分子的传统美德。我曾经同一些朋友议论过，我说我写文章坚持说真话，不怕别人反驳、争论，但我唯一的要求是保留我的答辩权，只要允许答辩，我不惧怕公开的批评、批判。我最为厌恶的是他不与你公开辩论，而是暗地"打小报告"，添油加醋，甚至不惜捏造罗织罪名，寻求权力的支持，误导某些不明真相的掌权者支持自己去打击别人、陷害别人。那是一种暗箱操作，是不光明正大的。我坚持同先生公开辩论，就说明我相信先生不会像那些猥琐的小人搞见不得人的勾当，是对先生的一种尊重。

自党中央提出以人为本的科学发展观以后,哲学界、理论界的许多专家学者纷纷学习、解读。在这个过程中出现一些不同的声音,是一种正常的思想文化现象,是一个文明的、民主的社会的吉祥之气象。在这五年中,我注意读了先生的一些文章,感到先生总体上还是拥护、赞成的,但也流露了某些疑虑和质疑,传统的思维方式和观点一时难以改变,也属正常。我想一般的学人都看出来了,党中央也不会不知道,但仍采取一种包容的态度,允许您或与您持有相同观点的文章发表,同以往长期存在的以阶级斗争为纲、用"大批判开路"的传统做法真正决裂了,告别了。这说明什么呢? 这说明人们的神经不再脆弱了,而是健全了、健康了;说明坚持在实践中发展马克思主义,坚持为了人民的根本利益发展科学社会主义,对自己理论上的创新充满了自信。这是坚强的一种表现,不是软弱的表现。这是我国党和人民的一种极大的进步,可喜可贺! 先生作为学者,而且经历过那样多的风风雨雨,对于这种进步,一定不会无动于衷!

"文革"后的周扬,对于自己以往理论上、学术上的失误,是有自我反思、自我批评、自我扬弃的精神的,对于我们这些后学者是有启发和教育意义的。先生已经丢失了多次自我反思、自我批评、自我扬弃的机会。先生现在已八十多岁了,我衷心地希望先生应当珍惜这一宝贵的人生机遇,时不再来,机不可失,愿先生有一个光明的晚年。最近,我注意到先生在一次纪念改革开放三十周年的理论研讨会上的发言,透露了先生对于流传到中国来的苏联教条主义盛行时期的哲学教科书体系、马克思主义哲学解释体系已经开始有所反思,有所批评,这是一个非常好的兆头,放在三十年前,先生是绝对不会这样做的。这说明,三十年来先生已经有了很大的进步,切盼先生继续前进! 我静候先生的佳音!

# 三、2009年4月3日 与黄教授 争鸣的12篇文章篇目

2009年3月29日来信收悉。我同先生的分歧和争论，不是一两句话、个别论点的问题，而是涉及对马克思主义真精神的认识和理解，所以，我的文章有的是引用了先生的原话，这可以说是与先生的直接争论；有些文章虽然没有直接引用先生的原话，但在思想理论观点上同先生有所不同。先生来信要我指明哪些文章是针对先生的，我只好遵命直说，我书中"20论"部分的如下文章：

二论 "以人为本"与马克思主义的人本主义

三论 马克思主义人本主义对旧人本主义的扬弃和超越

四论 "以人为本"的马克思主义证明

九论 "以人为本"与马克思主义的世界观

十一论 "以人为本"的理论价值与实践意义

十五论 对"以人为本"的几种不同解读的商榷

十八论 "以人为本"与人的解放和人的全面发展

　　　　劳动异化论是唯心史观吗？

"40论"部分的最后三篇文章：

《关于人道主义和异化问题》一文商榷

晚年周扬理论上的一个重要贡献

再论马克思主义的人道主义和异化问题——与卢之超同志商榷

另外，《人的哲学论说》一书第313～323页上的《谈谈马克思主义的人本主义——兼与黄楠森教授商榷》一文是指名道姓同先生争鸣的。

以上十余篇文章可以说都是同先生争论的，先生如果有兴趣，希望给予

批评指正。

　　先生明白,我们之间的争论持续了三十年,是有很多话要诉说的。我上次和这一次同先生的通信,迟早是会公之于世的,我期望着先生的回应,并望先生能同意将来公之于世时,连同先生的回信一起公布,以求促进学术、理论争鸣的活跃。

# 致李乔、伍义林*

## 2004年5月24日　与黄楠森
## 商榷一文的写作意图

　　贵报3月1日发表黄楠森教授的《马克思主义与"以人为本"》一文,我对他的文章有些不同的意见,特撰一篇短文,题为《谈谈马克思主义的人本主义——兼与黄楠森教授商榷》,与之商榷。为体现"双百"方针,我想贵报有优先刊登我此文之权,现寄上,请审阅。你报如不拟刊登,请提出意见后退还原稿,我好拿到别的报刊去发表。因是争鸣之作,贵报如做修改,请征得我的同意。①

---

　　* 李乔,高级编辑,时任《北京日报》理论部主任。伍义林,高级编辑,时任《北京日报》理论部副主任。

　　① 　该文后来全文刊载于中国社会科学出版社2004年版《人的哲学论说》一书,《北京日报》于2004年6月7日以《提"以人为本"会导致"以我为本"吗——兼谈正确理解马克思主义的人本主义》为题发表了本文的摘要。

## 致李景瑞 *

## 一、2004年5月27日 《"以人为本"的马克思主义证明》一文的针对性,驳"以人为本"是倒退到空想社会主义之说

　　最近读到黄楠森教授写的《马克思主义与"以人为本"》,其中有一段耐人寻味的论述。他说:"前马克思主义的社会主义是人本主义的,而马克思主义的社会主义是科学的社会主义,它把人类社会看成是客观存在,具有自己的客观规律,反对把社会发展归结为人的思想观念的发展。换句话说,它是以社会为本。"(见3月1日《北京日报》)这等于说,我们现在提"以人为本"是把社会发展归结为人的思想观念的发展,是倒退到空想社会主义去了。黄教授所理解的"人"其实还停留在空想社会主义者的水平上,还未达到马克思主义的水平。黄教授表面上虽然接受了"以人为本"的提法,但思想上其实并没有接受,他的文中还透露了无穷的忧虑。这也属于正常现象,不能压服,只能用争鸣的办法来解决,所以我写了一篇不点名地与他商榷的短文,题为《"以人为本"的马克思主义证明》①。现寄上,请审阅,并想在贵报刊发一下,以体现贯彻"双百"方针,形成争鸣的正常气氛,不知可否?

　　* 李景瑞,高级编辑,时任《光明日报》副总编辑。
　　① 该文刊载于《光明日报》2004年6月22日,见《以人为本　构建和谐社会20论》第33～41页。

# 二、2004 年 10 月 1 日 《关于"以人为本"的几个理论问题》一文的写作意图,对某些不和谐之音不能听之任之

寄上拙著《人的哲学论说》一册,这是 25 年来我参加有关马克思主义人的学说、人道主义、异化问题探讨的论文汇集,请批评指正。

自党的十六届三中全会制定的科学发展观中提出"以人为本"后,理论界产生了一些不同的理解,某些教授发出了一些不和谐的声音。其实,这也是一种正常现象。想当年毛泽东思想、邓小平理论、"三个代表"重要思想,都曾遭遇过强大的阻力,但是既坚持又发展了马克思主义,适应新的时代、新的实践需要的新思想,是具有强大生命力的,是必定会胜利的。邓小平同志提出"不争论"的原则,那是指党已制定的正确的政治路线不要争论,但是他对是非对错是分得很清楚的。理论界出现的某些不和谐声音,如果不理不睬、听之任之,是会影响科学发展观的落实的。我回应某些教授的论点,在贵报 2004 年 6 月 22 日理论版上发表了《"以人为本"的马克思主义证明》。最近又写了一篇《回答与"以人为本"有关的几个问题》①,现将原稿寄上,请审阅。

---

① 《光明日报》2004 年 11 月 16 日以《关于"以人为本"的几个理论问题》为题发表了此文,见人民出版社 2006 年版《以人为本 构建和谐社会 20 论》第 162～168 页。

## 致顾伯平 *

## 2004 年 7 月 28 日　感谢顾伯平
## 对《证明》一文的评论

7 月 18 日来信收到了,谢谢您的鼓励。

您提到的《证明》①那篇文章,是我同黄楠森教授商榷的两篇文章之一,另一篇题为《提"以人为本"会导致"以我为本"吗》,刊载于《北京日报》2004 年 6 月 7 日,现寄上供阅览。

二十多年前那场关于人道主义的大争论,情况您是知道的。当时在北京大学曾经开过一个大型的研讨会,那时,我是正方即主张有马克思主义的人道主义的主要发言人之一,而黄教授则是反方即坚决反对提有马克思主义的人道主义的主将。黄楠森教授现在看到党中央肯定了"以人为本",也不得不出来说有马克思主义的人本主义,但骨子里还在坚持他原来所持的那套歪理,在 2004 年 3 月 1 日的《北京日报》上发表了《马克思主义与"以人为本"》(这篇文章《新华文摘》今年第 9 期上转载了)。他的文章逻辑混乱,思路不清,根本不能自圆其说。我的上述两篇文章就是针对他的这篇文章的。我把在 6 月 7 日《北京日报》上发表的这篇文章寄给您,是想让您更全面地了解我的观点,如觉得我的观点有什么不妥之处,望不客气地指出。

我们离休后,生活很好,有了空闲和自由时间,在力所能及的情况下,编

---

* 顾伯平,曾任中共云南省委宣传部部长,时任中共大理白族自治州州委书记。

① 指刊载于《光明日报》2004 年 6 月 22 日的《"以人为本"的马克思主义证明》一文。

点书,写点东西,现在心情非常愉快。

## 附  顾伯平 7 月 18 日来信:对《"以人为本"的 马克思主义证明》一文的评论:观点明确、 逻辑严密、阐述有力、令人信服

老薛、老杨①:

您们好!

最近读到老薛在《光明日报》上发表的《"以人为本"的马克思主义证明》佳文,备感亲切、启迪和畅快。不由得又使我想起与二位相处的美好时光。谆谆教诲,犹在眼前。

"以人为本"思想,深刻体现和贯彻了"三个代表"重要思想,是我们党执政理念和思想路线的重大理论升华,是党带领人民进行全面建设小康社会伟大征程的科学理论武器。近一段时期以来,我注意到理论界、学术界对此讨论、研究、宣传较多,报纸上、杂志上发表了不少的文章,但观点明确、逻辑严密、阐述有力、读来令人信服的,唯老薛这篇《"以人为本"的马克思主义证明》。

按照组织的安排,我已于 2002 年 11 月调云南省大理州工作,担任中共大理白族自治州州委书记职务。大理是一个神奇美丽的地方。到了之后,我们思考概括了三句话说明大理的过去、现在和未来:"文化大理风光无限,经济大理商机无限,未来大理发展无限",得到了各方面的一致赞同。

---

① 顾伯平同志与杨瑾在国家文物局共过事,所以也很熟悉。

# 致季桂保 *

## 2004年8月8日 《对两个和谐发展的哲学思考》一文的写作背景

首先要谢谢你。我的那篇短文(指《"以人为本"与促进经济社会和人的全面发展》)在贵报3月3日发表后,《新华文摘》杂志在今年的第9期上转载了,我在北京听到学术界、理论界的反映还不错。后来,我又写了两篇与黄楠森教授商榷的文章,《提"以人为本"会导致"以我为本"吗》,发表在6月7日《北京日报》上;《"以人为本"的马克思主义证明》,发表在6月22日的《光明日报》上,你大概已经见到了。最近,我又写了一篇短文,题为《对两个和谐发展的哲学思考》,是谈学习胡锦涛总书记去年7月1日讲话的心得体会的。现将原稿寄上,想借贵报一角发表一下,不知可用否?①

---

* 季桂保,时任上海《文汇报》理论部编辑。

① 该文刊发于《文汇报》2004年11月22日,但未入选《以人为本 构建和谐社会20论》一书。因为我在继续研究中觉得应当讲三个和谐发展,于是在刊发于《今日中国论坛》2005年第7期的《构建和谐社会的哲学思考》一文中增写了第三节"关于人与自身的和谐发展"。这说明学人在科学研究中应当不断地修正和发展自己的思想理论观点。但是"20论"可以不选用这篇文章,而在总结、回顾、反思自己的哲学思想发展历程的"哲学书信"中却不能不记录一笔。

# 致张江明 *

## 2004 年 8 月 22 日 《"以人为本"与动力开发》的写作意图,以人为本的科学发展观同社会主义社会发展的动力系统深度开发的辩证关系

社会主义社会辩证法研讨会邀请函收到了,谢谢您的邀请。我的身体条件不适宜长途旅行,届时我可能去不了黄山,但我可以为研讨会提供一篇论文,题为《"以人为本"与动力开发》①,是从理论上探讨以人为本的科学发展观同社会主义社会发展的动力系统的深度开发的辩证关系的,同研讨会的主题有密切关系,也可以说是社会主义社会辩证法在当代条件下应当着重研究的课题,现将该文的打印稿寄上,请批评指正。

---

\* 张江明,中共广东省委宣传部前副部长、广东省科学联合会前主席。

① 后来《当代思潮》(2004 年第 6 期)以《"以人为本"的理论价值与实践意义》为题发表了此文,见《以人为本 构建和谐社会 20 论》第 108 ~ 143 页。

## 致王晨*

## 2004 年 10 月 14 日　对黄楠森在《人民日报》9 月 3 日发表的一篇文章的三点不同意见

贵报 9 月 3 日发表了黄楠森教授的《以人为本凸显人道主义价值观》，我经过仔细拜读，觉得这篇短短两千多字的文章，至少有三个问题值得商榷。

一、该文针对"以人为本"，提出"更根本的原则是以人民为本"，实际上是要以"以人民为本"来代替"以人为本"。黄教授在 3 月 1 日发表在《北京日报》的一篇文章中还提出要以"以社会为本"代替"以人为本"。我认为他的这些说法都是似是而非，经不起推敲的，所以，写了一篇《回答与"以人为本"有关的几个问题》①来同他商榷。

二、该文的一个中心论点就是要将"以人为本"限制在伦理道德的范畴以内，我认为这样说不但不符合扬弃如超越费尔巴哈的马克思主义人本主义的本意，而且更不能全面准确地解释科学发展观中"以人为本"的丰富含义和马克思主义的新的发展，所以写了一篇《"以人为本"只限于伦理道德范畴吗》回应之。②

＊ 王晨，党的第十六届、十七届中央委员，时任《人民日报》社社长。

① 《光明日报》2004 年 11 月 16 日以《关于"以人为本"的几个理论问题》为题发表了此文，见《以人为本　构建和谐社会 20 论》第 162～168 页。

② 该文后来以《马克思主义人本主义对旧人本主义的扬弃和超越》为题编入人民出版社 2006 年版《以人为本　构建和谐社会 20 论》一书，见该书第 28～32 页。

　　三、该文还涉及马克思主义中的一个重大的理论问题,即对马克思的劳动异化论如何正确理解和评价的问题。黄教授说劳动异化论是唯心史观。我认为这是根本不符合马克思主义发展的历史事实的,是从外面附加到马克思主义之上的不实之词,所以又写了一篇《劳动异化论是历史唯心主义吗》与之辨析。我觉得黄教授好像没有好好地阅读马克思的著作文本,如果他真的认真地读一读《1844年经济学哲学手稿》,特别是成熟时期的《政治经济学批判》、《剩余价值理论》、《资本论》以及恩格斯的《反杜林论》、《家庭、私有制和国家的起源》等名著,凭他是北京大学的哲学教授,是不应该看不懂的。但他却硬是白纸黑字把劳动异化论是唯心史观加到马克思、恩格斯的头上。这不仅仅是一个"劳动异化"概念问题,而是实际上把马克思、恩格斯的一生都说成是历史唯心主义者了。① 胡锦涛总书记说有些人教条主义地把不是马克思主义的东西附加到马克思主义的头上,除了上面说到的两个例子,黄教授的这种做法是又一个例子。

　　现将我的三篇短文寄上,盼能听到您的批评指正。《人民日报》是我们党的党报,它的权威性是不容置疑的,它对真理的捍卫、在政治上同党中央保持高度一致也是不容置疑的。我想,像黄教授这样的在理论上有严重漏洞、经不起推敲、在政治上实际上是对科学发展观提出质疑的文章,是会在党员、干部、群众的思想上造成混乱的,是会影响科学发展观的贯彻落实的。我的这种理解不知对否? 也希望能听到您的批评。

---

　　① 这篇文章后来以《劳动异化论是唯心史观吗》为题发表在《理论前沿》2005年第5期上,见《以人为本　构建和谐社会20论》第233~241页。

# 致段若非<sup>*</sup>

## 一、2004年10月30日　应约撰写了《"以人为本"的理论价值与实践意义》

电话里您出的点子很好①，遵照您的建议，我拉开架势写了一篇大约一万六千字的较长的文章，只有理论证明部分摘要用了《光明日报》6月22日那篇文章的一部分内容，其余都是未曾刊发过的。引用马、恩原著的文字，除了十分重要、别人可能需要查证的加了引号、注了出处外，其余的，特别是第一部分第一节历史证明的部分，因文章是编年叙事的写法，所以采用了不加引号、不注出处的复述的做法，这样，版面可以简洁一点，文章也可以连贯一点。文章提前交稿，是让您有充分的时间审查、推敲，如需修改，还有较充裕的时间。

---

　＊ 段若非，研究员，时任《当代思潮》主编，后任《今日中国论坛》总编辑。著作有：《段若非文集》等。

　① 党中央制定坚持以人为本的科学发展观以后，有一些持有传统观念的教授们提出种种质疑。有鉴于此，时任《当代思潮》杂志主编的段若非同志打电话约我写一篇长一点的文章加以辨析，于是我写了《"以人为本"的理论价值与实践意义》。该文刊登于《当代思潮》2004年第6期，并编入人民出版社2006年9月出版的《以人为本　构建和谐社会20论》见第108～143页。

## 二、2007 年 3 月 7 日　《评价社会发展和进步的两种尺度》一文的结构及其现实意义

　　遵嘱写了一篇三千字的短文,题为《评价社会发展和进步的两种尺度》①,以温家宝总理所说人类长期共同追求的价值为开篇,中间介绍了马克思关于用生产力标准和价值标准衡量、评价人类社会发展和进步的两种尺度的理论,最后结束于 3 月 5 日温总理在《政府工作报告》中关于当前贯彻落实科学发展观、加快构建社会主义和谐社会的一系列具体措施,似乎还有一定的理论深度和比较强的现实感。是否能刊用,由您定夺。

## 三、2007 年 3 月 23 日　《保护物权就是保护全体公民权益的物质基础》的写作意图,回应某些人对《物权法》的质疑

　　寄上短文一篇,题为《保护物权就是保护全体公民权益的物质基础》②。

————————

　　①　该文刊载于《今日中国论坛》2007 年第 10 期,见《以人为本　构建和谐社会 40 论》第 276～281 页。

　　②　该文刊载于《今日中国论坛》2007 年第 5 期,见《以人为本　构建和谐社会 20 论》第 256～261 页。

在全国人民代表大会审议《物权法》期间，我看到一些资料和有关论述，其中包括某些人反对制定《物权法》的议论，引起了我的一些思考，就写了这篇短文，谈了我对制定《物权法》的一些认识。我感到颁布《物权法》是我国人民经济、政治生活中的一件大事，它突破了教条主义者的意识形态障碍，具有深远的、重大的现实的和历史的意义。我的这篇短文有点新的视角，对教条主义者对《物权法》的意识形态质疑也有点针对性。现寄上，主要目的是请您批评指正。

我感到十七大前后，党中央对十六大以来的实践与理论创新一定会有所总结，也会产生不少令人关注的理论观点，值得我们理论工作者对之进行力所能及的服务。现在，人们对理论思维普遍存在一种兴趣不太高的状况，有些论文停留于经验层次的较多。不知您是否有此感？似乎应当在理论同实际结合的层面再多作点努力。

# 四、2007 年 9 月 22 日　《科学发展观是对马克思主义主体性思想的继承和发展》一文发掘了毛泽东《实践论》中凸显人的主体性、实践性思想并由此展开论说

党的十七大快要召开了，从种种迹象看，十七大的政治报告和对党章的修改，都会充分肯定从十六大以来党中央在理论和实践上的创新成果，以人为本的科学发展观和构建社会主义和谐社会等重大战略指导思想，将会占有非常重要、非常突出的地位。但是，人们也明白，党中央的这些重大的创新理论和实践也遭到某些人的质疑和反对，特别是遭到了持有传统的"左"的思想、观念的人们的质疑、排斥和抵制。所以，正直的理论工作者不能袖手旁观，而应勇敢地站出来为我们经过独立思考认为正确的理论、路线、方

针、政策鼓与呼。我们可以从更深更高的哲学理论层次，从更重要的哲学思维方式层次，对党中央的创新理论及其实践成果作出论证，从这方面来为中央的正确的决策服务。正是本着这样的考虑，四五年来我陆续写了几十篇短文，大都在报刊上发表了，后来又陆续撰成专著或汇编成文集。近一年来，又在贵刊陆续发表了三篇短文，其中两篇被《新华文摘》和中国人民大学报刊复印资料转载，说明还是引起了学人的关注和重视。

最近，考虑到要为十七大作点服务，又写了一篇《科学发展观是对马克思主义主体性思想的继承和发展》①。我写这篇短文还是费了一点心思的，发掘了毛泽东《实践论》中有关凸显主体性、实践性的思想，并将其同马克思的一贯重视人的主体性思想，同以胡锦涛为总书记的党中央的实践和理论创新联系起来思考，我觉得还是有一定的新意和可读性的。

# 五、2008年6月14日　抗震救灾期间所写有关"以人为本"三篇短文的针对性和新意之所在

5月20日，我应《北京日报》理论部之约，写了一篇短文，题为《从抗震救灾看"以人为本"执政理念的强大力量》。这篇短文他们分成几段编入5月26日《理论周刊》的《"以人为本"理念的充分体现》专版中。在这一版特刊中，他们也约了陈志尚写了几段，同我的论述编在了一起。从陈志尚的新论述中，可以看出他的观点有了很大的改变。受此启发，我又写了一篇题为《在抗震救灾中对"以人为本"理念的再思考》②。在这篇短文的第一页我说

---

① 刊载于《今日中国论坛》2008年第1期，见《以人为本　构建和谐社会40论》第287～293页。
② 刊载于《今日中国论坛》2008年第8期，见《以人为本　构建和谐社会40论》第333～335页。

"在党的十六届三中全会提出以人为本的科学发展观后,有人曾经发出这样的议论:不能抽象地讲人,人是分为不同阶级的,人是分为人民和敌人的,'人'有两种含义,一是指全体社会成员。二是指'人民',而且强调只有从肯定第一层含义进而深入到第二层含义,才算正确地理解了'人'。针对这种把'人'和'人民'两个概念加在一起、混同起来的违背逻辑的论调,我当时曾经指出,党中央所提出的'以人为本'中的'人',不仅指社会关系中的人,而且是指人与自然关系中的人、人与自身关系中的人,因而是指所有的社会成员。"发出上述混淆不同概念的议论的就是陈志尚。三年前我曾撰文回答过他。在我所写的这篇短文的第5页上所讲在抗震救灾中某些曾经质疑过"以人为本"的人认识有所转变,也是指的陈志尚。他认识的有所转变,我觉得应表示欢迎,所以就撰写了这篇再思考。陈志尚现象也给了我一些启发,对"以人为本"理念又有了一些新的感悟,对"以人为本"的内涵、意义和作用又有了一些新的认识,于是就撰成此文。① 现寄上,请批评指正。

# 六、2008 年 10 月 22 日 《党的执政地位与思维方式的变革》一文的写作意图和现实意义

现在全党都在开展深入学习实践科学发展观活动,但是,我感到某些人

---

① 在紧张的抗震救灾期间,我的理论思维也很紧张,接连写了三篇短文,不明底细的人可能会觉得是不是会重复? 但看了当时关于写作背景、针对性和各篇主要内容的书信记载,细细地品味,是可以品味出三篇各有侧重点,而且都有某种新意。通过这种实例,使我进一步体会到写理论文章也不能搞无病呻吟、无的放矢,而要具有强烈的问题意识,带着现实的实践的问题,带着人们生活中思考中的问题,用点脑子,努力写出新感悟,就会有新意,就不会是老调重弹。就是读书,也要带着问题去读,才能读出新的味道来。而且理论性的思维,新意往往不是天壤之别,而是需要细细品味的,不能粗枝大叶。

在解释科学发展观时却有意无意地淡化、贬低、掩蔽它在思维方式和哲学层次上所实现的变革的意义和价值,这样就大大地降低了新一届党中央所提出的"以人为本"的治国理政根本理念和构建社会主义和谐社会重大战略指导思想的划时代的和深远的实践意义和历史意义,所以我最近写了一篇《党的执政地位与思维方式的变革》①。这篇文章的基本思路同您对"以人为本"的评价是相通的。我觉得我们有责任、有义务把这种理解和解读坚持下去,让更多的人能够接受。

## 七、2009 年 7 月 6 日 《在实践中坚持和发展马克思主义哲学》一文的针对性

最近读书看报,经常见到我国一位传授马克思主义哲学的著名教授的文章,再三表示要把他所编写的哲学教材体系搞得"更加精致",可是他却经常用被曲解了的哲学观点来质疑党中央根据新的时代、新的实践的需要所作出的创新哲学思维,以及在这种哲学思维指导下所制定的重大战略指导思想,所以对他的这种热乎劲产生了一点怀疑,就写了一篇《在实践中坚持和发展马克思主义哲学》②发点议论。现将这篇短文给您寄上,请帮助看看,是否有什么不妥之处,如有请不客气地指出。

---

① 刊载于《今日中国论坛》2009 年第 1 期,见《以人为本 构建和谐社会 40 论》第 380 ~ 384 页。

② 刊载于《今日中国论坛》2009 年第 8 期。

# 与刘杲的交谈 *

## 一、2004 年 11 月 3 日　刘杲关于
## 《人的哲学论纲》的选题策划

　　刘杲在读过我赠他的《人的哲学论说》后，2004 年 11 月 3 日在与我的一次交谈中，建议我在已有研究成果的基础上，写一部人的哲学专著，并提出全书结构应包括三大块：

　　一、围绕着人的哲学对马克思主义原著的解读；

　　二、展开对人的哲学具体内容的阐述；

　　三、人的哲学在中国的历史命运以及在中国社会主义现代化建设中的理论价值与实践意义。

　　这可以说是对我撰著《人的哲学论纲》一书的创意和策划，表现了一位资深出版家的智慧。后来，我基本上是按照刘杲同志的这一创意撰著《人的哲学论纲》的，所以我对刘杲同志存有特别的感激之情。

---

　　* 刘杲，新闻出版署前党组副书记、副署长。他与我住同一个院子，所以不必书信往来，只有当面交谈。

# 二、2005 年 2 月 3 日　刘杲对《人的哲学论纲》几篇初稿的意见

我将《人的哲学论纲》中的几篇初稿送请刘杲同志征求意见,在 2 月 3 日的交谈中,他对这几篇初稿提了如下几点意见:

一、人的现代化、人的全面发展、人的解放都是一个意思,包括纵横两个方面:人的现代化是纵向的发展;人的全面发展主要是横向的发展,人的全面发展显然比较科学。发达国家人的发展是不是比我们更进步? 现代化社会的人是不是就是现代化的人? 有一个现代化社会与现代化的人是什么关系的问题。现代化社会中还有一个全面发展的问题,有的人有缺陷,甚至有严重的缺陷。

二、共产主义是崇高的理想,但绝不是终点,到了那时还有更高的目标。

三、从以人为本引出构建和谐社会问题,要有意识引入辩证法思想,和谐与不和谐是相反相成的。多讲点辩证思想,讲清对立统一观点。

四、人对自然、社会、人的认识是个历史过程,这三个认识是永远不会完的。

五、新的一段,关于会不会产生新的阶级问题,是个大问题。我们是宣布消灭阶级、消灭剥削的,但发展民营企业,就是发展资本主义,社会主义基本制度下的资本主义,中国特色社会主义制度下的特色资本主义。不要不敢说资本主义,不敢谈剥削,问题是在社会主义初级阶段怎样正确处理。

六、人对自然的把握不限于动植物,包括无机界和有机界。

# 致白占群 *

## 2004 年 12 月 28 日 《劳动异化论是唯心史观吗》的写作背景,驳黄楠森教授 9 月 3 日一篇文章中的观点

寄上拙作《劳动异化论是唯心史观吗》①请审阅,并想借贵刊一角发表一下。文中提到的哲学教授是黄楠森,他的文章发表在 2004 年 9 月 3 日《人民日报》。我觉得他在这篇文章中说马克思的劳动异化论是唯心史观,实在是太轻率了。他的这种观点仍在到处散布,把如此不实之词加到马克思、恩格斯的头上,这样不顾马克思主义的原著文本和精神实质乱扣"唯心史观"的大帽子,离马克思主义的科学精神和求实求真的文风实在是相距太远了,是不能不加以澄清的,不然谬说流传,危害太大了。

---

　　* 白占群,中共中央党校教授,时任《理论前沿》杂志主编。
　　① 该文刊载于《理论前沿》2005 年第 5 期,见《以人为本　构建和谐社会 20 论》第 233～241 页。

# 致黄书元 *

## 2005 年 4 月 28 日　征求对
## 《人的哲学论纲》稿本的意见

　　我在完成了《人的哲学论说》一书的编辑工作后,又花了一年多的时间,完成了《人的哲学论纲》一书的撰著。这是一本学术专著。这本新著,不但是我二十六年来的理论思维的结晶,而且是我真心实意在为党中央的发展着的马克思主义作论证,是我自觉自愿地为党中央一系列建党治国的重要指导思想的贯彻落实服务,所以,我是比较看重这本书的,并准备在此初稿的基础上作进一步的修改,使其更臻周密准确。现将初稿稿本送上,请在百忙中帮助审阅并提出宝贵的批评意见,我会认真地听取朋友们的批评意见的。

---

＊ 黄书元,编审,时任人民出版社社长。

## 致伍义林

## 2005 年 12 月 20 日 《马克思论劳动过程中人与物的关系》的写作背景，从经济学的角度驳对"以人为本"的质疑

前些时，看到有位哲学教授提出所谓世界观的"以物为本"来质疑党中央所提出的以人为本的科学发展观。对于这种论调，我们不能默不作声，任其在干部、群众中制造思想混乱，最近看到贵刊理论周刊登了一些学者的发言，对这种论调已作出回应。这样做很好。我认为除了从哲学世界观的角度对之提出反驳外①，最近又写了一篇短文，是从马克思主义的经济学说的角度对之提出反驳的，题为《马克思论劳动过程中人与物的关系》②。

---

① 见拙作《"以人为本"与马克思主义的世界观》，载《理论前沿》2006 年第 3 期，见《以人为本 构建和谐社会 20 论》第 85～95 页。
② 见《以人为本 构建和谐社会 20 论》第 42～48 页。

# 致郑必坚*

## 2005 年 12 月 22 日　逻辑不仅具有力量，而且是一种美，从中可以获得美的享受

　　您的三大本论集已经收到。对于您的不忘老朋友，我表示衷心的感谢。您的文章，理论同实际紧密相结合，说理性强，逻辑性强，我是爱读的。我觉得逻辑不仅具有力量，而且是一种美，从中可以获得美的享受，不知我的体会对否？您的这些论文，不仅撰著时花了功夫，而在结集成书时又花了六七年，可见其认真。我希望能继续读到您的文章。

　　我 2004 年在中国社会科学出版社出版了一本《人的哲学论说》，是一本论文集，出版后曾寄赠您一册，不知收到了没有？最近我在人民出版社出版了一本新著《人的哲学论纲》，可以勉强称为学术专著，另邮给您寄上一册，希望能够听到您的批评指正。

---

　　* 郑必坚，时任中共中央党校常务副校长。主要著作有：《郑必坚论集》三卷本。

# 致冯玉珍 *

## 一、2005 年 12 月 22 日  理论上、学术上的事情,得要凭真理办事

另邮寄上我的新著《人的哲学论纲》,是《人的哲学论说》的姊妹篇。中国社会科学出版社出版的那一本是论文集,人民出版社出版的这一本勉强可以说是学术专著,增强了系统性和逻辑性,也可以说是我二十六年来关于人的哲学研究的一次总结。我不敢说我的逻辑体系与每一个论点都完美无瑕,但我可以说是用心思索,花了心血,写出了我的真情实感,在理论上还是有点勇气的,冲破苏联"红色教授"们的教条主义的条条框框,没有一点勇气是不成的。但光有勇气还不行,理论上的事情、学术上的事情,得要凭真理办事。马克思主义的真谛遭到了多少年的误解和糟蹋,要恢复其本来面貌也不是轻而易举的。您作了可贵的努力,我也想作点努力。我们的这种努力,现在慢慢地得到了人们的承认和重视。我的这两本新书不能说是很完美,但心是真诚的,我希望能得到您的理解,并望能得到您的批评。

---

* 冯玉珍,教授。主要著作有:《理性的悲哀与欢乐》、《新唯物主义——新理性主义》。

# 附1　冯玉珍2005年11月11日来信：对《为他人作嫁衣裳》、《人的哲学论说》的评论

薛老师：

　　您好！

　　昨天到校上课，捧接您寄来的精美而感人的两本著作《为他人作嫁衣裳》和《人的哲学论说》，读至深夜直到凌晨1时，我被一位真正的学者、马克思主义者、出版家的光辉生命历程、崇高品格和无私奉献、敬业精神深深感动，也被你们这一"出版家之家"对国家和民族巨大文化贡献精神和行动而深深感动。请允许我作为一名读者和作者，向您和您家致以崇高敬意和敬礼！致以诚挚而深深的谢意！

　　虽然大自然规律不能抗拒，人早晚都会离开那生命历程和体现生命价值和意义的工作岗位，最后回归自然；然而那些伟大生命曾造福于民族、时代，崇高人们的业绩和精神，以及其成果显现的对真理或公平正义生活原则追求的思想信念、理想却是与日月同辉的。从而正像马克思在青年时代的论"青年人怎样选择职业"中学毕业论文中所说，人们将会在这些崇高人崇高生命的墓前洒下崇高的热泪。

　　薛老师，我认为您以自己坚韧不拔奋斗精神，顽强意志、毅力以及崇高理想信念不懈追求，使自己每一阶段的生命和生活都在平凡伟大历程中度过的，您是属于那种崇高类型的崇高人，是我接触中国学界知识精英中少有的几位最令我崇敬的著名学者之一；您的生活实践确实体现了您的生命是"为他人作嫁衣裳"的，因而也就要真实显现了其生命的博大、崇高和价值意义。因为崇高生命向来是以天下和社会为己任的，而不是拘泥于狭小的自私的小安乐窝的。总之，感慨良多，不能一一尽言。

　　您的那幅"深思远虑"照，显现了哲学家的忧思特性和神情，我想凡真正正直的学者、马克思主义者都会为社会现实的腐败之风以及国家前途和

命运深深忧虑,不过,情况正在慢慢好转,切不可过分忧思,以免影响健康。人民大学的陈先达先生原心脏病和颈椎病重,9月份在京时我与另一老师一同看望他,他已恢复了健康,因为他每天坚持散步两次,每次四十分钟左右。散步和适当运动是防治百病和防止免疫力下降的最好"药方",切勿整天坐书房写作。我体会到,人只有经常户外活动,接触新鲜空气和大自然,与大自然保持一致,才能健康祛病以高寿。离休短短几年,你已有两本著作问世,就很不简单啦。写作只能视作"思维游戏"以利健康,决不敢和在职时那样"拼命"或当作工作任务完成。这样可能会增加心理负担,不利健康的,恕我冒昧坦言。

冯玉珍

2005 年 11 月 11 日

## 附2 冯玉珍2006 年10 月28 日来信:对《以人为本 构建和谐社会20 论》的评论

薛老师:

23 日中午,正当我准备傍晚乘火车赴上海开会(历史唯物主义与构建和谐社会全国学术讨论会)时,十分惊喜地收到您馈赠的又一本专著《以人为本 构建和谐社会20 论》,并认认真真读了您那激情满怀对国家社会和理论学术有着崇高责任感和兴趣的信,祝贺您又一本以自己哲思对中国现实问题沉思的专著成果问世! 并十分钦佩您在理论战线上跃马扬鞭积极奋进精神。今上午刚由上海返郑,匆匆疾书以表真诚祝贺!

尽管上周一赴沪前时间仓促,但还是抽时阅读了您的序言、纲目以及后记和给周凡的信。近几年,您几乎是每年一本书,而这一本内容除了及时反映、体现国家社会生活,体现您将自己的智慧和理论素养继续奉献于社会和启迪人们思考和谐社会理论的来龙去脉和本质外,该书装帧设计简直精美之极！"和谐社会"配以如此"和谐设计"，真正给人以特别美感和愉悦。谢谢您，谢谢薛老师赠我如此美的书！

冯玉珍

2006 年 10 月 28 日

## 二、2007 年 1 月 3 日　无产阶级立场与全人类立场的一致性与差别性，要牢牢树立全人类解放的马克思主义世界观

2006 年 12 月 29 日的信与健康红枣均已收到，谢谢。红枣的风味、口感的确与众不同，我们全家都爱吃。但邮寄太费事，请您以后无论如何不能再寄了。

您的信对我有诸多鼓励，我当继续努力，但岁月不饶人，大的学术工程我无法做了，但写点有感而发的小块文章，我还会努力去做的。您信中提到，我的书"贯彻着马克思主义理论立场和方法"，这个评价是很高的。对于马克思主义的立场，最近我有点感悟。过去，我们一讲立场，首先想到的是无产阶级的立场、工农兵立场，或曰要站在贫下中农、穷人的立场，这些说法在当时都不错，尤其是在革命战争年代更要强调，但是，如果思想受此局限，总是不能超越，那也是要出问题的。其实，马克思主义的立场准确地说应当是全人类的立场，这一立场同无产阶级的立场并不矛盾，而是有着内在的一致性。无产阶级要解放自己，而且能够解放自己，但马、恩也再三强调无产阶级天生地应当具有全人类立场，并自觉地坚持自己的全人类的立场。再说，无产阶级完成社会主义革命，建立了社会主义制度后，原来的无产者会变成有产者。贫穷不是社会主义，普遍贫穷更不是社会主义，如果在社会

主义社会中还长期保留一个无产阶级,那还叫什么社会主义? 那还有什么社会主义的胜利? 那还有什么无产阶级的解放? 现在有些人还在那里喋喋不休:现在出了修正主义了,还得重提以阶级斗争为纲,还得再来一次"无产阶级文化大革命",还得重温依靠谁打倒谁的问题。我说这些人很像是契柯夫笔下的"套中人",不知社会已经发展了、进步了,还站在原地抱住老皇历不放。在现今的中国,无产阶级在夺取国家权力,建立了社会主义社会以后,已经成了国家和社会的主人,已经成为有产者。在自己的社会地位已经发生了根本的、天翻地覆的变化以后,如何不忘自己的历史使命,最根本的一点就是要自觉地树立全人类的立场、立足点,永远不忘解放全人类的历史使命。现在为什么会出现那么多的贪官、腐败分子? 这些人的社会地位变了,就忘了自己参加党、参加革命的最终目的是什么,这同我们长期不重视对党员、干部的全人类立场的教育是否也有点关系? 过去一提全民性、全人类的立场,就批丧失了党性、阶级性,就批丧失了阶级立场。现在,我们党强调要树立以人为本的科学发展观,要构建社会主义和谐社会,我想其中最根本的任务就是要在全党全民树立全人类的立场、立足点,要真正牢牢地树立解放全人类的马克思主义的世界观。不知我的这些感悟是否有点道理,所以写出来请您帮助推敲、指正。信已经写得够长了,就此打住。

春节将至,顺颂新春大吉,健康幸福,万事如意!

## 附 冯玉珍 2006 年 12 月 29 日来信:
## 对薛著四本书的评论

薛老师:

2007 年新年在即,向您致以祝贺,祝在新的一年里凡事胜意,开心愉快每一天,并特赠河南健康红枣品尝,此枣在北京不一定会购到,是河南佳味,主要供出口。老人食枣,尤利于康健,请勿客气,请笑纳。同时,感谢您多次赠书,并对我学术的真诚支持和帮助。

12 月上旬广东学术活动结束返郑后,除了上课断断续续将您的《以人为本 构建和谐社会 20 论》读完,深为您的奋发有为理论精神感动,时间虽无情,年复一年使人变老,但我认为您追求的哲学真理精神却使自己生命仿佛青春活力再现。简单说来,这第四本专著是你哲学精神形而上学的"实践理性"领域,即继前三本专著哲学精神深入到现实社会、生活领域,而非停留在纯理论阶段,特别结合改革开放现实及其社会现实各种矛盾、问题,以及各种理论偏差与谬见,敢于面对现实,予以哲学分析和理论矫正,展现了哲学批判精神和品格,这也正是您的学术品格和人格之显现。而且贯彻着马克思主义理论立场和方法,以马克思原著精神精华为武器,通过分析现实,张扬和宣传了马克思主义精神,这是一个有执著追求和信念的马克思主义者才能做到的。

所以您信中曾说(10 月来信),这四本书是否可以说构成了您理解的"以人为本的唯物史观是马克思主义哲学的当代形态"。可以毫无疑义认定,完全是您思维方式的⋯⋯"当代形态"。康德早就说过,每个人都可以构建自己的形而上学,您这四本书即是您构建的马克思主义哲学的又一种当代形态。您勤奋好学,孜孜不倦,您构建的"当代形态"是完全成立的。

您不仅有理论,且具体实践之,数十年来为捍卫这一真理,除了刻苦钻研理论,还以不同方式同非真理的观点进行论争,推动了理论发展。应该说,我们的人学思想都是受您的人学思想启蒙发展起来的。所以不管我们各自有什么成绩,但您永远是我们的老师或导师。这就是我为什么总称您为薛老师之因。祝薛老师新年快乐! 全家好! (新年后我的学术研究将转向历史和文化方向,有问题时再请教。)

冯玉珍

2006 年 12 月 29 日

# 致唐沅 *

# 一、2005 年 12 月　赠书并请批评指正

请批评指正。①

## 附1　唐沅 2006 年 1 月 27 日来信：
## 《对人的哲学论纲》的评论

《人的哲学论纲》看了一遍，真是一本好书，对我自己也有很多启示。阅读之后产生的最初感觉，就仿佛当年读《大众哲学》、《平凡的真理》似的，让人从疏离变而亲近哲学。但是对这样的著作，要说出点意见，读一遍是不够的，我现在只有如下几句粗浅的话：

1.《论纲》重要特点即优点，首先是它引导读者直面经典作家的论述，并作了细致、深刻、准确的解读。这是一种过硬的功夫，直接显示了马克思主义的思想理论水平。你在《跋》之二里说：这本书也可以说是"我的马克思主义观"，也就首肯了这个特点即优点。

2. 有强烈的现实感和时代感，是一本十分及时的书。它对现实中党的

---

＊　唐沅，北京大学中文系教授。主要著作有：《吴组缃作品欣赏》、《清醒严峻的现实主义者——吴组缃》、《老舍幽默散文赏析》，编著《中国文学，现代部分》等。

①　这是赠书的题词。

路线、方针、政策作了具有很强逻辑说服力的理论辩护，使这本学术专著具有了鲜明的党性。

3. 本书对社会主义作了多方面的深入研究，什么是社会主义？读了本书也会让人得到多方面的启示。

4. 本书"以坚持以人为本，实现人的全面发展为核心主题"，论述的是高深的哲学问题，但是对于读者特别是青年读者来说，它同时又是一本关于人生价值、人生意义的切实有用的教材。

5. 文风质实，深入浅出，充满自信，从容不迫，并且从理论与实际结合上说明和论证了问题。这也是一条重要的特点和优点。

在阅读中也随笔记下了两个问题：

1.《论纲》从第六章起进一步加强了对我国社会主义现实问题的研究。而社会主义的发展是一个相当长的历史时期。也许可以设想要经过三个历史阶段：

一是初级阶段。

二是到本世纪中，当我们的经济社会发展达到那时的中等发达国家（相当于现在的发达国家）的水平，大约就进入了社会主义稳定发展阶段。

三是到本世纪末，我国发展水平进入当时世界的最前列，那就是社会主义成熟的高级阶段（这当然是一个浪漫主义的设想，因为没有涉及发展的复杂性）。

初级阶段是从旧时代脱胎而来，高级阶段将要实现向共产主义过渡，经济社会发展（包括人的发展）状况，无疑差别是很大的。本书充分地注意到这一点，但由于专注于理论论述的展开，在行文上没有及时点明，给人的印象仿佛是以社会主义稳定发展形态为背景的，而读者多半会联系对照他所生活的初级阶段的实际，这样就会产生某种距离感。因此我设想，是否可以把280页最后一个自然段所表述的内容，稍加展开，稍加强调，移放第六章的适当地方，作为一个"及时提醒"，以免理解上产生歧义。

2. 第十章在谈到制度文明建设时谈到了政治文明建设，因而谈到了"民主"问题，但是只简括地强调了民主建设的重要性。而从"社会的全面进步"论题来说，"民主"问题似乎还可适当展开。我设想，如果在同西方（美国）民主(思想和制度)的对比中,论述社会主义是真正广泛的人民民主的基本特点,也许才能回答尖锐的现实问题。现在"民主"成了世界上某些人大搞所谓"颜色革命"的主要武器,而且屡屡得手,不仅搞垮了苏联、东欧诸国,现在又搞到格鲁吉亚、乌克兰,而他们最想搞的当然是中国。我们说我们正在大力搞好社会主义民主建设,这是一种比他们那种民主更加民主的制度,但是他们却说你们没有民主,你们是独裁。只有在对比中并且从发展的角度说清社会主义民主的基本特点,才能雄辩有力地回答世人关注的这个问题。①

△ 在《人的哲学论纲》第 239 页"制度文明建设"的末段增加如下一段文字:

讲到民主,我们要特别强调,这是由社会主义的本质所决定的,是社会主义制度本身的内在要求。在我们党还未取得全国政权之前,毛泽东与黄炎培在延安"窑洞对话"中,在回答黄炎培关于中国共产党在取得全国政权后会不会重蹈政权兴衰的周期律问题时说:不会的,我们找到了打破周期律的办法,那就是"民主"。由此可见,民主是共产党、社会主义社会须臾不可或缺的,是社会主义本质所必需的,所以我们党在改革开放中始终强调要加强民主和法制建设。加强民主和法制建设,首先就要强调增强全体公民的主体意识,主人翁要增强并提高履行权利与义务的责任意识和本领、素质;官员要增强公仆意识,树立正确的权力观,提高为人民服务的本领和素质。现在,"民主"在世界上成了很时髦的一个词,成了超级大国手中的推行单边主义、霸权主义的工具,哪个国家如果不合它的意,不顺它的眼,它就说那里不"民主",煽动所谓"颜色革命",打着"民主"的幌子搞颠覆,甚至明目张胆地出兵侵略,发动不宣而战的战争。用枪炮、战争推行所谓民主,是一种极大的讽刺。我们过去说"革命"是不能输出的,一国人民如果没有革命的要求,你将"革命"恩赐给他,结果必然以失败告终;现在我们说"民主"也是不能输

---

① 唐沅教授的这两点意见很中肯,我阅信后即在重印时备用的"增订本"上增写了两段文字,吸取了唐的意见,准备再版重印时增补进去。现将这两段文字抄录在下面。

出的,你把"民主"讲得天花乱坠,但你用枪炮和战争把"民主"当作礼物送人,是没有人会接受的,是必然会失败的。民主只有成为一国人民的内在需要时,而且民主的实现形式、方式必须适应不同国家、民族的历史、文化特性和现实情况,并由各国各民族在实践中选择、创造,才能在那里开花结果,这也可以说是一个颠扑不破的真理,不管你是强大得不可一世的超级大国,违反了这一真理,也会碰得头破血流。无数铁的事实已经证明了这一点。

△　在《人的哲学论纲》第 289 页第二段"马克思、恩格斯所讲的'自由王国'是指共产主义社会,其中的一些理想境界,在社会主义阶段,特别是社会主义初级阶段,还无法完全做到,只能积极创造条件,逐步向共产主义过渡。"一段的后面,增加如下一段文字:

社会主义是向共产主义的过渡阶段,是为共产主义社会准备和创造条件的阶段,这个阶段的任务是极为艰巨的,从时间方面说则是一个漫长的历史发展过程,我们千万不要把这个阶段看得轻而易举,可以一蹴而就。在这个问题上,我们党是吃过很大苦头的,20 世纪 50 年代的"穷过渡"、"共产风"的教训人们记忆犹新。邓小平总结了历史的经验教训后,曾经说过:"巩固和发展社会主义制度,还需要一个很长的历史阶段,需要几代人、十几代人,甚至几十代人坚持不懈地努力奋斗。"在讲人的哲学、人的发展时,我们也要强调这一点,人的解放、人的全面而自由的发展,是离不开社会的解放和全面发展的,是与社会的解放和全面发展同步的,社会的发展与人的发展是相辅相成的。所以关于"自由王国"的理想境界,是需要经过长期的艰苦奋斗才能实现的。

## 附2　唐沅 2006 年 11 月 8 日来信：对《以人为本　构建和谐社会 20 论》的评论

　　您的新著《以人为本　构建和谐社会 20 论》收到，因为杂事干扰，没能一气读完，但是我可以说下面两句话：其一，陆续收到您在一年之内出版的三本书，作为一位理论家，这不但是多产简直是高产，何况在这期间您还有其他著作面世，让人衷心敬佩；其二，这一组著作以现实的及时性和以思想上的敏锐，学术上的深刻周密所形成的说服力，更让人感到它的厚重分量，并且相信它们必将产生广大影响。

# 二、2009 年 3 月 18 日　追求人类世世代代向往的价值理想和心灵境界，走自己的路

　　寄上我新近出版的《以人为本　构建和谐社会 40 论》一册，留作纪念并请指正。

　　我一辈子干编辑出版工作，养成了读书看报、思考问题和写点东西的习惯。离休后，闲暇时间多了，总闲着对精神对身体都不好，所以重操旧业，这次不是给别人作嫁衣裳，而是变成了写自己的书，编辑出版自己的书。算起来，离休十年，先后出版了六种十五本书（其中有一种是与杨瑾合作主编的《中国园林之旅》，共有十卷），也是自得其乐。我过去写东西也没怎么考虑别人怎样评论，即使同党内那位大理论家或著名哲学教授黄楠森辩论，我也

没有考虑个人得失。只想讲出自己对马克思主义真精神的理解和自己觉得正确的真心话,以及人类世世代代苦苦追求的价值理想,人类生存生活的心灵境界,是非对错留给别人和历史老人去评说吧,我走自己的路。现在看来快到搁笔的时候了。

　　您以前对《人的哲学论纲》所提两点意见,那本书将来如有再版的机会,我是要作修改补充的。

## 致黄书元、张小平 *

## 2006 年 3 月 12 日　征求对《以人为本 构建和谐社会 20 论》稿本的意见

党的十六届三中全会提出以人为本的科学发展观、十六届四中全会提出构建社会主义和谐社会的指导思想,都是对马克思主义的重大发展,是发展着的马克思主义,对建设中国特色社会主义发挥了重大的指导作用。书元同志春节期间来看望我时说,到党的十七大时,将会像对"三个代表"一样将其确立为党的指导思想。我认为这一预测是准确的。书元同志并说人民出版社将成套出书研究、宣传这一重要指导思想。最近一些党报党刊已发表文章论述以人为本、构建和谐社会的指导思想是胡锦涛总书记的创造性贡献。

我自十六届三中全会、四中全会以来,陆续写了二十篇理论文章,论述以人为本与构建和谐社会,自觉地为党中央所提出的这一重要指导思想作论证和作宣传,其中十三篇在《人民日报》、《光明日报》、《文汇报》、《北京日报》、《理论前沿》、《今日中国论坛》等报刊上发表过,有七篇未刊发过,现在我将其汇编成《以人为本　构建和谐社会 20 论》一书。我觉得这本新书适应现实生活的需要,也适合人民出版社出版。这本书我已排印出稿本,现送上请审阅。

---

* 黄书元,编审,时任人民出版社社长。张小平,编审,时任人民出版社副总编辑。

# 致俞可平 *

## 一、2006 年 4 月 6 日　征求对《以人为本构建和谐社会 20 论》稿本的意见

　　自党的十六届三中全会提出以人为本的科学发展观和四中全会提出构建社会主义和谐社会的重要战略指导思想以后,两年半来,我写了二十篇论文进行论证,其中十三篇在《人民日报》、《光明日报》、《文汇报》、《北京日报》、《理论前沿》等报刊上发表过,有七篇未刊发过,存放在我的文稿档案中。最近,我将其整理,汇编成一本《以人为本　构建和谐社会 20 论》小书,并打印出征求意见的稿本,现寄上一份,一是请您批评指正,我准备在听取各方面意见后再作进一步修改;二是向您提供一点学术、理论动态。《20论》中的文章,多数是正面论述的。在目录上用红笔画圈的文章,是对某些学人质疑的回应,但也坚持了民主、平等、说理的态度,目的是为了通过切磋求得对中央精神比较准确的解读和理解,消除由于某些人的质疑而在干部、群众中造成的思想混乱,以便更好地学习、贯彻、落实党中央的指导思想。是否能达到目的,这就要看实践的检验和大家的评论了。

---

　　* 俞可平,教授,时任中共中央编译局副局长。著作有:《增量民主与善治》、《全球化:美国化和西方化,还是中国化和现代化》、《民主与陀螺》、《民主是个好东西》、《思想解放与政治进步》等。

# 二、2006 年 4 月 12 日 《"以人为本"与马克思关于社会劳动科学化的理论》一文的现实意义

最近我又写了一篇短文,题为《"以人为本"与马克思关于社会劳动科学化的理论》①。我觉得马克思在一百五十多年前提出的社会劳动科学化的理论,对于我们理解和把握党中央所提出的以人为本的科学发展观仍然具有非常现实的意义。以人为本的科学发展观不仅继承、坚持了马克思的这一光辉思想,而且发展和丰富了这一思想,所以撰文加以介绍,并谈了我学习的体会。您如果觉得还有点意思,不知可否借《马克思主义与现实》的一角刊发一下,并想将其编入已经寄您征求意见的《以人为本 构建和谐社会 20 论》一书之中。

---

① 该文既在《马克思主义与现实》上刊发了(见 2006 年第 5 期),也编入了《以人为本 构建和谐社会 20 论》。

# 致周凡

## 一、2006 年 6 月 1 日　感谢周凡对《人的哲学论纲》的评论。"谈人色变"的现代愚昧终于不能长久

　　我们从未见过面,素不相识,但是读了您的《以马克思主义方法研究人的问题》一文对拙著的评论,就如同见到了认识很久、很深的老朋友,真有一种遇到了知音的痛快之感。我在《人的哲学论纲》的《跋》中说过,希望我的论说"也要接受时代青年才俊的检阅",您的书评就是我所盼望的这种检阅。您不但读了、读懂了我的《论纲》,而且知之很深。这篇一万余字的书评,已经大大超出了书评的范畴,而是一篇很有分量的哲学学术论文。

　　马克思主义人的哲学,在中国曾经经历过"谈人色变"的不幸岁月。正是这种逆境、压力激励我愈发勇敢、勤奋地去为真理而斗争。我愈读马克思、恩格斯的原著,愈将这些原著同一百多年来无产阶级的革命实践,特别是我们中国的革命实践联系起来思考,愈觉得我的理解、解读没有错。背离人类文明发展大道的现代愚昧终于不能长久,中国人民现在迎来了研究人学的阳光明媚的春天!

　　马克思、恩格斯不是神仙,也不是算命先生,正如您在论文中所说,我们不能要求他们在一百多年前就预知人类现在所面临的生活生存状态,更不能要求他们在一百多年前就预先制定好解决人类今天所遇到的问题的具体方案。今天我们学习马克思主义,不应当死记硬背、照抄照搬他们当年的那

些具体的论说和结论,归根结底是学习他们的科学方法。可以把马克思主义的方法讲得很高深,其实很简明,就是"实事求是"四个字。我们只要深入了解无产阶级、劳动人民在马克思、恩格斯生活的那个时代所碰到的问题,所追求的理想,而马克思、恩格斯是怎样思考和解决这些问题的,便可以发现他们所坚持、所运用的就是"实事求是"的方法。这就是您所说的马克思主义的"真精神"。马克思主义的"真精神",马克思主义方法的精髓"实事求是",说起来容易,做起来却是非常困难、非常不容易的。正如您在论文中所说,我们应当秉持马克思主义的"真精神",根据变化的历史条件推进马克思主义向前发展。既不能死守教条成规,又不能背弃原则和方法,唯一正确的态度是顺应时代的潮流,符合现实的需要,满足人民的愿望,推动社会的进步,根据变化了的具体实践去关注新形势、研究新问题、总结新经验、提炼新观点、作出新概括。正是本着这些原则,我最近完成了《以人为本 构建和谐社会 20 论》的撰著,试图对党中央所提出的重要的指导思想作出马克思主义的解读和证明,对我们时代所面临的哲学主题作出当代诠释。做得是否能够令人满意,只能由后人评说了。关于哲学的时代主题,现在已经引起越来越多的学人的关注。邹广文、刘文嘉先生在《回归生活世界:哲学与我们时代的人生境遇》一文中指出:现在哲学的"人学"内蕴被进一步彰显出来。关注人的生存困境,克服人同自身、同自然、同社会的分裂,给人提供普遍价值与终极理想,这些在各个历史阶段哲学都要面对的重要问题,今天在更高的层面被重新提了出来。从人的生活世界视角重新审视哲学的本体论、认识论与辩证法,在当代历史背景下关注与关怀人,解决人自身的困惑与困境,便成为当代哲学必须认真面对的时代主题(见《杭州师范学院学报》2005 年第 6 期)。陈学明先生在《马克思所构建的"意义世界"是当代人的指路明灯》一文中也指出:人的生存的意义是不是仅在物质领域就能全部实现,还是必须从各个方面满足自己,在追求全面满足中来实现自己的意义,这一问题越来越尖锐地摆在人们面前。显然,在马克思为人类所构建的"意义世界"中,人应当是全面发展的,只有全面发展的人才是真正有意义的人(见《思想理论教育导刊》2005 年第 12 期)。党中央所提出的以人为本的科学发展观和构建和谐社会的重要指导思想,对解决哲学的时代主题作出了新贡献。我坚信,中国人民在党中央的坚强领导下,坚决贯彻落实这些重要的指导思想,将会更加勤奋地建设美好的明天,人类崇高的理想一定能实现!

我们是以文会友,通过文章互相相识,并成了知心的朋友,我希望我们的这种友谊能够保持下去。祝您在学术研究和著述中取得更大的成就。

## 二、2006 年 11 月 28 日　介绍人学研究的心路历程,研究人的哲学不是心血来潮,而是对时代的和实践的问题的思考和回应

为了使你增加对我过去的理论观点的了解,现再给你寄赠 2004 年我在中国社会科学出版社出版的《人的哲学论说》。这本书记录了我自 1979 年以来研究马克思主义人的哲学的心路历程,从中可以看出我研究这个问题不是心血来潮,而是对时代的和实践出现的问题的思考,完全是有感而发,是有针对性的。而且可以看出二十七年来我的主要的、基本的理论观点是一以贯之的,因为这些观点原来就存在于马克思主义之中,只是由于种种历史原因,长期被掩蔽、被埋没了,现在我只不过是在做重新发掘的工作。但从中也可以看出,由于学界某些人受长期"左"的传统观点的束缚,这种重新发掘和重新解读的工作碰到的阻力是何等之大,但是真理是任何力量也阻挡不住的。这本书加上后来出版的两本书《人的哲学论纲》和《以人为本构建和谐社会 20 论》,也还只能说是这种研究工作的开始,也只是一些初步的成果,我殷切地希望中国有作为的青年学人能把这项工作继续推向前进,取得更大的成果。

# 三、2007 年 12 月 12 日 《科学社会主义的 实践形态和理论形态》的写作背景，对 关于民主社会主义问题争论之我的见解

党的十七大后，我一直在学习和研究胡锦涛总书记的报告。对十七大报告从政治、经济层面进行解读是完全必要的，但要真正深刻理解和把握其重大价值和历史意义，还需要从理论层面，特别要同科学社会主义思想发展史结合起来进行思考，才能得到。我的《科学社会主义的实践形态和理论形态》①一文就选择了这一切入点。我的这篇文章，还试图结合近年来有关民主社会主义的争论，发表自己的看法。《炎黄春秋》杂志 2007 年第 2 期发表了谢韬教授的《民主社会主义模式与中国前途》一文，引起了广泛的关注。谢文提出要研究的民主社会主义是一种客观存在，凡客观存在的东西都是可以进行研究的。但谢文的确存在很大的片面性，第一，他把民主社会主义说成是最成功、最好的社会主义模式是需要斟酌的，这样说把中国特色社会主义放到什么位置呢？第二，他为了强调恩格斯晚年关于和平过渡的思想，而试图把马、恩大量的关于阶级斗争、暴力革命、无产阶级专政的思想和论述从马克思主义中排除掉，这样是无法理解马克思主义发展的真实过程的。第三，他对列宁主义和苏联社会主义模式持全盘否定的态度，也是不很科学和客观的。我的文章对谢文没有采用大批判的方法，而是采用根据历史事实、正面阐述我的解读的方法。这样做，不知对否？希望能听到你的批评。

---

① 该文刊载于《湖南社会科学》2008 年第三期，见《以人为本 构建和谐社会 40 论》第 294 ~ 314 页。

# 四、2009年2月11日 《论"物我一体"哲学》的写作意图,时代和实践呼唤着哲学模式和思维方式的变革

寄上我最近写成的《论"物我一体"哲学》一文,请批评指正。这篇文章是在 2006 年 8 月 6 日我写给你的那封长信的基础上修改整理而成的。

我国正处在波澜壮阔的改革开放年代,有许多划时代的创造和创新,照道理哲学思维应当非常活跃,思维方式应当有划时代的变革。但是,我国的当代哲学受政治独断时期的教条主义的哲学解释体系禁锢得太久太厉害,至今还不能完全跳出原有的条条框框,仍想只在原有框架内搞些修修补补,在原有的概念、范畴、规律的排列组合上下功夫。而苏联"红色教授"所炮制的马克思主义哲学解释体系本身就存在严重的缺陷,陈晏清教授对之所进行的分析批判很深刻很透彻。受他和张世英教授的启发,我在两年前写给你的那封信的基础上,写成这篇文章,想对原来流行甚广的原哲学解释体系发起冲击,力求能有所突破。我还深深地感到,我们党的执政地位,也在呼唤着哲学模式和哲学思维方式的变革,我们所做的这种工作,也是时代的实践的需要,现实生活强烈地要求我们这样做。现将该文寄给你,是想听听你的意见。这篇文章已编入我将出版的《以人为本 构建和谐社会 40 论》一书,大约一两个月后即可出版。顺告,静候你的回音。

# 致刘放桐<sup>*</sup>

## 2006 年 10 月　赠书并请批评指正

请批评指正。①

**附**　刘放桐2006 年 11 月 28 日来信：
对薛著两本书的评论

　　对您几十年来独辟蹊径研究人学,我一直很是敬佩。以您担任领导的身份而越出传统的理论框架从事这方面的研究,遇到的政治压力自然比一般学者更为沉重,这就更不容易了。我对人学没有作过专门研究,但从西方哲学、特别是西方现当代哲学的研究看,我发觉绝大部分哲学家即使不径直把哲学当作人学,也都会把人放在哲学的核心地位。在马克思哲学中,人同样处于核心地位。以往的马克思主义哲学研究中谈人色变的倾向实在是对马克思学说的扭曲。最近一些年来研究人学的人多起来了,有的专家的研究成绩卓著。但也有的只是以人学为名,并未脱离传统研究的理论框架。看来这方面的研究还有些关节点有待突破。您的这两本著作②的出版对推动这方面的突破一定能起到重要的作用。

　　* 刘放桐,复旦大学哲学系教授。主要著作有:《现代西方哲学》三个版本,《实用主义述评》、《现代西方哲学述评》,《马克思主义与西方哲学现当代走向》。
　　① 这是赠书的题词。
　　② 指《人的哲学论纲》、《以人为本　构建和谐社会20 论》。

# 致刘国胜 *

## 2007年5月24日 对刘国胜在大型 企业基层党组织建设中贯彻落实 "以人为本"取得成绩的祝贺

您的赠书《以人为本与基层党组织建设》收到了,非常感谢! 收到后,我便迫不及待地读了起来。一个全国著名的大型国有企业的党委书记,能够如此重视马克思主义的基本理论问题和党的创新理论,并将其与自己的本职工作紧密结合,勤于思考和笔耕,成果丰硕,是非常难能可贵的。您在《后记》中说,这些文章,无一不是在相当繁忙的工作过程中写成的,大部分是作为夜晚和节假日的"回家作业"做的,更令人敬佩。现在,人们比较普遍地重视日常应酬和物质享受,对马克思主义的理论问题和比较费力的理论思维有所淡漠,在这种背景下读您的书,令人感到欣慰。您在《自序》中说,近些年来,我党我国正在大写"人"字,并着力地论述了我们党鲜明地提出以人为本的理念,是我党我国与时俱进的一个重要标志:

——提出以人为本,是对我党优良传统的继承;

——提出以人为本,是对我党历史错误的反思;

---

* 刘国胜,时任宝钢集团有限公司党委书记。著作有:《以人为本与基层党组织建设》。他给我寄赠了该书并来信。在该书自序中讲到他在宝钢集团有限公司参与"凝聚力工程"建设中,把它与以人为本的现代化企业管理紧紧地结合起来,在这个过程中,读了包括我的《人的哲学论说》、《以人为本 构建和谐社会20论》等马克思主义人学研究方面的专著,并联系实际不断思考。这是我收到他的来信和赠书后的复信。

——提出以人为本,是对我党顺应时代进步的突破。

从这三个方面来论证党中央提出以人为本重大理念的理论价值和实践意义,特别是您总结性地说:"令人鼓舞的是,在人类社会迈进21世纪后不久,党中央以巨大的创新勇气,站在历史潮流前头,在坚持全心全意为人民服务宗旨的基础上,鲜明地提出了以人为本,把经济建设为中心、发展是硬道理,是第一要务,与以人为本结合起来,形成了以人为本的科学发展观。"并说:"上个世纪50年代中期,我国'国内主要矛盾已经不再是工人阶级和资产阶级的矛盾,而是人民对于经济文化迅速发展的需要同当前经济文化不能满足人民需要的状况之间的矛盾'。1956年9月,党的八大作出'全国人民的主要任务是集中力量发展社会生产力'的论断,强调'发展党内民主和人民民主,加强党和群众的联系'。但是,党的八大的正确路线很快被改变,被'阶级斗争为纲'的错误路线所取代。'阶级斗争为纲'不仅严重阻碍了经济发展,而且严重阻碍了社会进步。对社会进步的阻碍,集中体现在人民利益受损害,人的地位下降(最突出的事件是国家主席刘少奇的人权也得不到保障)。正因为如此,对'阶级斗争为纲'的拨乱反正,不仅要从'阶级斗争为纲'转移到经济建设为中心,而且要从'阶级斗争为纲'转移到'以人为本'。改革开放以来,我们党正是这样做的。然而,是不是明确提出'以人为本',是不一样的。积执政五十多年之正反两方面的历史经验,特别是改革开放二十多年之历史经验,我党高举起'以人为本'的旗帜,这在中国共产党发展史上,具有无可估量的价值。"这些话说得非常好,非常准确和到位。特别可贵的是,您还把党中央所提出的'以人为本'的重要理念,紧密地贯彻到党的基层组织建设的方方面面的工作之中,开展了具体的、深入的论述,取得丰硕的实践成果,这就把党中央所制定的科学发展观落到了实处。对您的这种认识和实践成果表示祝贺!

近三十年来,我一直结合我们党的历史经验教训和当前的实践需要,从事马克思主义的人学研究,近年来进行梳理和整合,陆续出版了三本书:1.《人的哲学论说》;2.《人的哲学论纲》;3.《以人为本 构建和谐社会20论》。从您的来信和《自序》看,第一和第三本书,您是见到了,而且对您的思考、研究、论述起到了一定的积极作用,我感到非常欣慰。人生最难得是觅得知音和知己,我的论说能够引起您的共鸣,这是令人感到非常高兴之事。从您的来信和《自序》看,我的第二本书《人的哲学论纲》您似乎还未见到,现给您寄赠一册,我希望能够听到您的批评性的评论。

# 致孙小礼、龚克 *

## 2007 年 8 月 18 日　征求对
## 《好人龚育之》一文的意见

　　育之原来的秘书宋贵伦同志（现任北京市委宣传部常务副部长），前天给我打电话，说他们正在编辑一本追思、怀念育之同志的书稿，约我写篇文章。我写了一篇《好人龚育之》①的短文。文章虽短，但记述了我对育之同志的真情实感。现寄上，请你们审核一下事实和提法，看看有没有欠妥之处。

<hr />

　　* 孙小礼，龚育之夫人，教授，自然辩证法学者。主要著作有:《信息科学技术与当代社会》、《科学方法中的十大关系》、《科学方法》、主编《现代科学的哲学争论》等。龚克，龚育之之子，曾任清华大学副校长，现任天津大学校长。
　　① 该文编入本书第二单元。

致程中原

# 2007年9月9日 《关于人道主义和
# 异化问题》一文的商榷

中原同志并《胡乔木传》编写组全体同志:

你们撰写的《胡乔木与中国社会科学院》一文和中原同志署名的《百科全书式的马克思主义学者胡乔木》一文,我拜读了。胡乔木同志是我国著名的无产阶级革命家和马克思主义理论家,正如你们所说是百科全书式的马克思主义学者。他是我所崇敬的长者,对他对中国革命和建设事业所作出的贡献我是永志不忘、时刻怀念的。所以,对你们所写纪念他的文章,我是非常赞成的。但是,有一点,我稍有不同意见,今特提出商榷并望赐教。

## 一、关于人道主义问题

中原同志在《百科全书式的马克思主义学者胡乔木》一文中,对乔木所撰《关于人道主义和异化问题》所作的评价,我觉得不太恰当和全面。乔木同志这篇长文的突出贡献和具有创新意义之处在于他肯定了有社会主义人道主义。熟悉中国"文化大革命"前后历史的人们都还记忆犹新,就是在"文革"前我国理论界长期批判人道主义,普遍流行的一种观点便是人道主义是资产阶级的意识形态,凡讲人道主义都是唯心主义的,都是反动的。到

— 61 —

了"文革"期间更发展到了登峰造极的程度,造反派加给刘少奇、邓小平的一顶政治大帽子,便是他们宣扬"地主资产阶级的人性论和人道主义",推行人道主义的修正主义路线。有时还不点名含沙射影地用这种观点批判周恩来。在实际行动中,则对广大老干部、革命群众大搞法西斯式的"全面专政",血淋淋的暴行盛行,制造了多少冤、假、错案。在清算林彪、"四人帮"两个反革命集团篡党夺权、篡改马克思主义的罪行时,人们从理论上进行严肃的反思,提出了马克思主义应当是讲人道主义的,应当是要实行人道主义的,所以提出了应当研究人道主义与异化问题。但是,就是在这个时候,某些"资深教授"仍然坚持传统观点,在1983年在北京大学召开的一次有关人道主义的学术讨论会上,这些教授非常坚定地重申人道主义只是资产阶级的意识形态,是唯心主义的、反动的,马克思主义是不应当讲人道主义的。正是在这之后,乔木在其发表的《关于人道主义和异化问题》的长文中,以鲜明的态度肯定应当讲社会主义人道主义。当时,主张有马克思主义人道主义的理论工作者认为社会主义人道主义是属于马克思主义的、同马克思主义是相通的,所以,对乔木同志的这一理论上对"左"的传统观点的突破是支持的、拥护的,认为这是对马克思主义的坚持和发展,是一个很大的贡献。

但是,这篇文章也留下了隐患,留下了自相矛盾和理论上的偏颇之处,给在人道主义和异化问题上坚持传统观点的人们留下了理论上可以利用的空间,这便是该文提出要区别人道主义两个方面的含义:一个是作为世界观和历史观,一个是作为伦理原则和道德规范。

首先乔木同志作这样的区分,在逻辑上说是自相矛盾的,在理论上是不周密的,是讲不通的。

有没有马克思主义的人本主义?二十多年前关于人道主义和异化问题的大争论,争论的其实就是这个问题。主张有马克思主义人道主义的人们,实际上也就主张有在马克思主义世界观指导下的人本主义。在党中央提出要"坚持以人为本"的科学发展观以后,那些曾经反对讲有马克思主义人本主义的人们也承认有"马克思主义的人本主义"了。这是一种可喜的进步,但是他们仍然坚持乔木同志的区分,说"以人为本"只能在伦理道德的意义上讲,不能在其他意义上讲,并以此来质疑科学发展观。

马克思主义世界观、历史观、价值观(包括伦理道德观)本来是一致的,是一整块钢铁。马克思主义者是不是可以将这三观分割开来,说自己的价值观可以是唯心主义的,而世界观、历史观则是唯物主义的? 如果有人如此说,那是不可思议的。但乔木同志这样区分,则留下理论上的误区。

马、恩从创立唯物史观起,到他们成熟时期以至晚年的论著中,在有关人类社会历史发展及其规律的论述中,有一根主线或者说是核心主题就是有关无产阶级和人类解放的问题,贯穿始终,其中包含了丰富的科学的、唯物主义的人本主义的内容。为了证明这一点,我在《"以人为本"的理论价值与实践意义》一文中,采用编年叙事的方法,引用了马、恩大量原著来加以论证。① 在作了这样的翔实引证后,我说:这样的唯物主义的人本观,在马克思、恩格斯创立唯物史观后,在他们成熟时期直至晚年的大量著作中,不但继续存在,而且不断深化、升华,构成完整的共产主义理论体系。在纲领性文件《共产党宣言》中马、恩作了这样经典性的表述:"代替那存在着阶级和阶级对立的资产阶级旧社会的,将是这样的一个联合体,在那里,每个人的自由发展是一切人的自由发展的条件。"在经典名著《资本论》中,马克思又进一步指出代替资产阶级旧社会的是"以每个人的全面而自由的发展为基本原则的社会形式。"马克思主义的人本观的基本特征是唯物主义的、是实践的,所以恩格斯在《路德维希·费尔巴哈和德国古典哲学的终结》中直截了当地将唯物史观定义为"关于现实的人及其历史发展的科学"②。

第二,将人道主义区分为历史观与伦理道德观两种不同含义,而且认为只在伦理道德观的含义上讲才是唯物主义的,在历史观的含义上讲则是唯心主义的,不仅在逻辑上是矛盾的,在理论上是不周密的,而且并没有超越旧的资产阶级的人道主义,恰恰是重蹈了旧人道主义的窠臼。从哲学发展史来说,马克思主义的唯物主义的、实践的人本主义,是对资产阶级的、空想社会主义的旧人道主义的超越和扬弃。在什么地方超越和扬弃了呢? 最根

① 见拙著《以人为本 构建和谐社会 20 论》,人民出版社 2006 年版,第 108~113 页。
② 《马克思恩格斯选集》第 4 卷,人民出版社 1995 年版,第 241 页。

本之点就在于以往的资产阶级的思想家、空想社会主义者把他们的人本主义、人道主义只局限于被剥削被压迫者的伦理道德的诉求,并且希望通过对资产阶级进行道德说教来实现被剥削被压迫者的解放。马克思主义的人本主义正是在批判了这种关于"爱的呓语"之后建立起来的关于无产阶级和人的解放的科学理论,正如恩格斯在《路德维希·费尔巴哈和德国古典哲学的终结》中回顾马克思是怎样创立了唯物史观时所说,在费尔巴哈那里,爱随时随地都是一个创造奇迹的神,可以帮助克服实际生活中的一切困难。费尔巴哈的道德论是和它的一切前驱者一样的。它是为一切时代、一切民族、一切情况而设计出来的;正因为如此,它在任何时候和任何地方都是不适用的,而在现实世界面前,是和康德的绝对命令一样软弱无力的。理由很简单,因为费尔巴哈不能找到从他自己所极端憎恶的抽象王国通向活生生的现实世界的道路。但是,恩格斯强调说:"费尔巴哈没有走的一步,必定会有人走的。对抽象的人的崇拜,即费尔巴哈新宗教的核心,必定会由关于现实的人及其历史发展的科学来代替。"①这种关于现实的人及其历史发展的科学,包含着从无产阶级和劳动人民的解放,到全人类的解放,再到人的全面而自由的发展等丰富的内容。把马克思主义的"以人为本"仅仅局限于伦理道德的范畴内,实际上仍未跳出资产阶级、空想社会主义旧人道主义的窠臼,现在应该是从这种窠臼中解放出来的时候了。

对于历史上种种人道主义的思想属性,只能从是唯心主义还是唯物主义的角度加以区分,而不应从是历史观还是伦理道德观去加以区分,这样去区分是区分不清楚的。历史观、伦理道德观都是从属于世界观的,都是由世界观所决定的。说一种思想、观点是历史观,还是伦理道德观,并不能区分它是唯物主义的还是唯心主义的性质,因为历史观或伦理道德观既可以是唯物主义的,也可以是唯心主义的,不能说它具有历史观含义就一定是唯心主义,也不能说它只具有伦理道德观含义就一定不是唯心主义。资产阶级的、空想社会主义的人道主义,既是他们的历史观,也是他们的伦理道德观,其思想属性都是由他们的世界观所决定的,他们把其人道主义搞成道德说

---

① 《马克思恩格斯选集》第 4 卷,人民出版社 1995 年版,第 241 页。

教和道德诉求,就是由世界观所决定,仍然属于唯心主义。

第三,这样区分,在实践中也是不可行的,是会造成危害的。

乔木同志在长文中再三地说只能在伦理原则和道德规范的含义上讲人道主义,不能从历史观含义上讲人道主义,但他在长文中自己并没有真正坚持这一原则。乔木同志在自己的文章中,对社会主义人道主义的内容和我们党在自己的工作、实践中所要推行的社会主义人道主义作了非常详细、具体的说明(见单行本第35~50页)。他的这个说明大大超出了伦理道德的范畴。这些内容涉及了经济的、政治的、文化的、社会的,包括伦理道德等方方面面,可以说是全方位的,这难道同世界观、历史观毫无关系? 他所阐述的社会主义人道主义的这些实践内容,同现在党中央所制定的科学发展观中的"以人为本"的许多要求是相通的,并不矛盾。

乔木同志为人道主义的设限,在他讲要实行社会主义人道主义时自己并没有遵守,现在有人却要用这个设限来框限党中央所制定的科学发展观中的"以人为本",这样做怎么能全面、准确地贯彻落实科学发展观呢?

# 二、关于异化问题

你在文章中引用乔木同志的原话说,"异化"概念应当严格限制在特定的历史时期即"阶级对抗的社会,特别是资本主义社会",不能将"异化"概念用于社会主义社会。这就提出了一个重大的问题,就是"异化"是一个哲学概念、范畴,还是一个有特定阶级性的、只能用于"资本主义社会"的概念、范畴,例如矛盾、量变、质变、否定之否定等等,历史上的诸多哲学家都使用过,不同的哲学家都赋予它们以自己的特定的含义,但是,经过马克思、恩格斯的改造,赋予它们新的内涵和外延,便成为马克思主义哲学的概念、范畴。熟悉哲学发展史的人们都知道这一点。"异化"这个概念,哲学史上的不少哲学家用过,黑格尔用得更多一点,但他是在唯心主义的意义上,具有思辨的、神秘的形态,而马克思、恩格斯则紧密地同资本主义社会的现实相联系,正如马克思在《1844 年经济学哲学手稿》中在分析劳动异化时开始说的第一句话就是"我们从当前经济事实出发吧",接着就展开了对劳动异化所反映的各种经济关系以至人与人的关系的论述。在作了这样的论述后,马克思又作了这样的总结:"我们已经从经济事实即工人及其产品的异化出发。我们表述了这一事实的概念:异化的、外化的劳动。我们分析了这一概念:因而我们只是分析了一个经济事实。"马克思"从经济事实出发",最后又归结为"只是分析了一个经济事实",由此可见,马克思的劳动异化论完全是建立在现实的经济事实的基础之上的,因而是唯物主义的。① 经过马克思的这番改造,"异化"概念就脱去了黑格尔加给它的神秘的绝对精神外化的唯心主义的外壳,具有了全新的含义。

马克思不仅对"异化"概念进行了唯物主义的改造,而且对"异化"概念作了一个哲学定义,即"把主体颠倒为客体以及反过来的情形"②。人作为主体,如果创造出来的客体,不但不为人服务,不满足人的需要,反而反过来成为制约人、危害人、主宰人的一种力量,也就是恩格斯所说的成为一种"异己的力量",这就是马克思给"异化"所下定义的哲学含义。我曾在《我参与讨论胡乔木论异化的文章》一文中说:"'异化'概念实在是一个充满辩证思维的哲学概念和范畴,是我们非常用得着的一个哲学概念和范畴,人们无论是在改造自然界、改造社会还是改造人类自身的过程中,都可能会发生异化现象。因此我们不应该埋葬它,为它举行什么葬礼。"③

马克思、恩格斯使用"异化"概念比较多的是用它来揭示资本主义社会的劳动异化现象,但也不仅仅限于此,他们还用它来说明精神领域的宗教崇拜现象、经济领域的商品拜物教与货币拜物教现象、政治领域的权力异化现象以及人们在改造自然时不注意生态环境保护而遭到惩罚的现象,等等。

说"异化"概念只能用于资本主义社会,只能用于阶级对抗的社会,其实也是不符合事实的。马、恩生活于严重阶级对立、对抗,阶级斗争异常激烈的资本主义时期,所以他们主要是用"异化"概念来揭露资本主义社会,

---

① 详见拙著《以人为本 构建和谐社会 20 论》第 233～234 页。
② 《马克思恩格斯全集》第 49 卷,人民出版社中文第 1 版,第 49 页。
③ 见拙著《人的哲学论说》,中国社会科学出版社版,第 300～302 页。

这是完全可以理解的。但是,他们作为无产阶级的伟大的思想家,在总结法国无产阶级发动的巴黎公社革命的经验教训时,1891 年恩格斯在为马克思的《法兰西内战》所写的导言中,就强调要用民主的方法防止社会"公仆"异化为社会的"主人"。马、恩如果能在社会主义条件下生活,如果面对现实生活中还存在如此多的异化现象,我相信他们也会用异化这个哲学概念来进行分析和研究的。写到这里,让我想起了上个世纪 50 年代毛泽东曾经批评过斯大林和前苏联的某些哲学家否定社会主义社会中还存在矛盾的哲学上的错误是没有坚持辩证法。事实证明毛泽东的批评是正确的。毛泽东讲社会主义社会仍然存在矛盾,而且提出要区分两类不同性质矛盾和正确处理人民内部矛盾,正是为了正视矛盾和正确处理矛盾、解决矛盾。现在人们肯定在我们的现实生活中,无论是改造自然、改造社会,还是改造人类自身,都可能会出现异化现象,也正是为了正视异化、认识异化、预防异化、克服异化。那种认为矛盾、异化等哲学概念和范畴不能用于社会主义社会的思维方式及其心态,是应当抛弃了。

乔木同志在文章中还说,"异化"概念是马克思早期著作中常用的、不成熟的概念,在其成熟时期著作中就很少用了,甚至不用了。这也是不符合客观事实的,我在《驳在异化问题上所谓两个马克思对立的观点》、《异化劳动论与马克思两个伟大发现的关系》两篇文章中,大量引用了马克思成熟时期的《政治经济学批判》、《剩余价值理论》和《资本论》等著作中使用"异化"概念的文字,作了辨证。① 这里就不赘述了。

乔木文章中还说:"在马克思全部读过并参加了部分写作的恩格斯的主要著作《反杜林论》(1876—1878 年)中,都没有使用异化概念。"让我们来看看事实,这种说法是否能成立。正是在《反杜林论》中,恩格斯论述过扬弃劳动异化对于实现共产主义、对于人类实现从必然王国进入自由王国的飞跃的重要意义。恩格斯指出,一旦社会占有了生产资料,产品对生产者的统治也将随之消除,社会生产内部的无政府状态将为有计划的自觉的组织所代替。自下而上斗争停止了,于是人在一定意义上才最终地脱离了动

---

① 见拙著《人的哲学论说》,中国社会科学出版社版,第 180~213 页。

物界,从动物的生存条件进入真正人的生存条件。人们周围的、至今统治着人们的生活条件,现在受人们的支配和控制,人们第一次成为自然界的自觉的和真正的主人,因为他们已经成为自身的社会结合的主人了。恩格斯说:"至今一直统治着历史的客观的异己的力量,现在处于人们自己的控制之下了。只是从这时起,人们才完全自觉地自己创造自己的历史;只是从这时起,由人们使之起作用的社会原因才大部分并且越来越多地达到他们所预期的结果。这是人类从必然王国进入自由王国的飞跃。"①恩格斯在这里所说的"异己的力量"就是一种"异化"现象。在马克思逝世后,恩格斯在1884年3月底至5月26日,为了完成马克思研究古代史的遗愿,写了一部名著即《家庭、私有制和国家的起源》,就是在这部名著中,恩格斯还在毫不含糊、毫不犹豫地使用"异化"概念。恩格斯称产生国家后掌握公共权力的官吏为"同社会相异化的力量的代表"②。又说,国家是"从社会中产生但又自居于社会之上并且日益同社会相异化的力量"。③

请注意,恩格斯在其晚年还如此明确地使用异化概念,证明异化概念的确是马克思主义哲学中富有辩证法思想内涵的一个概念。逻辑学上讲,使用全称肯定判断或全称否定判断,要十分慎重,因为人们一旦讲出一个与你的判断不相符的例证,那么你的整个判断也就崩溃了。

# 三、结 束 语

对于一位将近八十岁的体弱有病的老人来说,要亲自执笔撰写出一篇三万多字的长文,在体力、精力和逻辑思维方面,都会是相当困难的,所以在人们拜读乔木同志的这篇文章时,会有逻辑不够谨严、思维不够清晰之感,这是人们能够谅解的。但是我相信,这篇文章的献词会是他亲自撰写的。

---

① 《马克思恩格斯选集》第3卷,人民出版社1995年版,第634页。
② 《马克思恩格斯选集》第4卷,人民出版社1995年版,第172页。
③ 《马克思恩格斯选集》第4卷,人民出版社1995年版,第170页。

他在献词中说,谨以这篇讲话式的论文献给三方面的同志们,其中包括"也献给一切曾经抱有或继续抱有不同观点的同志们,他们的观点使作者获得了写作本文的动机和展开论证的条件,如果本文对他们提出了某些批评,这也完全属于正常的同志态度。"在长文的第一段还说:"我今天的讲话不可能涉及争论中的很多问题,只准备就几个主要问题讲一些意见,跟大家一起讨论。说得不对的,请大家批评、指正。"在结尾处又再次强调地说:"我今天的讲话,在开头已经说过,只是参加讨论,并且只涉及人道主义和异化的一部分问题。对这一部分问题,在一次讲话中也不能说得很透彻,其中一定还有不周到和不准确的地方,再一次恳切地希望大家指正。不赞成我的讲话的基本观点的同志,我也恳切地欢迎他们参加争论。真理愈辩愈明。对于这样一些复杂的理论问题,唯有进行客观的深入的细致的研究和讨论,才能得到正确的结论。"这段话说得是何等的好啊!是这样的谦逊和大度,是这样的真诚和恳切,永远值得我们学习!

我社老社长曾彦修同志曾经在乔木同志直接领导下工作过,他曾对我说过,在延安时期和建国初期,乔木不但自己写文章十分注意逻辑的严谨,而且指导别人写新闻、写文章也十分注意逻辑上的问题,对于逻辑上的错误十分敏感,总是耐心地加以分析和纠正。乔木同志的这篇长文与他以往的文风有着很大的差别,出现了如此多的逻辑上的自相矛盾和分析、判断上的失当。中原同志在自己文章的末尾说:"像所有的大学问家一样,胡乔木的思想理论、学术观点难免有历史和认识的局限,也难免存在着矛盾和偏颇。"这种说法是实事求是的,我很赞成。在这封公开信中,我比较具体地谈了这方面的问题,我相信会得到你们的谅解。历史和人民是公正的,任何人物,即使是伟大的建立了卓越功勋的革命领袖,也要接受历史和人民的检验,所以写他们的历史,为他们立传要坚持的根本原则就是实事求是,这是对历史人物的最大的尊重和爱护。

在乔木同志发表这篇长文之前,我已经写了若干篇关于马克思主义人道主义和异化问题的文章。这篇长文发表后,我响应乔木同志的号召,20多年来不断地撰写与他抱有不同观点的文章和专著,但我一直没有指名道姓地同乔木同志商榷。看了你们刊载于《胡乔木与中国社会科学院》一书中的文章,考虑到你们正在撰写《胡乔木传》,本着尊重、爱护和对乔木同志负责,遵循实事求是的原则和不为贤者讳的精神,写出了上面这些意见,供参考,说得不对的,请批评指正。

薛德震

2007 年 9 月 9 日

(原载《炎黄春秋》杂志 2007 年第 11 期)

# 致杜导正*

## 一、2007 年 9 月 11 日　致程中原的一封公开信的写作背景

最近参加了一次胡乔木与中国社会科学院的纪念座谈会,读了《胡乔木与中国社会科学院》一书,感到程中原同志的文章中对胡乔木的《关于人道主义和异化问题》的评价有点不太准确,所以给他写了一封公开信,提出商榷。其实,这个问题也不完全是由程中原同志的文章引起的,主要还是由黄楠森等教授仍在利用胡乔木同志长文的不当之处,不断对党中央所制定的科学发展观中的"坚持以人为本"提出质疑,最近他在《北京日报》理论周刊上发表文章,重复乔木的观点,实质上仍在质疑党中央的创新理论。所以乔木同志那篇长文中的自相矛盾的观点现在成了在政治上同党中央保持一致的严重的思想障碍,不迈过这道"坎",要统一党的思想是相当困难的。这是我要给程中原同志写这封信的决定性的原因。现将这封信的复印件寄上,请您看看是否可在《炎黄春秋》上发表一下,以引起人们的重视和活跃人们的思考,以便逐步统一到党中央的创新理论上来。同时附上黄楠森最近在《北京日报》上发表的文章,供参阅。

---

* 杜导正,新华社著名记者,曾任《光明日报》总编辑,新闻出版署前署长,时任《炎黄春秋》杂志社社长。

## 二、2008 年 2 月 28 日 《晚年周扬理论上的一个重要贡献》的写作意图,还周扬以公平正义

遵嘱,我在准备在贵刊春节座谈会上发言稿的基础上改写成了一篇文章,题为《晚年周扬理论上的一个重要贡献》①。为了写这篇文章,我再一次认真阅读了周扬同志 1983 年 3 月 7 日的学术报告,挖掘和梳理了报告中的精彩思想,并将其同现在党中央所制定的以人为本的科学发展观和构建社会主义和谐社会的战略指导思想联系起来进行思考,更感到周扬作为我们党的著名理论家和思想家的敏锐洞察力和思想的超前性,当时某些领导者对他的态度实在太离谱了,这实际上是"文革"后的一大冤案,现在应当为其恢复名誉。在现在的条件下,我想发表这篇文章不应有大的障碍,不知你们怎样认为?

## 三、2009 年 3 月 20 日 以人为本和构建和谐社会的哲学就是当代中国的马克思主义哲学

寄上我新近出版的《以人为本 构建和谐社会 40 论》一册,请批评指

---

① 见《以人为本 构建和谐社会 40 论》第 427～438 页。

正。自党中央提出以人为本的科学发展观和构建社会主义和谐社会的重大战略指导思想以后，我一直进行跟踪学习和研究、解读，并针对某些教授的质疑、反对，作了我的回应和反驳、辩论，在五年中写了将近五十篇文章，对于当代中国以人为本、构建和谐社会的哲学意义有了一些新的体会和感悟，所以，这本书可以说是继《人的哲学论说》、《人的哲学论纲》之后，我的"人的哲学新论"。您公务繁忙，翻阅一下序言和目录，就大体上了解了我的心路历程了，如有空闲，翻阅一下最后 5 篇文章，大体上就可以了解我在哲学上的新感悟的内容了。我的这些新感悟，同 1955 年前我们在马列学院课堂上听到的苏联哲学教授所讲的那套教条主义的东西，是有所不同的。他们讲唯物史观是无"人"的，是不强调人的需要、价值、地位和实践活动的，而我则强调要以人为本，为出发点和归宿点，是强调人的需要、人的价值、人的地位、人的解放、人的实践活动的。所以，我特别想听到您的批评指正。

我国哲学界的权威教授黄楠森，在这方面同我是有严重分歧的。我在三十年前，在对"文革"十年浩劫从哲学上进行反思时，对苏联"红色教授"们搞的那套马克思主义哲学教科书体系、解释体系，就提出了质疑和辩论，并着重提出了马克思主义的人道主义和异化问题进行研究。当时黄楠森是反对的。时间过去三十年，真正是换了人间。自党中央提出以人为本的科学发展观和构建社会主义和谐社会的重大战略指导思想以后，我的精神极为振奋，所以才能在五年内写了近五十篇文章来阐发当代中国的时代的和实践的主题。《以人为本 构建和谐社会 40 论》一书，就是我五年来的思想结晶。

我认为，以人为本和构建和谐社会的哲学，就是当代中国的马克思主义哲学形态。这一哲学形态的确立，完成了我们党作为执政党的哲学思维方式的转换，完成了毛泽东、邓小平开创了的事业。我们党在这方面的实践和理论上的创新的意义，现在正在被人们逐步认识，今后将会获得更普遍、更深刻的共识。

## 致卢之超

# 2008 年 5 月 1 日　马克思主义的人道主义和
# 异化问题——与卢之超同志商榷①

《马克思主义研究》杂志 2008 年第 3 期，发表了卢之超同志题为《关于人道主义和异化问题的再认识——兼与薛德震同志商榷》一文。我的这篇文章是对卢文的答辩。

## 一、首先表示欢迎

之超同志的这篇文章阅后的第一感觉是有很大的进步，应当表示欢迎。这种进步主要表现是：第一，这篇文章的文风同他的传统文风有了不小的改变，口气比较平和了，能注意用平等的态度同别人商讨和辩论问题了；第二，有了一定程度的反思，对自己在那场大争论中的做法和观点有一定程度的

---

① 《炎黄春秋》杂志 2007 年第 11 期发表了我的《关于人道主义和异化问题〉一文商榷》。这篇文章是因《胡乔木传》编写组和程中原同志在自己的文章中对胡乔木同志的《关于人道主义和异化问题》一文的评价，我有不同意见而写的。卢之超同志见了后，认为他是编写组成员，所以认为我的这封信也是针对他的，于是他就在《马克思主义研究》杂志 2008 年第 3 期上发表了《关于人道主义和异化问题的再认识——兼与薛德震同志商榷》一文。我的这篇文章是对卢之超的回应。该文无论从行文的口气、文风，还是内容，都可以说是写给卢之超同志的一封公开信，所以将其收录到本书之中。

自我批评,承认"实在有许多误会","关键是把理论和现实政治过分搅和在一起了","许多理论问题遭到扭曲","在思想理论争论中,这样做效果往往不好,也可以说是一个教训";第三,有保留地对我的"马克思主义的人道主义"和"异化问题"的观点有一定程度的认同,同当年的态度有了不小的进步。对于这些,人们自然应当表示欢迎。

之超的文章虽然有上述种种进步,但他过去长期形成的基本观点的确也不是轻易能够放弃的,人们也不会企望他很快地改变,这就留下了可以继续探讨的空间,他也表示了继续探讨的良好愿望。下面,我想同之超同志探讨几个问题。

## 二、是谁主张要用人道主义代替马克思主义?是谁要将马克思主义归结为人道主义?

我在《炎黄春秋》杂志上发表的那篇《〈关于人道主义和异化问题〉一文商榷》的文章,主要是从学理上、逻辑上讲了乔木讲当时在中国的马克思主义队伍中有人主张用人道主义的世界观来代替马克思主义,而乔木主张只能在伦理道德规范的意义上讲人道主义。这在马克思主义中是讲不通的、不合逻辑的,因为马克思主义的一条基本原理是世界观、历史观和价值观(其中包括伦理道德观)是紧密相连的,密不可分的,用列宁的话来说"是一整块钢铁"。伦理道德观是受制于世界观、历史观和价值观的,光说你的人道主义是伦理道德观,并不能说明它的思想属性,不可能有世界观、历史观、价值观是马克思主义的,而伦理道德观却是反马克思主义的、非马克思主义的;也不可能有伦理道德观是马克思主义的,而世界观、历史观、价值观却是反马克思主义、非马克思主义的,并指出乔木自己所讲在现实生活中要实行的"社会主义人道主义"就没有坚持自己所作的这种划分,并未涉及是谁主张要用人道主义代替马克思主义,是谁主张要将马克思主义归结为人道主义问题。

任何游戏都要有游戏规则,没有规则必然乱套。法学上讲要重证据,原告控告被告,必须拿出证据,如果没有证据,而硬要说被告有罪,那就只能成为欲加之罪何患无辞了。在理论争论、学术争鸣中,第一条规则就是要有千真万确的论据,当然还有不能断章取义、歪曲捏造、张冠李戴等等。就拿第一条有论据这一条来说,乔木的长文是直接批评周扬在纪念马克思逝世100周年学术报告会上的报告的。你说周扬主张要用人道主义作为世界观代替马克思主义,那你总得引用一两段周扬这样说的证据来证明这一严重的指责,但是我查遍了周扬的那篇学术报告,从文字到思想内容,根本找不到一处这样的证据,倒是看到了周扬明确地说:"我不赞成把马克思主义纳入人道主义的体系之中,不赞成把马克思主义全部归结为人道主义;但是,我们应该承认,马克思主义是包含着人道主义的。当然,这是马克思主义的人道主义。"从周扬的这种明确表述中,无论如何是不能认为他是要将人道主义作为世界观来代替马克思主义的。但是,乔木仍要那样指责周扬,所以人们感到这真有点强加于人,就不奇怪了。

之超同志可能会说,乔木的文章主要不是针对周扬,而是针对另一位宣扬人道主义的论者的。好吧,现在就让我们来看看这位论者是怎样说的。

他写过多篇关于人道主义的文章,其中最著名的是《人是马克思主义的出发点》这一篇,乔木批评的矛头除了指向周扬,也是指向这篇文章的。那么,就让我们仔细看看这篇文章是否能证明乔木的批评是对的。

无可否认这篇文章是非常强调人的价值和人的解放问题的,但说他是要用人道主义代替马克思主义,是要将马克思主义归结为人道主义,实在是不符合事实的。在这篇文章的开头部分明明说他是在研究马克思主义怎样看待人的问题,人的问题究竟在马克思主义中占什么位置? 并强调地说:"在这里也有一个准确完整地了解马克思主义的问题。"在他看来,马克思主义中是包含人道主义的,马克思主义的人道主义是完整的马克思主义中的组成部分,但是长期被人们忽视了、误解了,甚至遭到了批判,所以他提出要"准确完整地了解马克思主义的问题"。

不错,他在反思"文革"十年浩劫时,是非常重视人的价值和人的解放问题的,因此他说现实的人是马克思主义的出发点,所以遭到了乔木猛烈的批评。其实,他讲的这一观点并不是他的杜撰,而确确实实是马克思、恩格斯反复讲过的。为了证明这一点,他在自己的文章中大量地引用了马、恩在创立和阐述马克思的第一个伟大发现即唯物史观时的原话,证明现实的人、具体的人、实践人、在历史中活动的人确确实实是马、恩研究和阐述唯物史观的出发点。

他已经作了大量的引证,当然还可以补充引用更多的马、恩原话来证明这一点,我在这里只想补充引用恩格斯的《路德维希·费尔巴哈和德国古典哲学的终结》,在回顾和总结马克思怎样创立唯物史观的论述,来证明他的说法没有错。恩格斯说:"费尔巴哈没有走的一步,必定会有人走的。对抽象的人的崇拜,即费尔巴哈的新宗教的核心,必定会由关于现实的人及其历史发展的科学来代替。"①"现实的人及其历史发展的科学"就是恩格斯对唯物史观所下的定义,可见恩格斯在其晚年,还在坚持"现实的人"是唯物史观的出发点。

他在标题上的"人"字前面未加"现实的"、"具体的"、"实践的"等等定语,是通常的一种省略的做法,不管他在正文中无论是在引文还是在行文中多少次地重复使用这些定语,都不被承认,硬说他所说的人就是抽象的人。但是,批判者对马、恩的原话也不予承认,也视而不见,那就只能被人们认为批判者不仅是在批判这位论者,同时也在批判马克思、恩格斯。

在乔木批评周扬的长文发表的一年以前,这位论者在写于1983年1月的《为人道主义辩护》一文中,还明确地说:"不能把马克思主义全部归结为人道主义,但是马克思主义是包含了人道主义的。"

乔木的长文发表后,他又发表了一篇《我对人道主义问题的看法》一文,对乔木文章作了回答,并提出商榷。该文第一节第一个小标题就明确表明"人道主义是一种价值观念,它不同于对世界的解释,也比伦理道德的范围广泛。"然后展开了比较具体的论述:"人道主义本质上是一种价值观念。价值观念包括伦理道德,但范围广得多。人道主义也是一种世界观、人生观。但是,人道主义要回答的问题并不是'物质和精神谁是第一性的',而

----

① 《马克思恩格斯选集》第4卷,人民出版社1995年版,第241页。

是'人的价值是不是第一位的'。两个问题属于不同的领域,但都是世界观问题。为什么呢?因为这个世界是有人的世界,不是无人的世界,人并不站在世界之外'观世界',他就在世界之中,他在'观世界'的同时也在'观自己',观察世界和人的关系。同时,他并不仅仅纯客观地解释世界本身是怎样的,他还要站在人的立场(包括阶级的立场)问这个世界好不好,对这个世界作出价值判断。所以,我认为'世界观'是应当包括价值观的。"

他还说:"把世界观说成仅仅是对世界的理解和解释,这尽管是目前流行的说法,可仍然只是对世界观的一种狭义的了解。大家知道,马克思说过,'哲学家们只是用不同的方式解释世界,而问题在于改变世界'(《关于费尔巴哈的提纲》)。既要改变世界,在世界观上就不能停留在对世界的'解释'上,而且要对世界作出'评价':这个世界是好的吗?它使人满意吗?它应该是怎样的?人希望它是怎样的?……没有这种评价,就根本不会产生改变世界的愿望、意志和热情。'世界不会满足人,人决心以自己的行动来改变世界'(列宁:《黑格尔〈逻辑学〉一书摘要》)。我们说世界观是有阶级性的,这是什么意思呢?因为世界观和自然科学不同,它不仅反映世界本身,而且反映了某个阶级的根本利益和需要。因此,世界观不能排除价值观,价值观是世界观的一个方面。"

充其量,他是说马克思主义中有人道主义,这种人道主义是马克思主义的价值观,而这种价值观是马克思主义世界观的组成部分,马克思主义的世界观是应当包括价值观的。从逻辑学上讲,他是讲了他这样说的"充足理由"的。你如果不同意他的这种说法,应当紧紧扣住他的这一论点驳倒他的理由。他还说了,他并不认为自己的所有观点都是对的,你只要驳倒了他,他随时愿意改正。但是,当年的乔木,今天的之超,都没有实事求是地真正针对他的这种观点及理由进行实实在在的驳论,而是给他硬加上并不属于他的"要用人道主义代替马克思主义,要将马克思主义归结为人道主义",这种做法,怎么能够令人信服呢?

现在回过头来冷静地看一看这一场大争论,乔木同志所讲要实行的"社会主义人道主义"根本就不仅仅是个人所应遵守的伦理道德规范,也不仅仅是个人的道德践履,而是党、政府以至于每一个社会成员在经济、政治、文化、教育、社会等等领域应当实行怎样的政策、措施的主张。这些主张难道不是从共产党人的马克思主义世界观、历史观、价值观中直接产生的？这同周扬等人所提出的作为价值观的马克思主义的人道主义的要求、主张又有什么根本的原则性的区别？怎么乔木同志可以说，而周扬说就成了离经叛道？

## 三、为什么要将周扬指向林彪、"四人帮"的矛头扭向社会主义？

周扬在自己的文章中明确无误地说明了他当时提出人道主义和异化问题进行研究，是对"文革"十年的反思；是在粉碎"四人帮"后作理论上的拨乱反正。

这是一个重要的历史背景和历史事实，是不容歪曲和篡改的。经历过"文化大革命"的人们都还记忆犹新，当时，"四人帮"的笔杆子姚文元就在自己批判刘少奇、邓小平的文章中公开地说，地主、资产阶级的人性论、人道主义是"刘少奇反革命修正主义路线的理论基础"。在姚文元们的带领下，批刘批邓的各种小报、大字报、传单，更是铺天盖地地批判刘邓的"地主资产阶级的人性论人道主义"。有时，他们还用含沙射影的手法，用这种观点批判周恩来总理。

所以，粉碎"四人帮"以后，人们痛定思痛，很自然地觉得应当重新研究人道主义和异化问题。正是在这种重新研究中，人们发现长期被埋没、被曲解的马克思主义中确实存在人道主义思想。正如周扬所说："'文化大革命'中，林彪、'四人帮'一伙把对人性论、人道主义的批判，发展到登峰造极的地步，为他们推行灭绝人性、惨无人道的封建法西斯主义制造舆论根据。过去对人性、人道主义的错误批判，在理论上和实践上都带来了严重后果。这个教训必须记取。粉碎'四人帮'后，人们迫切需要恢复人的尊严，提高人的价值，这是对'四人帮'倒行逆施的否定，是完全应该的。"

　　另一位论者也说,经过十年浩劫,我们的理论界开始重视起人的问题
(包括人道主义、人性、异化等)来了。人道主义所反对的有两个东西,一个
是神道主义,一个是兽道主义。神道主义抬高神而贬低人,用虚幻的天堂幸
福来否定人间生活的价值。兽道主义则把人降低到动物,把人当动物一样
来对待。我们国家有没有这两个东西呢? 我们没有宗教神学的统治,但是
我们有林彪、江青一伙宣扬的现代迷信,这种现代迷信在神化领袖的同时贬
低了人民;至于兽道主义,我们从林彪、江青一伙的封建法西斯的"全面专
政"中已经领会得太多了。我想,这就是我们理论界对重新评价人道主义
感到兴趣的原因(见《人是马克思主义的出发点》)。

　　这种明摆着的历史事实,当年遭到歪曲和篡改,得到当事人的澄清和有
良知的学者们的辨析,已经成为人们的共识。但是,硬要把针对林彪、"四
人帮"的矛头扭向社会主义,难道他们的倒行逆施能代表社会主义? 真是
让人百思不得其解。

## 四、关于"马克思主义的人道主义"与"社会主义的
人道主义"哪一种表述更科学、更准确?

　　在当时的争论中,出现了两个有重大分歧的提法和表述,一为"马克思
主义的人道主义",一为"社会主义的人道主义",而"马克思主义的人道主
义"的提法和表述遭到了批判。既然"旧事重提",我就谈谈对于这个问题
的看法。

　　我是主张使用"马克思主义的人道主义"这一术语的,但也不反对使用
"社会主义的人道主义",因为"社会主义"毕竟是属于马克思主义的,而且
"社会主义的人道主义"也是马克思主义的人道主义的组成部分。但是,当
年却有人反对使用"马克思主义的人道主义"这一术语,所以我在1983年4
月在北京大学召开的有关人道主义学术讨论会上作了一个发言,题为《马
克思主义有自己的人道主义》,这篇短文后来刊登在《国内哲学动态》1983

年第6期上。我在这篇短文中是这样说的：

资产阶级人道主义的思想体系与马克思主义的思想体系是根本不同的，但是资产阶级的人道主义在历史上曾经起过进步作用，经过马克思主义对之进行批判改造，可以形成一种马克思主义的人道主义。用"马克思主义的人道主义"来表述比较准确和科学。第一，从阶级属性看，它鲜明地表明了是无产阶级的人道主义，是为无产阶级以至全人类的解放服务的；第二，从哲学属性看，它是以辩证唯物主义和历史唯物主义为理论基础的，同历史上以至现代资产阶级的主观唯心主义、客观唯心主义、旧唯物主义的人道主义有原则区别。

长期以来，西方资产阶级攻击我们的马克思主义中没有人道主义，说共产党是不讲人道主义的。林彪、江青两个反革命集团在十年动乱中又大肆攻击刘少奇、邓小平等贩卖地主资产阶级的人性论、人道主义。在我们全党和全国人民面对这样的挑战进行理论思考时，对于有没有马克思主义的人道主义这样的问题，我认为应该作肯定的回答，而不应作否定的回答。

至今，我仍坚持认为用"马克思主义的人道主义"比用"社会主义的人道主义"可以更全面、更准确、更科学地概括、反映马克思主义中的人道主义及其历史发展。

## 五、"以人为本"只是一个"政治命题"吗？同马克思主义的世界观、历史观、价值观没有关系吗？

我在同乔木商榷的文章中说："主张有马克思主义人道主义的人们，实际上也就主张有在马克思主义世界观指导下的人本主义。"之超同志轻蔑地说："这里又扯出人本主义，并且和中央提出的'以人为本'联系在一起。"

德文 Humanismus、英文 Humanism 这个词，在中国的翻译界和学术界都说既可以译作"人道主义"，也可以译作"人本主义"。在翻译实践中也确是这样做的,例如马克思《1844 年经济学哲学手稿》中的这个词,中央编译局的译本译作"人道主义",而在人民出版社出版的刘丕坤译本中则译作"人本主义"。我的上述说法怎么就被之超视为"把问题扯远了"呢?之超认为我把问题扯远了,原来是为他下面的论点服务的,接着他说:"实际上,'以人为本'是政治命题,不能把它和人道主义扯到一起。"之超同志没有进一步解释"政治命题"的具体含义,不过从上下文的语气看,似乎只要用"政治命题"一言以蔽之,就可以轻松地把"以人为本"给打发走了,可以不屑一顾了。

众所周知,以人为本的科学发展观,是中国特色社会主义理论体系的重要组成部分,是被全党公认的这一理论创新体系的最新成果,是建立在马克思主义深厚的唯物史观的理论基础之上的,不是什么人用一句这只是一个"政治命题"就能将其重大的理论价值和深远的实践意义一笔勾销的。关于以人为本科学发展观同马克思主义的人本主义的关系,我已写了一系列文章加以论证,有兴趣者可参阅拙著《人的哲学论说》、《人的哲学论纲》和《以人为本 构建和谐社会 20 论》,这里就不赘述了。最近,为了纪念《共产党宣言》发表一百六十周年,我写了一篇《马克思主义是科学性与价值观的统一》,对这个问题也作了论述。我想把该文的结束语摘抄在这里,作为对之超的答辩:总之,马克思和恩格斯一贯所坚持的是在促进社会发展和进步的同时,促进人的全面而自由的发展和进步,这正是马克思主义科学性与价值观的统一所要求的。马克思主义是科学,是基于人、通过人并且为了人的科学。它以现实的人为出发点,以人的需要及其历史活动为内在根据,以人民群众的实践为唯一中介,以人类的彻底解放为最终目的。因此,它是对人的全面肯定的学说,人既是追求价值理想的主体,又是科学研究的客体,所谓全面肯定,就是把人既作为价值对象、又作为科学对象的肯定。在这里,人不仅是目的,而且是主体,是动力,是从事实践活动的、具有丰富的必然属性的客观存在物。既然人是一个具有各种规定性的客观存在物,那么,第一,尊重和肯定人就是尊重和肯定客观存在,这是唯物主义者的最基本的立场,也是一切社会事业成败的决定性要素。可见,对人的尊重这样一个价值要求,实际上是一个严肃的科学要求。第二,人及其种种属性既然具有客观性,它就不仅是必须尊重的价值对象,而且是必须加以研究的科学对象。只有准确地认识了人的客观属性及其发展变化的规律,我们才能做到在科学的意义上尊重人、动员人、改造人,自觉而且卓有成效地为人类谋福祉。这样一来,对人的全面肯定就体现了科学性与价值观的统一。这种统一必然是一切科学的社会理论和社会形态的基础。马克思主义的力量,科学社会主义的优越,其源泉和根据就在于它是科学性与价值观的统一,在于它对人的全面而彻底的肯定。

党中央制定以人为本的科学发展观,并不是凭借中央领导人的先验的天才和聪明,而是对党、对人民、对历史高度负责的中央领导集体,对社会实践和需要、对最广大的人民群众切身需求和福祉的实实在在的回应。这种回应是完全符合马克思主义世界观、历史观、价值观的要求的,因而人们说它是马克思主义的世界观和方法论在发展问题上的集中体现,是正确的科学的,因而被全党和全国各族人民普遍认同和接受,形成一种强大的认识世界和改造世界的物质力量。对于这种实践和理论上的创新,是不应当不屑一顾的,而应当认认真真、扎扎实实地学习、研究,并切实地贯彻落实到自己的行动中去。

## 六、关于"异化"问题,既误读误解了周扬,也误读误解了马克思、恩格斯

关于"异化"这个概念,周扬是这样说的:"所谓'异化',就是主体在发展的过程中,由于自己的活动而产生出自己的对立面,然后,这个对立而又作为一种外在的、异己的力量而转过来反对或支配主体本身。'异化'是一个辩证的概念,不是唯心的概念。"

周扬关于"异化"概念的界说和使用,可以说是来源于马克思和恩格斯。1983 年在中宣部召开的讨论乔木关于人道主义和异化问题那篇长文未定稿的会议上,针对有人提出要埋葬"异化"概念,要为"异化"概念举行葬礼的说法,我在发言中曾经提醒人们在这个问题上一定要慎重,并建议去

查一查《马克思恩格斯全集》第 49 卷第 49 页,我说在那里有马克思为"异化"概念所作的哲学界说。我记得之超同志当即回办公室拿来了第 49 卷,到会场上翻到第 49 页,还当众宣读了原话。

现在看来,之超同志至今还在误读误解马克思、恩格斯对"异化"概念的哲学定义和实际使用的本意。马克思、恩格斯所说的"主体"是指人,"客体"或"异己的力量"是指人在改造自然、改造社会过程中的派生物,"异化"是作为主体的人,在改造自然、改造社会的过程中出现的一种特殊的矛盾现象,不是在这种过程中出现的一切矛盾现象。如果改造过程中出现的结果、事物满足了人的需要,实现了人的福祉,那不叫"异化"。另一种情况是,自然界自身的原因造成的灾害,例如地震、飓风、火山爆发、陨石坠落等等造成的灾害,不能叫"异化",人为原因破坏生态、污染环境造成的灾害则属于"异化"。所以,有人把"异化"与"矛盾"相等同、相混淆,说"异化"无处不在、无时不在,真正是误读误解了马克思的"异化"概念。马克思讲得清清楚楚,"异化"是主体与客体之间的一种颠倒了的关系,本来应当是主体统治、支配、控制客体,也就是应当是人统治、支配、控制物,但是发生了异化,物颠倒过来统治、支配、控制人,客体颠倒过来统治、支配、控制主体。

恩格斯除了使用"异化"概念,有时还爱用"异己的力量"、"异化的力量"来描述异化现象,是说作为社会主体的人,在改造自然、改造社会的过程中会产生一种"异己的力量"、"异化的力量"反过来统治、支配、控制人。恩格斯用"异己的力量"来描述异化现象,表明他对马克思所使用的"异化"概念的理解和把握非常深刻和准确。在这里,"己"是指"人自己",人在自己的物质的和精神的活动中产生的异化物是与人自己相对立的力量,它反过来,颠倒过来成为统治、支配人的一种力量。

将马克思、恩格斯对"异化"概念所作的哲学界说及其实际运用,同周扬对"异化"概念的理解及其运用对比一下,便可以发现它们之间的继承关系。

马、恩所说的主体都是指人,周扬所说的主体也是指人,"社会"不是他们所说的主体,"主义"也不是他们所说的主体,那种把"主义"、把"社会"说成是主体,说什么周扬是说"社会主义"、"社会主义社会"在自身的发展中定会出现异化,实实在在是误读误解了。遗憾的是,不仅当年乔木误读误解了,时至今天,之超还在误读误解,之超说:"社会主义本身有没有可以导致异化的因素或方面呢? 社会主义如果发生变质,从它自身来说,只有一个方面是其自身因素发展走向对立面的结果。这就是由于资产阶级权利的存在导致的官僚主义和官僚特权阶层的产生,成为内外资本主义势力的代表。"这段议论涉及的问题太多,我们暂且不去评论,只说与"异化"有关的就有两处严重的误读误解,一是把周扬所说的主体——"人"偷换成"社会主义";二是将"异化"偷换成"变质",要知道,哲学上的"异化"概念同"变质"是有严格界定的不同概念、不同范畴,是不能互相代替随意偷换的。

之超在这篇长文中,谈"异化"的部分就是建立在这种误读误解之上的,篇幅有三千多字,我这里就不详加引用了。

从一些著名的哲学教授、理论工作者将"异化"误读误解为就是"矛盾"就是"变质"这种现象中,我也采用换位思维法为他们想一想,这大概就是他们提出要埋葬"异化"概念、要为"异化"概念举行葬礼的原因,因为在他们看来,在我们的哲学中既然已经有了"矛盾"、"质变"这些概念,完全够用了,何必还要"异化"这个令人难于理解的概念? 但是我不得不说,我并不是对"异化"概念有什么偏爱,而是认为"异化"概念在马克思主义哲学中有着重要的认知作用和价值。我在前面已经讲过它是人们认知主体和客体之间一种特殊的矛盾关系的概念。这种主、客体之间的特殊矛盾是普遍存在的,在现代人的面前,在人们向着更深入、更遥远、更大规模地改造自然、改造社会以至改造人类自身的自然之性和社会之性的活动中,更呈现了异化现象的严重,这个概念对更加深刻、全面地认知改造自然、改造社会和改造人类自身,具有"矛盾"、"质变"这些概念不可代替的作用。对于"异化"概念,你可以采用造舆论的办法让人们不要使用,甚至采用行政命令的办法不准人们使用,但是在主体作用、改造客体的过程中出现异化现象,却是你禁止不了、废除不了的。对于这种异化现象,马克思、恩格斯在创立唯物史观时已为我们提供了"异化"这个概念、这个哲学认知工具,我们为什么不用呢? 25 年前在讨论乔木那篇长文的未定稿的会议上,我在列举了一系列人们在改造自然、改造社会的过程中出现的异化现象后,曾经说过,退一万步说,即使马克思、恩格斯没有为我们提供"异化"这个概念,人们还会像马克思那样用一长串文字来说明这种现象,或者自己提炼出揭示这种现象的新的哲学概念。既然马、恩已经为我们提供了这个哲学概念,这个哲学认知工具,我们为什么要将其抛弃呢?! 所以,不仅应当保留"异化"这个概念,又鉴于人们对"异化"这个哲学概念还是如此生疏和不易理解,所以更应加强对异化现象和"异化"概念的研究,甚至还要做点科学普及工作,对"异化"概念做点通俗化的解释工作,使更多的人能够准确地、深刻地理解这一个概念并正确地加以应用,以便更好地改造自然、改造社会和改造人类自身。

## 七、批判中的"双重标准"不仅有损理论权威的可信度,而且令人对批判的真实意图产生怀疑

在这场大争论中,还有一个现象引起人们的关注,就是有位哲学教授在异化和人道主义问题上的观点、论述,前后矛盾,判若两人。这种现象,有人当年曾经提出批评,这位教授本人也知道别人说他"自相矛盾"。但是,这个问题并没有引起当时发起和组织这次大争论的人们的重视。今天"旧事重提",并不是要给这位教授难堪,因为,作为一个学者,修正自己过时的、错误的观点、论点是常有的事,属于正常现象,周扬在自己的那篇引起争议的学术报告中,不是对"文化大革命"前自己在人道主义、异化问题上的错误观点就作了自我批评么。再说,这位教授对改变自己的错误观点没有作出像样的说明和自我批评,引起人们的非议,也仅仅属于有损个人形象,并不是什么了不起的大事。今天所以要"旧事重提",是因为之超提到要总结那场大争论的经验教训,我觉得确实应引起重视。这位教授的做法已经大大超出了之超同志所说"公说公有理,婆说婆有理"的范畴,而是今天扮公公,这样说有理;明天扮婆婆,来个一百八十度大转向,那样说也有理。更为不可理解的是,作为对周扬那篇《关于马克思主义的几个理论问题的探讨》批判的发动者和组织者,对这位教授混乱的、自相矛盾的观点却丝毫不加注

意,也不作批评,相反还把他当作批判周扬的"主力军"来使用,这就令人莫名其妙了,这是不是在搞"双重标准"?搞双重标准的客观效果就是一种社会不公正。对此,当年有人就提出过质疑,他说,有些人认为马克思主义和任何意义上的人道主义都不是相容的,反对任何意义上的人道主义;在"异化"问题上,有人不仅认为社会主义社会有异化,而且认为共产主义社会也有异化,把"异化"同"矛盾"相等同,认为"异化"无处不在、无时不在,把"异化"滥用到无边无际的程度。但是,肯定有"社会主义人道主义"和批评滥用"异化"概念的乔木和发动、组织对周扬批判的人们,不但不批评这些人,反而还使用他们批评赞成社会主义人道主义和按照马克思、恩格斯的界定使用"异化"概念的人们,这怎么能令人信服呢?搞"双重标准",不仅有损那些"为人师表者"的个人形象,他们也是受损害者,更严重的是有失客观和公正,有损理论权威的道德感召力、学术说服力和理论可信度,而且令人对批判周扬的真实意图产生怀疑。

一个人,站在特定的立足点和角度观察、思考问题,久而久之就会形成一种思维方式和思维定势,不易摆脱其束缚和局限。我建议之超不妨暂时离开原有的立足点和角度,采用换位思维法,用一种平常心、站在旁观者的立足点和角度思考一下那场批判,它的很快夭折,恐怕并不仅仅是邓小平"失去了对理论斗争的兴趣"。政治家是最能够审时度势者。更深层次的原因恐怕还是由于这次批判在理论上根本站不住脚,做法又太离谱。广大干部、群众正是从这种"双重标准"中看穿了对周扬的批判并不"严肃",也不是在捍卫真理,而是另有意图。人们从这种怀疑中产生了反感,所以这场批判很不得人心,虽然热闹一时,却很快就草草收场了。

## 八、怎样正确地总结经验教训?

之超同志在文章的结尾处试图总结这场大争论的经验教训,说:"由批评人道主义和异化的争论发展到后来邓小平讲话,反对精神污染,不仅把严肃的理论争论和现实政治,而且把它与许多不同性质的消极现象的斗争都搅和在一起,终于在混乱中收场。在当时社会已经有很大变化、思想十分混乱的情况下,由于这样做法受到党内外文化思想界许多人的不满,一些重要党员领导干部也从此失去对理论斗争的兴趣。因而党内严肃的思想理论斗争从此难以正常开展。"对于已经作古的高层领导人不是不可以批评,不是不可以从他们的决策中总结经验教训,但这样做的时候,更应慎重,更应坚持"实事求是"的原则。从之超的行文来看,对高层政治领导人似乎颇有微词,要不是有他的干预,理论家们发动的这场"严肃的思想理论争论",一定会取得辉煌的胜利,不会草草地"在混乱中收场","党内严肃的思想理论斗争"更不会"从此难以正常开展"。对于这种局面的出现,似乎是要高层政治领导人承担责任。这一点,我们暂且不说,还是让实践、人民和历史去评判吧。紧接着,之超还试图从理论工作的角度总结经验教训,说:"这场争论还暴露出长期以来中国共产党在思想理论方面一种很不好的倾向——急功近利的倾向。"这里提出了思想理论工作方面的问题,人们不禁联想到之超同志曾经多年担任中央宣传部理论局局长。当时被誉为理论战线上的"哨兵",不知之超同志是否将自己摆了进去? 在其中又占着怎样的位置? 当发现周扬这个思想理论战线上的庞大目标时,不知"哨兵"们是怎样向高层政治领导人报告的? 之超同志在文中承认在那场争论中"实在有许多误会",如果有勇气,不妨把当时的报告拿出来重新审视一下,看看其中有没有误解、误判、误导? 有没有不实之词? 有没有上纲上线"过分地同政治搅和在一起"? 我相信,这样做更符合当时的身份,比将责任推给高层政治领导人更实在,也会更令人信服,不知之超同志以为如何? 如果之超同志有所遗忘,我可以提醒一下,你于 1997 年春节除夕初一所写的《回忆乔木》(载《中流》月刊 1997 年第 5 期)一文中,有非常具体生动的记载,表明你起了多么重要的作用。你说周扬在中央党校作报告时,"我坐在下面听他讲话时,越来越觉得不大对头。"并认为:"该讲话把马克思主义归结为人道主义,以异化理论作为社会主义所以发生弊端和需要改革的理论依据。""乔木没有参加这个会","我问他的秘书,乔木事先知不知道周讲话的内容? 秘书说肯定不知道"。"我即请他快向乔木报告。果然,乔木看了稿子后觉得问题十分严重和复杂"。由此可知,"哨兵"的"情况报告"对乔木起了多么重要的作用。这篇回忆录还让我们知道了,乔木指责周扬要用人道主义代替马克思主义和对"异化"的误读误解原来都出自于之超同志。

这场大争论,关系着如何完整准确地理解和把握无产阶级和全人类解放的学说——马克思主义的真精神,关系着共产党为实现社会主义和共产主义而奋斗的根本任务和根本目的,关系着作为执政党的中国共产党现实的治国理政的根本理念,是有真理应当遵循的,不是似是而非的"公说公有理,婆说婆有理",或者貌似公允、不偏不倚的各打五十大板所能掩饰过去的。其实,这场大争论,经过中国三十年波澜壮阔的改革开放和中国特色社会主义实践的检验,在人们的心目中是非对错已经分清,问题是有没有勇气面对现实,服膺真理。

文章开头,我对之超的文章,表示了欢迎,最后,我还要对之超同志表示衷心的感谢,没有他的文章,我无法写出此文,心中要说的话也无法表达。

我并不认为自己的所有观点都是正确的,欢迎之超批评指正。

# 致王君琦<sup>*</sup>

## 2008年6月19日 《共产主义世界观与普世价值观》的写作意图,提倡进行严肃的理性思考,用平等民主的方式争鸣

　　最近,平面媒体和网络媒体对"普世价值"的争论很热闹,贵刊6月16日发表甄言的《关于"普世价值"的几个认识问题》一文,基本观点我是同意的。受这篇文章的启发,我也写了一篇《共产主义世界观与普世价值观》①来帮帮腔。这是一个严肃的学术、理论问题,应当进行严肃的理性思考,进行摆事实讲道理的、平等的、民主的争论,那种调侃式的、泼妇骂街式的货色,我们应当拒绝。严肃的理论报刊在这方面是可以大有作为的。我的文章明确挑明只有马克思主义的共产主义者才真正有资格讲"普世价值"。文章分三个部分,第一部分是刨根问底,从马克思主义是无产阶级和全人类解放的科学,从根本的理论上讲清楚共产主义世界观同普世价值观的内在一致性。第二部分是从我们党的奋斗史角度,为工人阶级和劳动人民争取民主、自由、平等和人民权利是我们党的根本宗旨。第三部分主要集中讲了现在的党中央高举中国特色社会主义的伟大旗帜,坚持走中国特色社会主义道路和中国特色社会主义理论体系,真正坚持了马克思主义世界观、历史观、价值观的统一,党中央所提出的以人为本的科学发展观和构建和谐社会的战略指导思想,所凝聚的价值观共识,真正可以称作是中国全体人民的共

　　* 王君琦,《北京日报》理论部编辑。
　　① 全文见《共产主义者的世界观与价值观》,人民出版社2009年版《以人为本　构建和谐社会40论》第371～379页。

同的价值观,也就是中国全体社会成员的普世价值观。文章虽然长了一点(大约有将近六千字),篇幅不长一点,无法从容不迫地把问题讲清楚,所以只好让其长了一点。

## 一封未发出的信 *

## 2008 年 6 月 28 日 "以人为本"和构建和谐社会的价值理想,具有强大的民族凝聚力,对于构建海峡两岸关系的和平发展和创造双赢局面也会发生深远的影响

寄上中央党校《学习时报》6 月 23 日发表的我的一篇文章,题为《在抗震救灾中对"以人为本"的新感悟》,请批评指正。自党中央从十六届三中全会的决议中提出"以人为本"这一重要指导思想后,我一直对之进行跟踪学习、研究和解读。中央提出这一重要的指导思想,经过五年的实践,我觉得它的思想内涵、意义和作用,又获得了进一步的丰富和发展,已经从最初的科学发展观的"本质和核心"发展成为指导发展、指导改革开放、指导中国特色社会主义事业、指导各项工作、指导抗震救灾等等的战略指导思想,总之一句话,发展成为中国共产党、中国政府治国理政的根本理念。

最近,我在抗震救灾中除了继续沉思"以人为本"的丰富内涵,同时还关注和研究了台湾马英九"5·20"就职演说。我觉得在他的论述中,透露了中国国民党和马英九团队的智囊班子,对我党中央近年来的治国理政理念和核心价值理想的研究是相当深入的。他们看到了我党中央近年来提出

---

* 在整理我的哲学书信时,发现了这封当时未发出的信,感到对"新感悟"的概括和"以人为本"价值观对全球华夏同胞具有强大凝聚力的论说,还有点意思,故将其收录于此。

的"以人为本"和构建和谐社会等治国理政的根本理念所包含的我国人民的社会生活和核心价值的发展方向,这种发展对两岸关系的和平发展和创造双赢局面,将会提供良好的社会历史条件。正是基于这种认识,我在《新感悟》一文的第三部分论说了"以人为本"具有实现华夏同胞大团结的强大凝聚力。

## 致周为民 *

## 一、2008 年 8 月 8 日 《知情权和表达权是我国公民的"基本权利"》一文的现实意义

在这次抗震救灾中,人们受到我们党和国家推行知情权和表达权方面进步的鼓舞,在平面媒体和网络媒体上正在热议这个问题。奥运会在我国的胜利举行,对我国这方面的人权事业的进步也会起到重大的推动作用。我估计,在新一轮的思想解放运动中,这个问题将会成为一个重点课题,将会获得重大的突破。近日,我写了一篇短文,题为《知情权和表达权是我国公民的"基本权利"》,为新的思想解放运动加加温。在写此文时,我又再次学习、重温了毛泽东同志的有关论著,感到他在那个时期还是有很多闪光的思想可以为新时期的改革开放所用的,所以我在文中引用了。

---

* 周为民,中共中央党校教授,时任《学习时报》总编辑。

# 二、2008年9月22日 《干部对平民百姓应有敬畏之心》的写作意图

　　最近读报,对于当干部对平民百姓应有敬畏之心,有点感悟,写了一篇短文,现寄上,请审阅。前两篇短文①在贵报刊发后,我在网上浏览,发现网上反映还比较迅速和积极,有不少门户网站当天就全文转载了,说明还是有较多的人注意到了,谢谢。

---

　　① 指《在抗震救灾中对"以人为本"的新感悟》(载《学习时报》2008年6月23日)和《知情权和表达权是我国公民的"基本权利"》(载《学习时报》2008年8月25日)。这一篇《干部对平民百姓应有敬畏之心》载《学习时报》同年10月6日。这三篇文章都编入了《以人为本 构建和谐社会40论》一书。

# 致张世英*

## 一、2008年11月18日　推进建立当代中国哲学——张世英先生《归途》一书读后感

收到张世英先生的新著《归途——我的哲学生涯》一书,我被张先生曲折的、执著的、丰收的哲学人生所吸引,饶有兴趣地读了起来,读着读着,发自内心的感想就油然而生。现在讲讲读后感。

张先生,从少年起,在父亲的教导下就确立了"要做学问中人"。但在青壮年时,走了长达三十年的弯路,到六十岁前后,才赶上改革开放的年代,又焕发了学术的青春,思想的硕果像喷泉一样涌流。后三十年的成果,数量上超过前三十年高达六倍。特别可喜的还不在数量,而在质量,质量之高令人叹服。特别可贵的是张先生的自我否定、自我扬弃、自我超越的真正的学者精神。张先生在回顾解放后六十年的哲学生涯时,非常坦然地说,前三十年"我的著作和论文大多打上了'左'的教条主义的烙印,'大批判'成了这些论著的指归。"结束"文化大革命"十年动乱后,张先生认真反思和总结了前三十年所走过的道路,深感"仿若一个飘摇在外、'一去三十年'的游子,踏上了自己思想家园的归途。我感到长期套在哲学脖子上的枷锁正在打开,'光明在望'。从此以后,我回到了纯正的学术研究的道路,开始了一个

---

* 张世英,北京大学哲学系教授。这是 2008 年 11 月 18 日,我在张世英先生《归途——我的哲学生涯》一书出版座谈会上的发言,但就其口气、文风和内容来看都可视作致张先生的一封信,而且由此引出了下面的通信。

真正做学问的时期。"

改革开放,结束了"政治独断的教条主义的束缚",这是客观环境变了,但是,作为一个学者、哲学家,能不能跟上这种客观环境的变化,清算和抛弃在"政治独断和教条主义的束缚"下所形成的思维方式和思维定势的羁绊,找回独立思考的精神,真正解放思想,同打上了"左"的教条主义烙印的旧作旧思想决裂,没有一点理论上、学术上的勇气,没有自我否定、自我扬弃、自我超越的精神,也是不行的。张先生特别可贵的是有这种精神,所以他取得了成功,取得了如此丰硕的成果。我们不仅要向张先生表示祝贺,而且要向张先生学习。

后三十年,张先生的学术成果是丰硕的,张先生将其概括为"新的'万物一体'哲学",把万物一体、天人合一与主一客关系结合起来。

张先生所讲的这种"新的哲学"的确同我们所讲的马克思主义哲学是有所不同,放在三十年前,根本不会让其存在,更不会让其登上北京大学的学术殿堂。现在,不但让其存在,让其登上北大的学术殿堂,而且国家出版社还出版了张先生的多部新著。这说明我们的国家、我们的社会确确实实是进步了,独立思考,学术民主、学术自由得到了弘扬!由此,我又产生了一个更为广阔的感想,就是马克思主义哲学应当怎样面对这种新的现实、新的发展。

我们常说,要用发展着的马克思主义指导新的实践;还常说,要将马克思主义同中国实际相结合,要实现马克思主义中国化。"发展着的马克思主义","中国化的马克思主义",是大不同于一百多年前马克思、恩格斯的原旨马克思主义的,是加进了无数新的时代元素和中国元素的马克思主义。马克思、恩格斯生活的年代,没有出现过我们今天所面临的许多新情况、新课题,不可能从他们的一百多年前的著作中找出解决今天所面临的所有新情况、新问题的现成答案,必须由现代人按照实事求是的原则和方法,研究新情况,作出新答案。所以,我觉得应将原旨马克思主义同"发展着的马克思主义"("中国化的马克思主义")这两个命题、两个概念加以区别。这样就可以避免出现两种弊端,一是不会被原旨马克思主义束缚住头脑和手脚,不敢创造、创新,老是墨守成规;二是不会把"发展"、"中国化"过程中出现的失误、错误甚至挫败，一股脑儿都推到马克思主义头上去。

如果我的上述想法能够成立，我想对于马克思主义哲学也可以这样做。我们应当将原旨马克思主义哲学同"发展着的马克思主义哲学"（"中国化的马克思主义哲学"）加以区别。哲学是时代精神的精华，哲学应面向人类生活，回答人类生存生活的现实问题。恩格斯曾经说过，随着自然科学每一个划时代的发现，唯物主义必然改变自己的形式。我想，恩格斯是把马克思主义的唯物主义也包括在内的。

张先生认为"哲学是以提高人生境界为目标的学问，是提高人生境界之学。""哲学是讲人对世界的态度，讲人怎样生活在这个世界上。"根据张先生对哲学的根本使命的这种理解和对哲学所作的界定，针对当代中国人所面对的人与自然、人与人的和谐遭到破坏的严峻现实，张先生主张把中国传统的"万物一体"与西方近代的"主体—客体"关系式结合起来，具体地说，就是把"主体—客体"关系吸取和充实到"万物一体"的精神境界中来，一方面避免中国传统的"万物一体"中那种不分你我、不分主体与客体之弊，一方面避免西方近代把"主体—客体"关系式奉为哲学最高原则所造成的流弊。这种哲学，张先生称之为"新的万物一体哲学"、"新的天人合一哲学"，但它不是传统意义的"万物一体"、"天人合一"，而是一种超越了主客关系的万物一体、天人合一的境界之学。张先生追求的最高境界是人的心灵自由。张先生主张中国哲学的发展前途既要召唤主客二分的主体性，以发展科学，发扬民主，又要超越主客二分和主体性达到天人合一、人与自然交融的高远的自由境界。没有主客二分和主体性，就没有科学的、进取的精神，但若停留于主客二分，则终因主客彼此在外、彼此限制而达不到心灵上的自由。这种自由只有在人与物交融、人与自然交融的天人合一境界中才能获得，这种自由高于政治上民主所给予的自由，高于获得科学上的必然性知识的自由，也高于道德上的自由。这里的关键在于超越，——即超越主客二分，超越主体。超越不是排斥，不是抛弃，而是将主客二分和天人合一结合起来。

张先生认为，这样的哲学乃是一种能以高远的精神境界指导人们发挥主体性、奋发前进、执著追求的哲学。张先生相信，这样的哲学符合中国当今的需要,能引起当今中国人的共鸣。

张先生的"新的'万物一体'哲学",或曰"新的'天人合一'哲学",是面向人类生活的,没有回避人类面临的问题、难题,甚至困境。张先生的"新的哲学"也没有回避中国人民所面临的时代主题和实践课题,我能体会到张先生内心有一团旺盛的火,燃烧着,热烈地追求着人与自然、人与社会、人与自身的和谐相处、和谐发展。

张先生新的"万物一体"哲学、新的"天人合一"哲学,描述了人的生存生活境界。我理解张先生说的实际上就是"物我一体"。自然界孕育了人、产生了人、造就了人、养育了人;自然界是人的无机的身体,人是自然界的生命;人是自然界的自由的存在物,自然界由于有了人而具有了活力、能动性和灵魂。由于有了人,自然界才有了大脑。人不能自外于自然界,不能忘乎所以地凌驾于自然界之上。由于此,也就决定了人不能像征服者那样掠夺自然界、破坏自然界,而应善待自然界,像爱护自己的身体那样爱护自然界、保护自然界。"物我一体"决定了人类根本的生存生活态度,决定了人类应当怎样去构建自己的生存生活境界。其实这种哲学思维同马克思的哲学思维是相通的。马克思在一百六十五年前的《1844 年经济学哲学手稿》中认为:"人把自身当作现有的、有生命的类来对待,因为人把自身当作普遍的因而也是自由的存在物来对待。""人靠自然界生活。这就是说,自然界是人为了不致死亡而必须与之处于持续不断的交互作用过程的、人的身体(马克思在上文说了"自然界是人的无机的身体"——引者注)。所谓人的肉体生活和精神生活同自然界相联系,不外是说自然界同自身相联系,因为人是自然界的一部分。"①并曾经预言:"自然科学往后将包括关于人的科学,正像关于人的科学包括自然科学一样:这将是一门科学。"②所以我说张先生的哲学与马克思的哲学不是相隔绝的,而是相通的,因为他们都是把人作为自然界的物质发展的最高形式来对待的,是作为"自由的存在物"来对待的,所以,人与自然界具有内在的、本质的一致性、统一性,研究这种一致性、统一性,就必然会产生"天人合一"、"万物一体"的境界之学,就必然会

①② 《马克思恩格斯全集》第3 卷,人民出版社中文第2 版,第272、308 页。

有关于这种境界的哲学,或如马克思所说:自然科学与人的科学将融合为同一门科学。

我们是马克思主义的信奉者,为了表示我们的哲学同马克思主义哲学的继承关系,所以我们的哲学是"发展着的马克思主义哲学",但就其实质来说,这种哲学应当成为"当代中国哲学"。张先生的"新的哲学",对于推进建立当代中国哲学是会有帮助的,发展着的马克思主义哲学是可以从中吸取营养的。

建立当代中国哲学,是全体当代中国哲学家的历史使命、历史责任,要靠他们共同的不懈的努力,不是靠少数人关在书斋中成天苦思冥想建立所谓更加完备的概念、范畴体系所能完成的,那不符合马克思主义的世界观和方法论。只有靠全体中国哲学家根据当代中国人所面临的时代的、实践的、生存和生活的课题,不断地思考、创作和言说,是一个没有尽头的过程,是一条波涛滚滚、永无止歇地奔向智慧海洋的哲学长河。

张先生学贯中西,有丰富的西方哲学史和中国哲学史知识,在其著作中充分地运用了这些知识,所以张先生的著作给人以厚重的历史感;张先生又是一位具有强烈的独立思考精神的学者,在其著作中闪耀着智者之思之论,给人以深邃之感;张先生还是一位诗人,在其著作中实现了诗与思的结合,给人以美的享受。就是这样一位大智大勇的学者,当别的学者指出其著作中的不足之处时,又表现得是那样的虚怀若谷。有些学者指出,张先生的哲学所讲的"万物一体"只是一种讲个人精神境界之学,只讲到"个人问题"而没有讲到"社会问题",需要用"社会存在论"来使"万物一体"的"生活世界"具体化和现实化。张先生认为"这些学者的意见切中要害",并表示"我的哲学探索还需要加大步伐,继续前进。"这种谦逊,表现了一种真正的学者风度。受这种风度的感动,我也想向张先生提一点建议。张先生的哲学是创新之学,任何新生的事物都不可能一下子就十全十美,就非常完善。张先生的哲学是以提高人生境界为目标的学问,是提高人生境界之学。但就《归途》一书来看,我觉得对张先生新哲学的现实意义及其社会历史价值,张扬得还很不够。如果从讲个人的人生境界提升到讲社会的、全人类的生存、生活境界,那么张先生的新哲学的现实意义和社会历史价值定会得到更充分的张扬。

最后，还有一个问题想借此机会请教一下张先生。在《归途》中，我看到张先生主要是在讲人与自然、人与人两个和谐问题，但我认为应讲三个和谐：人与自然要和谐相处、和谐发展；张先生讲"人与人的和谐"，这里的第二个"人"是指他人，实际上是讲"人与社会的和谐"。还有一个"人与自身"的关系问题，人是把自己也当作客观存在的客体来对待的；人是具有自然之性和社会之性的；人不但要认识和改造自然界，认识和改造社会，而且还要认识和改造人自身。在这三种认识和改造中，人都面临着生存生活的境界问题，都存在追求和谐和心灵自由的问题。

在改造自然、改造社会中，人类现在面临着一系列严峻的问题。现在掌握核弹的国家还在增加，而已有的核弹足以将地球和人类毁灭几次，核战争、核恐怖严重地威胁着人类的生存；人们还在研制化学武器、生物武器、基因武器、反物质武器，同样威胁着人类的生存；温室气体和其他污染物的排放，气候变暖，生态环境遭到破坏，给人类的生存敲响了警钟；能源和资源危机、粮食危机、饥饿和贫穷问题、疫病流行、毒品流毒等等也都向人类提出了挑战；国际恐怖主义活动日益猖獗，严重地威胁着无数无辜人们的生命；殖民主义、霸权主义、单边主义用枪炮和战争推销自己的价值观，威胁着世界的和平与稳定；最近，由于美国华尔街大银行家的贪婪，引发了全球性的金融危机，世人称"金融海啸"席卷全球，是资本主义固有本质和根本弊端的大爆发，严重地威胁着世界的经济发展和和平与稳定；经济全球化趋势的日益发展，地球越来越变成了一个"地球村"，全球治理、建立和谐世界的问题也提到了世人的面前……

人和自然、人和社会关系中的不和谐因素有增无减，现在在人与自身关系中的和谐问题也日益引起了人类的关注。随着科学技术的突飞猛进，人类对基因、蛋白质结构认识的日益深入和精细，生殖技术、克隆技术日益进步，人对自身的认识和改造面临着越来越多的挑战和困扰。转基因技术的日益发展，基因选择、改造和重组，克隆人问题的提出，不仅向人类提出了生殖伦理问题，而且对人类的生存生活提出了挑战，人与自身的和谐成为比以往任何时代都重要的问题，我们应当像重视人与自然的关系、人与社会的关系那样重视人与自身的关系问题,将其放到当代哲学研究的重要位置,从哲学上研究人类怎样在这个世界上生存生活得更舒坦、更幸福、更自由,得到更全面更和谐的发展。

当今人类面临的这一系列严峻问题,大多是在人类追求发展和进步中相伴而生的,可以说是一种"成长的烦恼",而这一切正是党中央提出以人为本的科学发展观和构建社会主义和谐社会重大战略指导思想的大背景。以人为本的科学发展和构建和谐社会已经成为我们的时代主题和实践课题。哲学的发展,同人的生存生活的境界是密切相联系的。张先生的哲学思维具有超越性、超前性,所以有人称之为"希望的哲学"、"未来的哲学"。对中国人民来说,目前还是生存生活在要强调地呼唤增强主体性的历史阶段,研究"主—客关系"和如何正确处理"主—客关系",以提高人的生存生活境界,仍然是中国人民面临的时代的主题和实践的课题。

我的上述观点,在拙著《人的哲学论纲》和《以人为本 构建和谐社会20论》中曾有专题论述,不知对否,请张先生批评指正。

# 二、2009 年 3 月 3 日 哲学是奔腾不息流向智慧之海的一条长河

送上我新近出版的《以人为本 构建和谐社会40论》,请批评指正。

您是我所敬仰的富有独立思考精神、具有创新哲学思维的著名教授。拙著中收录了我在先生《归途》一书出版座谈会上的那篇发言稿,同时还发表了同先生的新"万物一体"、新"天人合一"哲学相呼应的《论"物我一体"哲学》一文,所以特别希望能见到先生的批评性的评论。

该书的最后三篇文章,是关于二十五年前那场人道主义和异化问题大

争论的,也希望能听到先生的批评。在那场大争论中,我同贵校的一两位教授的学术、理论观点曾经有过交锋。我一直认为这种争论对发展中国的当代哲学是大有益处的,至今我仍对那一两位教授心存感谢之情,因为没有他们不同观点的激发,我也写不出我的新论,我这本书中的多篇文章,就是同他们辩论的产物。

我一直认为,建构、发展中国的当代哲学不能靠少数人关在书斋中,老是在一些哲学概念、范畴、规律的排列组合上苦思冥想,构造一座"完美"的、"终极"的逻辑体系。哲学按其本性来说是认识生生不息的客体世界和人的主体世界及其相互关系的精神结晶,应该是一条波涛滚滚、奔腾不息的长河,是奔向人类智慧之海洋的哲学长河。在这条长河中能够加进几滴水珠、几朵浪花,就算有了贡献。不知先生以为如何。

好了,就此打住,静候先生的批评。

# 三、2009 年 3 月 18 日　关于
## 张世英先生的学者风度

接到您 3 月 12 日的来信,我如获至宝,因为我不会电脑打字,一位年近九旬的老学者用发颤的手亲笔给我写信,而且写了三页之长,非常艰难,真是令我感动,我会将先生的这封亲笔墨宝珍藏于我的文书档案中。

作为思想者、哲学家,而且在中国是那样的著名,别人在评论中赞扬自己、肯定自己、认同自己的观点,当然会感到高兴,这是人之常情,但是对于别人对自己的补充、商榷甚至批评,也感到高兴,这就是一位真正的思想者、学者的风度了。可惜,这种风度在我国少见了,可是在先生身上还在闪光。现在学界显得很沉闷,人们有一种压抑感,我感到先生的这封信对于破除这种沉闷的空气是有好处的,我就将先生的信复印寄给了您信中提到的北大心理

学系教授朱滢先生,我想先生是会同意的。我还想将先生的来信拿到报刊上去刊发一下,这就要征得先生的同意了,您如同意,我就去办这件事。①

# 四、2009 年 5 月 8 日 《羁鸟恋旧林》与 《文化与自我》的读后感

首先再次谢谢先生赠我《羁鸟恋旧林》大著。近日我正在读朱滢先生的《文化与自我》,同时也在读先生的大著,获益良多,颇受启迪,于是写了一篇读后感,题为《从打着灯笼找人到找回"健康自我"》。我是心理学的"门外汉",对哲学也知之不深,但我有一颗真诚的心。我在这篇短文中,将朱先生的科研新成果同先生的创新哲学思维结合起来思考,联系当前中国社会的现实和普通人的现实生活,谈了我阅读两位先生新著的体会,并觉得两位先生的学术成果对中国理想社会和理想的人的生成具有重大意义,而向社会的领导者发出要重视宣传和普及的呼吁。不知我对两位先生学术成就的理解是否有误或不当之处,所以将这篇短文的初稿发送给先生,请不客气地批评指正。我静候先生的回音。

## 附 张世英 2009 年 5 月 11 日来信

薛德震:

您好!

大作虽不长,读后却很兴奋。您也同意朱滢先生的自我观!您的文章

---

① 后来我感到张先生的这封信用作我这本书的代序非常合适,所以就没有拿到报刊上发表。

把我想说而未直说的想法，讲得更具现实意义。说老实话，现在像您这样敢于创新，很难见到了！我有知遇之感。其实，我晚年的思想并未离开马克思主义哲学。

祝好。

张世英

2009 年 5 月 11 日

# 致高放*

## 2009年3月3日 《以人为本 构建和谐社会40论》可以说是我的人的哲学三部曲之三:《人的哲学新论》

送上我新近出版的《以人为本 构建和谐社会40论》一册,请批评指正。

先生在为拙著《人的哲学论纲》写的序言中,曾勉励我继续努力,写出新的东西来。这本书,可以说是对先生的报答。自从党中央2003提出以人为本的科学发展观和一年后提出构建社会主义和谐社会的重大战略指导思想以后,我一直对之进行跟踪学习和研究,先后写了将近五十篇文章。2006年以《以人为本 构建和谐社会20论》为书名出版了第一版,此次增订再版,篇幅扩充了一倍,所以相应地将书名改为《以人为本 构建和谐社会40论》。这本书,是《人的哲学论说》、《人的哲学论纲》以后的第三本,实际上也可以称作《人的哲学新论》。

哲学,按其本性来说,不可能有什么终极的体系、终极的真理。客体的"物"的世界和主体的"人"的世界具有无限的丰富性、多样性,而且是无止境发展和变化的。哲学是一条无止境滚滚奔腾的长河,是奔向人类智慧海洋的一条哲学长河,在这条长河中能加进几滴水珠和些许浪花,就算有了贡献。先生已经为这条长河加进了些许波涛,我也在努力加进些许水滴,所以希望能听到先生的批评指正。

---

\* 高放,教授。主要专著有:《马克思主义与社会主义新论》、《中国政治体制改革的心声》、《社会主义的过去、现在和未来》,主编:《社会主义思想史》、《科学社会主义的理论与实践》等。

## 致陈晏清[*]

## 2009年3月3日 陈晏清教授对马克思主义哲学传统解释体系的弊病在于主体性维度的缺失的诊断深刻而又准确

　　收到您的文集,对先生在"返本开新"的理念指导下,在马克思主义哲学的研究、教学和著述中所取得的业绩和成就,非常感佩。从三十多年前处理《"四人帮"哲学批判》一书的书稿开始认识先生并同先生交往,我就感到您是一位具有独立思考精神和创新精神的哲学家,是富有激情的思想者,而且是对过去长期在苏联和我国流行的教条主义哲学解释体系具有批判精神的哲学家。我特别赞赏您在代序言中所说:"旧的教科书体系的最主要的缺陷在于主体性维度的缺失,即纯客观主义的倾向或本体论化的倾向。哲学似乎只是心平气和地静观世界,只是在描绘世界的图景即单纯地解释世界。似乎这个世界并不是人创造的,它和生活在其中的人没有什么关系,人在这个世界中如何生活、是什么样的生存状态,都几乎难以进入哲学的视野。"先生的如下评论特别中肯:"这种纯客观主义的倾向实际上是一种旧唯物主义的倾向,是一种前马克思唯物主义的哲学特征。"先生对马克思主义哲学真精神的理解特别深刻,您说:"马克思主义哲学的出发点既不是抽

　　* 陈晏清,教授。主要著作有:《"四人帮"哲学批判》、《论自觉能动性》,主编:《中国现代化之哲学探讨》、《当代中国社会哲学》、《哲学思想宝库经典》等,合著或合作主编:《现代唯物主义引论》、《辩证的历史决定论》、《政治哲学在当代的复兴》、《马克思的市民社会理论及其当代意义》、《马克思主义哲学原理》、《马克思主义哲学高级教材》等。

象的精神,也不是抽象的自然,而是现实的人即从事现实活动的人。现实的人是对象性的存在物,是从事对象性活动的存在物。哲学从现实的人出发,它所关注的便是人的对象世界即同人发生对象性关系的世界,而不是抽象的、同人无关的世界。哲学思考指向人的现实活动或从事现实活动的人,即指向人类世界,这就是马克思哲学的'主体性维度'。这是哲学观念、哲学思维方式的根本性变革。改革前的教科书丢掉主体性的维度,不仅不能表达马克思哲学的精神实质,而且就其所表现的哲学思维方式来说,是一种向旧哲学即前马克思哲学的倒退。"先生说得真是太好了! 我在《论"物我一体"哲学》一文中,详加引用了先生的这些重要观点。先生的这种深邃的观点,在三十年前当有些学人提出来时,曾遭到猛烈的批判,现在经先生这样深刻地揭示,真使人豁然开朗,三十年的改革开放,真正使中国发生了深刻的变革,可喜可贺!

我对先生所说的马克思主义哲学的真精神,进行了三十年的研究和论说,即使在政治高压下,我也没有放弃,离休后,我已整理、撰著了三本书:《人的哲学论说》、《人的哲学论纲》和《以人为本 构建和谐社会 20 论》。最近,我在"20 论"的基础上,增补了二十五篇文章,出版了《以人为本 构建和谐社会 40 论》,现寄上一册,请批评指正。这本书,实际上是自党中央正式提出以人为本的科学发展观和构建社会主义和谐社会的重大战略指导思想以后,我的关于人的哲学的新论,其基本精神,同先生对马克思主义哲学真精神的理解和解读是相通的。我对哲学是一种业余爱好,同您这样的专业哲学家相比,属于"业余队",所以特别希望能够听到先生的批评性的评论,以便我继续思考和修正,以求更加像样一点,我想先生定会不吝赐教,满足我的期盼。

# 致萧前 *

## 2009 年 3 月 3 日　对庆贺萧前教授 80 华诞纪念文集《学问·智慧·人生》收录拙作《论"以人为本"》一文表示感谢

　　庆贺先生八十华诞纪念文集《学问·智慧·人生》收录了拙作《论"以人为本"》，这是党中央提出以人为本的科学发展观后不久我写的第一篇学习的心得体会，先生决定收入贺寿文集，对我是一种鼓励，所以我要向先生表示特别的谢意。自那以后，五年来我又写了四十多篇文章来论说以人为本，构建和谐社会重大战略指导思想的哲学意义。最近，我将这四十多篇文章汇集起来出版了《以人为本　构建和谐社会 40 论》一书，现寄赠一册，请批评指正。本想登门拜访，当面请教，但考虑到先生现在身体欠佳，怕影响您的休息，所以只能改为写信求教。

---

　　* 萧前，中国人民大学哲学系教授。主要著作有：《哲学论稿》、《辩证唯物主义原理》、《历史唯物主义原理》、《马克思主义哲学原理》、《实践唯物主义研究》、《马克思主义认识论研究与我国社会主义现代化建设》、《关于中国社会主义现代化的哲学反思》、《新大众哲学》等。

# 致吴忠民 *

## 2009 年 3 月 3 日 《干部对平民百姓应有敬畏之心》引起网络媒体的广泛关注

奥运会期间,我同您在餐桌上聊天,讲到党政官员对于平民百姓应有敬畏之心。后来,我将其整理成为一篇短文,刊登在贵校《学习时报》(见 2008 年 10 月 6 日)。出乎预料,这篇短文引起了网络媒体广泛共鸣。这篇短文,我将其收编到最近出版的拙著《以人为本 构建和谐社会 40 论》一书之中,现寄赠一册,请批评指正。在我的论说中,对您的社会公平正义理论是认同的,有所呼应。最近读到温家宝总理访欧时的一些言论,他说:"公平正义是我们社会主义制度的首要价值。"我想温总理的这一重要论断,同先生的科学研究成果有密切关系的,祝先生在科研中取得更大的成就。

---

* 吴忠民,中共中央党校社会学教授。主要著作有:《社会公正论》、《渐进模式与有效发展——中国现代化研究》、《中国社会发展论》、《历史原脉与现实走向——历史社会学研究》、《走向公正的中国社会》等。

# 致李蔚*

## 2009 年 3 月 3 日　谈研究马克思主义人学的心得体会，我对开发人类社会发展的动力系统理论的贡献：动因开发、动能开发、动力开发

您是一位名记者，文笔还是那样刚健流畅，读了您对我的哲学观点的评论，深感欣慰，说明人们对于理性的、抽象的哲学思维还是有浓厚的兴趣的。

我离休后，一直笔耕不辍，从中也得到了乐趣和健康。我体会脑力劳动也是一种体育锻炼，不断地动脑动手也有益于健康。离休十年，我已出版了六种书。我对人的哲学研究持续了三十年，连同这本《以人为本　构建和谐社会 40 论》已出版了四本有关人的哲学论著。北京大学中文系有位唐沅教授，读了我的《人的哲学论纲》后给我来信，说读这本书，有当年读艾思奇的《大众哲学》和冯定的《平凡的真理》之感，说明我的关于人的哲学论说，说出了时代的和人民的心声，所以能在一定的程度上引起人们的共鸣。

现在给您寄上的《以人为本　构建和谐社会 40 论》，是在 2006 年出版的《以人为本　构建和谐社会 20 论》的基础上扩充一倍而成的。是自党中央提出以人为本的科学发展观和构建社会主义和谐社会的重大战略指导思想以后，五年来我围绕这一时代的和实践的主题所写的心得和体会，抒发了我对马克思主义哲学的新的理解、新的感悟，自认为不是无病呻吟，不是无

---

* 李蔚，长期从事新闻工作，担任过《光明日报》驻青海记者站站长。著作有：《周恩来与知识分子》、《苏曼殊传》、《诗苑珍品璇玑图》等。

— 111 —

的放矢,是紧扣了新的时代的、实践的需要的。

我写这些人的哲学论著,并不追求建立完备的哲学体系,也不追求我的论说十全十美、完全正确无误,只求有点新意和创新,能够自圆其说,不给人以逻辑上的混乱和自相矛盾之感,能够给人以些许的启迪就行。是否能在某种程度上实现自我设定的这一目标,也不能由我自己来评论,只能由实践、历史和人民来评说了。

这本书篇幅比较大,您也不必全看,不过我觉得最后五篇还是可以看看的。最后三篇,是关于二十五年前由周扬关于人道主义和异化问题的学术报告引起的那场大争论,其中包括我同胡乔木、卢之超商榷的文章。关于那场大争论,您是过来人,完全有资格发表评论,如果我的论说有什么错误和不周密的地方,请不客气地批评。

另外两篇,一篇是我读了北京大学著名哲学教授张世英的《归途——我的哲学生涯》一书的读后感。一篇是我对张先生的新"万物一体"哲学、新"天人合一"哲学的呼应,讲了我对马克思主义的"物我一体"哲学的新感悟,自认为在哲学上有一点点新的见解,而且是符合当前的时代的和实践的需要的,同党中央的理论上的创新思维是合拍的。正误对错,我期望着您的评说。

关于人类社会发展动力问题,我破除了传统的理论中站不住脚、经不起推敲的一系列观点,这一方面的论说,您在博客《薛德震对社会发展动力的精辟分析》中已经讲了,我非常感谢您对我的理解。其实,对传统的站不住脚的观点的否定只是一个方面,更重要的是对人类社会发展动力系统的正面论证。我把这种发展动力系统分解为"动因"、"动能"和"动力",并分别从理论上论述三者的内涵和它们相互间的关系。我不但从理论上作了说明和论证,而且阐述了如何在实践中开发这一动力系统,论说了"动因开发"、"动能开发"和"动力开发"。我的这一理论见解,最早是在学习《邓小平文选》时感悟到的,见发表在《读书》杂志1983年第8期的《致力于社会主义社会发展动力的开发》(见中国社会科学出版社版《人的哲学论说》第373~381页),人民出版社版《人的哲学论纲》一书的第五章和第六章,特别是第六章对这个问题作了系统的论述,在《以人为本 构建和谐社会20

论》的第十论和第十一论中,我还结合党中央的实践创新和理论创新继续深化对这个问题的论述。特别可笑的是,有一位哲学教授不声不响、不作任何说明将我的理论观点写到了自己的文章之中,变成了他的东西。

# 致郝怀明 *

## 2009 年 3 月 3 日　读郝怀明著
## 《如烟如火话周扬》一书的感想

读了您笔下的周扬，深感您是一位正直的人，还周扬以本来的面貌，还周扬以公正！再次证明了历史和人民是公正的无私无畏的。权力可以使人发疯，可以用它去整人，但却整不倒、压不垮真理！在意识形态问题上，我们党的经验教训太多、太惨重了，正直的共产党人应当惊醒了。

我对人道主义和异化问题，对马克思主义关于人的哲学，进行了三十年的研究，最早是从粉碎"四人帮"以后，面对十年浩劫，进行哲学上的反思和拨乱反正开始的。进入这个领域后，越深入越收不住脚步，一路走来已经历了三十年，即使在理论权威和一帮好汉拿大批判的棍棒打周扬之时，我也没有停息与他们的争论。三十年的心路历程，凝聚成了三本书：《人的哲学论说》、《人的哲学论纲》已经出版面市，最近又出版了《以人为本　构建和谐社会 40 论》。这本书，2006 年曾以《以人为本　构建和谐社会 20 论》出版了初版。最近又把近两年来新写的二十五篇文章补充进去，书名改为《以人为本　构建和谐社会 40 论》出版增订版。现给您送上一册，请批评指正。

这本书的最后三篇文章，是关于二十五年前那场大争论的，您可能比

---

* 郝怀明，研究员。著作有：《如烟如火话周扬》、《文明探访录》、《物质文明和精神文明》（合著）等多部。

较有兴趣。我对周扬晚年理论上的重大贡献，是充分肯定的，对那场大争论的经验教训进行了反思和论说，是非对错，希望能见到您的批评性的意见。

## 致聂震宁 *

# 2009 年 3 月 3 日　研究马克思主义
# 人的哲学的缘起和心路历程

那天听您一席话(指参加李连科同志遗体告别仪式时的交谈),深感我又遇到了一位知音的朋友。您公务繁忙,还那样熟悉我的文章和观点,而且对我的思想和观点的理解是那样的准确,令我吃惊。这说明您平时对理论问题、哲学问题是非常关注的。

我一辈子从事编辑出版工作,哲学只是我的业余爱好,写点文章也只是调节大脑的功能和积极的休息。不过,我在岗时,倒是一贯强调编辑应当成为学者型的编辑,对某一门学科应有比较深入的研究和把握,这样在处理书稿时才能作出准确的判断。粉碎"四人帮"后,在对我们在理论上的长期失误进行拨乱反正时,我结合反思中国人民所遭受的苦难,重新学习马克思主义哲学,发现了许多新领域、新思想,而且是长期被误读误解误用,给我以强烈刺激的是发现了马克思主义的人本思想。这一重要思想,长期不但不被重视,反而遭到了误解和批判。不但许多学人、党的领导人遭到打击和批判,更严重的是使我们的党和中国人民的事业遭到了损害。这一重大发现,使我下决心要重新学习、研究和解读马克思主义哲学。从 1979 年开始,几乎是同中国改革开放同步,我撰写了一批有关马克思主义人道主义和异化

＊ 聂震宁,编审,中国出版集团公司总裁。主要著作有:《聂震宁小说选》、《我的出版思维》、《我的出版文化观——聂震宁演讲访谈录》、《创意阅读》等。

— 116 —

问题的文章。迈出这一步后,三十年来我没有停下脚步,即使在严重的政治高压下,我仍不但坚持,而且不断深化、系统化自己的基本观点。离休十年来,我陆续整理和撰著了四本书:《人的哲学论说》、《人的哲学论纲》、《以人为本　构建和谐社会 20 论》。最近又在《20 论》的基础上,增加新写的二十五篇文章,出版了《以人为本　构建和谐社会 40 论》。《40 论》一书,可以说是我的"人的哲学新论",也可以说是我的人的哲学三部曲的收官之作。现寄上一册,请批评指正。

# 致方鸣*

## 2009 年 3 月 3 日 写文章不搞无病呻吟、无的放矢,力求独立思考,写出新意

谢谢您春节期间来看望我,并给了很大的鼓励。

托顾杰珍同志给您带去我的新书《以人为本 构建和谐社会 40 论》一册,请批评指正。

我写文章从来不搞无病呻吟、无的放矢,总是坚持独立思考,力求写出新的心得体会、新的感悟,总之,追求有点新意,哪怕是微小的点滴,细心的读者是可以品味出来的。正因为力求有点新意,就不可避免地会出现疏漏和不周密之处,所以,我总是把论辩对方的诘难、质疑和朋友们善意的批评指正,当作自己继续前进的动力,因此,我渴望听到您的批评性的意见。您公务繁忙,不必读我的很多文章,不过本书的最后五篇,自认为还有点意思,不妨翻阅一下。

---

* 方鸣,编审,中国华侨出版社社长、总编辑。著作有:《裁书刀》等。

# 致沈宝祥[*]

## 一、2009年3月3日 对沈宝祥教授 一句话的赞赏

我和先生虽然没有当面交谈过，但先生的文章读过一些，对您在耀邦同志领导下，在理论上的拨乱反正和改革开放中所作出的贡献是铭记在心的。最近读到先生一篇纪念改革开放三十周年的文章，其中有一句话更给我留下深刻的印象。先生说，在中国曾经出现过见"人"就批的年代。我曾把这种现象概括为"谈人色变"的现代愚昧。三十年来，我一直研究马克思主义关于人的哲学，已先后出版了四本书：《人的哲学论说》、《人的哲学论纲》、《以人为本 构建和谐社会20论》，最近又在"20论"的基础上，增加新写的二十五篇文章，出版了《以人为本 构建和谐社会40论》。这本书，实际上是自党中央提出以人为本的科学发展观和构建社会主义和谐社会重大战略指导思想以后，我的关于人的哲学的新论。现将该书连同《人的哲学论纲》各寄赠一册，请批评指正。

---

[*] 沈宝祥，中共中央党校教授，曾任《理论动态》主编，论著颇丰。

# 附 沈宝祥2009年3月19日来信：
## 对薛德震人的哲学研究的评论

薛德震同志：

我已经收到了你的大作和信，谢谢！

你的大名我早已知道，你的文章也拜读过一些。你留给我的印象是，有真知灼见，能说自己的话，有理论勇气。

从书上的简历看，你我同是1932年生，同是江苏人，除此而外，别的都不能同你比。

你对人的问题有长期深入的研究，我只是感想式地发议论，但我们的基本思想是一致的。我说过去是"见'人'就批"，那是上世纪80年代，外交部牵头召开人权协作会，中央党校要我去参加。我在那次会议的发言中讲了这个看法，当时似有语惊四座之势。你说"谈人色变"，活灵活现地描绘了"左"在这个问题上惊恐心理。我的话则是揭示了"左"在这个问题上的残忍性（残酷斗争）。把我们二人的说法合起来，就能比较全面反映出"左"在这个问题上的面貌。

你从哲学角度研究人，很有深度，但我认为，哲学总是要落到某一"王国"。今天，我们的"王国"就是中国特色社会主义。我曾在文章中说，以人为本是中国特色社会主义的基本思想。中国特色的社会主义就是以人为本的社会主义。我觉得恩格斯的一些话很需要我们结合现实认真读。恩格斯在《反杜林论》中描述的社会主义是："通过社会生产，不仅可能保证一切社会成员有富足的和一天比一天充裕的物质生活，而且还可能保证他们的体力和智力获得充分的自由的发展和运用"。这个话在《马克思恩格斯选集》第2版第3卷第633页，用我们的话说，不就是以人为本吗！

我觉得，提出以人为本，是邓小平以后最重要的理论创新（属于基本理论层次），遗憾的是，现在的认识和理解，还远没有到位。

以上谈多了，算是同你的一次沟通吧。你的书，我还没有来得及认真拜读，初看目录，有些部分我是很感兴趣的，如人道主义和异化问题的争论，我参加了纪念马克思百周年的会，当时就很有看法和感慨。

最近自编自印了一本《胡耀邦诗集》，寄你一本，供阅赏，几天以后会收到。

祝健康平安！

沈宝祥

2009 年 3 月 19 日

# 二、2009 年 9 月 2 日　赞沈教授尊重事实，有勇气讲真话、实话、心里话

收到您的《回顾中华人民共和国的六十年》，谢谢！

饶有兴趣地读了您的大作，首先给我一个强烈的感受是，作为一个学者，一个对历史、对人民、对社会负责的理论家，首先要有勇气面对客观事实。这是一个重要的前提，失去这个前提那就会闭着眼睛说瞎话。有了这个前提条件，接着还要有敢于讲真话、讲实话、讲心里话的勇敢精神。令人遗憾的是，现在有些人既不敢正视现实，又不敢正视历史，总之一句话不敢正视事实。可是事实这个东西是最为顽强最为有力量的，再有权势的人，终归逃脱不了事实的审判，任何人都必须接受历史的检验。这是最为令人敬畏的。现在有些所谓学者、理论家根本不具备这起码的两个条件，却在那里摆出一副权威的架势，大发议论。您同这种人根本不同，我认为是具备前面讲的两个条件的，能够勇敢地面对客观事实，能够勇敢地讲出真话、实话和心里话，读您的文章可以给人以启迪，激活思考，获得新知，所以我爱读您的文章，并敬佩您的为学为人！希望您继续多写这样的对历史、对人民、对社

会有益的文章。

我最近在 8 月 10 日《学习时报》上发表的《从打着灯笼找人到找回"健康自我"——〈文化与自我〉读后》一文,您大概已经见到了。现再寄上 8 月 17 日《北京日报》理论周刊上发表的《哲学的品格》和《今日中国论坛》第 8 期上发表的《在实践中坚持和发展马克思主义哲学》两篇短文。这些短文都是有感而发,是有针对性的,请批评指正。

# 致吴海平 *

## 2009 年 3 月 10 日　感谢吴海平担任拙著的责任校对,介绍自己学哲学、研究哲学的艰难历程

首先要谢谢您担任拙著的责任校对,现赠上一册,留作纪念,并请批评指正。年轻时,我在华中新华书店担任过两年校对,知道校对的辛苦。那时在农村解放区,没有电灯,在煤油灯下一字一句校对书稿,是很费神很伤视力的。现在条件虽然好多了,但校对的责任和辛苦我是知道的。

您一字一句地校对过我的书,而且可能不只一遍,所以是完全有资格评论拙著的,我期盼着您的批评指正。说起哲学,人们往往有一种神秘、高深、莫测之感,其实哲学就是人类认识、解释和改造世界的思维方式、思想武器、认知工具和关于人生的价值理念,指导人们怎样去正确地认识和改造自然、社会和人自身。我哲学方面所受的启蒙教育还是在煤油灯下校对艾思奇的《大众哲学》和俞铭璜的《新人生观》等革命理论书籍时获得的,建国后党组织送我进中央党校学习,才获得进一步系统的深造。我这个人,有一个习惯,就是爱思考,勤于写作,不喜欢吃喝玩乐,也不满足于一般地死记硬背僵死的教条,遇事总爱多问几个为什么,所以养成了不迷信和独立思考的习性。您读我的书,知道我在关于马克思主义真精神和一系列重要理论问题的理解上,在马克思主义哲学特别是唯物史观是怎样创立的及其基本观点

---

＊ 吴海平,技术副编审,《以人为本　构建和谐社会 40 论》责任校对。

的解释上，在人道主义和异化问题的认识上，在对党的方针、政策、路线和重大的战略指导思想的解读上，同胡乔木同志、同黄楠森教授等人辩论、商榷、切磋过。要知道，他们都是大理论家、著名哲学教授，同他们辩论，不但要有理论上、学术上的勇气和坚定不移的追求真理的精神，甚至要冒政治上被打压的风险。但我义无反顾地坚持同他们辩论，除了我坚信自己的基本理论观点外，您还可以发现，我所采取的态度和方法是一个文明的、民主的社会所应当允许的。我的态度和方法是，尽管我同他们的认识、理论观点有分歧，但我一直将他们作为平等的学者，当作同一营垒内的同志，采用民主的、说理的方法和态度，而且始终认为自己的认识和观点并不一定百分之百的正确，只要他们能驳倒我，以理服人，我愿意随时随地修正自己的错误。所以，我对他们心无恶意，不是为了整倒他们，而是心存与人为善，心地坦荡荡。我国宪法是保护全体公民的表达权和言论自由的，我在学术上、理论上在法律允许范围内的表达权，是受宪法保护的，我的学术上、理论上的勇气，正是因为深信这一点。我同这些大理论家、著名哲学教授辩论的问题，其实同我国的每一个公民都有切身的利益关系，每个人都可以加以评论，所以我也希望听到您的批评。

您长期从事校对工作，在汉语汉字的文字学方面有很深的造诣，我记得您因这方面的成就被评为副编审。听说您写了这方面的著作，不知出版了没有？如已出版，希望赠我一册，以便学习。如未出版，我愿意向人民出版社或东方出版社推荐。智福和同志出版了校对学方面的著作，我见到了，感到很好。我年轻时，在上海人民出版社出版过一本文化学习知识方面的小册子，书名就叫《容易写错的字和词》，是根据我在校对、编辑工作中积累的素材编写的。现在看来，那本小册子水平不高，文化含量很低，你们现在应当写出更高水平、内容更为丰富的论著，是为至盼，并祝您成功。

# 致崔卫平 *

## 一、2009 年 3 月 18 日　我为什么选择了走体制内改革之路

寄上我新近出版的《以人为本　构建和谐社会 40 论》一册，留作纪念并请雅正。

我一辈子干编辑出版工作，养成了读书看报、思考问题和写点东西的习惯，离休后，闲暇时间多了，总闲着对精神对身体都不好，所以重操旧业。这次不是给别人作嫁衣裳，而是变成了写自己的书，编辑出版自己的书。算起来，离休十年，先后出版了六种书，也是一种自得其乐。我过去写东西也没怎么考虑别人怎样评论，即使同党内那位大理论家或著名哲学教授黄楠森辩论，我也没有考虑个人得失。只想讲出自己对马克思主义真精神的理解和自己觉得正确的真心话，以及人类世世代代苦苦追求的价值理想，人类生存生活的心灵境界，是非对错留给别人和历史老人去评说吧，我走自己的路。现在看来快到搁笔的时候了。

我和你父亲、叔叔这一辈人，青少年时代，国家、民族、人民生活在水深火热之中，我们为自己的生存，为国家民族的生存，如饥似渴地寻找着救国救民的真理，正是处于这种悲惨的生存状态之时，找到了中国共产党和马克思主义，所以中国共产党、马克思主义对于我们真正是神圣的。这一点，是

---

* 崔卫平，北京电影学院教授，文化和思想评论家、翻译家。主要著译有：《带伤的黎明》、《看不见的声音》、《积极生活》、《正义之前》、《我们时代的叙事》、《哈维尔文集》、《布拉格精神》、《通往公民社会》等。

上个世纪 60 年代的年轻人不太容易理解的。当时他们有些人常把"造反有理"挂在嘴边,他们经历了共产党所犯 20 年"左"的错误,马克思主义被糟蹋得不像样子的年代。所以他们的想法和态度也是有历史原因的,也是可以理解的。经历过"文化大革命"的十年浩劫,我们也在反思,也想拨乱反正,走上正道。但是,我们为什么选择了要在体制内进行改革,而不像某些年轻人"推倒重来"想得那样简单,这也是有我们的理性思考的。某些年轻人可能会说"你们是既得利益者,舍不得推倒重来"。不错,从某种意义上来说,新中国建立后,我们也可以说是既得利益者,但是,古今中外哪一个社会没有既得利益者? 不过,我们有两点思考,第一,我们希望这个既得利益者的队伍应当无止境地扩大,应当把全体社会成员都逐步地变成既得利益者,把我们的社会建设成为全体社会成员的利益共同体,让全体社会成员共享新社会的建设成果。第二,这需要一个很长的历史过程,在这个过程中,轻率地不断地搞"推倒重来",不断地搞一个阶级推翻另一个阶级的"文化大革命"式的革命,最终会是少数野心家、投机分子窃取了果实,而广大的平民百姓则要承受"以阶级斗争为纲"、"无产阶级专政下的继续革命"、社会动乱所造成的恶果和痛苦。这一点,已经成为当今国人的一种比较普遍的共识,因为它被我们建国后短短几十年的历史所证明。所以,我们经过理性的、沉重的思考,只要有一线希望,我们还是力求在体制内改革,而不是简单的"推倒重来"。社会是个复杂的有机体,不能把问题想得太简单了,我几十年来所以冒着被打压的政治风险,坚韧地坚持我对马克思主义真精神的理解,坚持我对人类世世代代苦苦地对理想价值的追求,我的根本的出发点和归宿点就在这里。中国经过三十年的改革开放,已经创造了令世人瞩目的辉煌成就,并在中国特色社会主义道路上继续阔步前行,更无比地增强了我的信心和决心。不知我说的这种想法是否有点道理,也不知你能否认同,说出来,让你知道我的心迹,我也就痛快了。我的《人的哲学论说》、《人的哲学论纲》和这一本《40 论》也可以说是我的"人的哲学新论",如实地记录了我的心路历程,我热切地希望能得到你的理解,并望给予批评。

# 二、2009 年 3 月 21 日　马克思主义是研究发展的科学, 它自身也处于不断的发展之中

3 月 18 日的信和书发出后, 我感到言犹未竟, 所以再给你补写几句。

你可能不赞赏我言必称马、恩, 引用了那样多马、恩的原著。对此, 我要说几句心里话。我从刚接触马、恩的原著起, 就有一种崇尚之情, 我觉得那真正是受苦受难的无产阶级和劳苦大众求解放的"福音"。这是第一点。第二, 马、恩生活在 19 世纪的中、后期, 参与指导欧洲无产阶级革命的发展中实践课题的变化、革命力量对比的变动等等, 理论思维的兴奋点、论说的侧重点、具体的观点也随着变化, 他们的思想、理论观点前后是会有不完全一致甚至矛盾的地方, 后来人如果不加注意, 就会出现"打语录仗"的状况, 各执一词, 互不相让, 出现"两个马克思"互打思想仗, 或者出现恩格斯同马克思"打架"的状况。所以, 邓小平才提出要完整地准确地对待马克思主义、毛泽东思想的问题。我在论战中所以要引用那么多的马、恩的原话, 正是因为有人否定这些论述, 出于论战的需要。第三, 经历多了, 阅历多了, 特别是经历过"文化大革命"中正反两方面的教育, 我在重新学习马、恩的原著时, 发现他们的确很多思想、观点长期被掩盖、埋没、歪曲、篡改了。为了恢复马克思主义的本来面貌, 为了求得对马克思主义真精神的理解、认识, 所以不得不多引用一点。而且, 我从中悟出一个道理, 就是对马、恩的原著也不可偏执一词, 只讲一面之词而否定另一面, 而应放到一定的历史条件之下, 去理解它的原意、真意, 并用不同条件下的另外的表述去或修正、或充实、或扬弃。马克思主义是研究发展的科学, 它自身也处于不断的发展之中。这样, 又不得不多作引证。

在作这些引证和论说时，有一点我是时刻不曾忘记的，就是要带着当前人类所面对的现实问题、实践课题，去思考，从中获得启迪和智慧，不能采取教条主义的态度，只是停留于复述，如果那样，就根本不可能产生关于人的哲学的三本书。

作为思想者、学者，还应当知道一个道理，就是人的思维、思想是有局限性的，任何人都不可能说自己的思想、观点、论说是百分之百的正确，是绝对的无懈可击，北京大学著名教授张世英先生就深知这个道理，总是表现得那样的谦虚，对别人同他的商榷、批评，总是表现那样的大度，所以我称之为真正的学者风度。我常说，我所写的东西并不十全十美、绝对正确，这不是故作姿态，是"作秀"，而是发自内心的真心话。一个人如果不承认这一点，而且手中又握有大权，把自己的每一句话都当作"金口玉言"，当作绝对的真理，谁如果表示一点不同意见，必欲置之死地，那是非常危险的，最后的结局必然是自己的垮台。这方面的经验教训我们见的已经够多了。

# 致朱滢 *

## 一、2009年3月20日　赠书并请批评指正

我们素不相识,但张世英教授在3月12日致我的亲笔信中提到了先生,而且大加赞扬,因此我也就把先生当作知己了。现将张先生的来信复印了给您一阅,同时给您寄上拙著《以人为本　构建和谐社会40论》和《人的哲学论纲》各一册,希望能听到先生的批评指正。

### 附　朱滢2009年4月14日来信:中国人健康的自我的形成还有很长很长的路

薛德震先生:

收到您寄来的两本书了,非常感谢! 虽然还来不及拜读,但从书名、目录还是感觉到一股新鲜的气息。

我从2000年开始研究自我。心理学目前主要与脑科学结合来研究自我,但自我也是哲学的一个问题,所以后来读到张世英先生的著作。自我是文化的产物,所以东西方的自我是不一样的。西方人的自我强调个体与他

---

\* 朱滢,北京大学心理学教授。主要著作有:《文化与自我》,主编:《实验心理学》、《心理实验研究》等多部教材。

人,与社会的分离,强调个体的独立性;中国人的自我强调个体与他人,与社会的联结,强调个体的相互依赖。我认为,东西方自我概念各有各长,也各有所短,是相互补充的问题,不是代替的问题。

中国人健康自我的形成还有很长很长的路。举农民工为例,他们才刚刚摆脱了土地的束缚(西方人大概一二百年前就摆脱了),但现在还没有城市户口,他们虽然在建设这座城市,但他们并没有与城市人一样的权利。农民工的在农村的子女称为"留守儿童",这些儿童得不到父母正常的关怀,一年见一次面就算好的,二三年不见面也很通常,这不利于这些儿童健康自我的发展。从这个例子看,我赞成您的看法,"目前还是强调呼唤增强主体性"。现寄上一本我的著作《文化与自我》,敬请批评指正。

祝

身体健康

朱　滢<br>2009 年 4 月 14 日

# 二、2009 年 5 月 8 日 《文化与自我》的读后感

首先再次谢谢先生的赠书。近日我读先生的《文化与自我》,同时还读了张世英先生的《羁鸟恋旧林》,获益良多,颇受启迪,于是写了一篇短文,题为《从打着灯笼找人到找回"健康自我"》。我是心理学的"门外汉",对哲学也知之不深,但我有一颗真诚的心。我在这篇短文中,联系当前中国社会的现实和普通人的现实生活,谈了我的阅读体会,并觉得先生的学术研究

成果,对中国的理想社会和理想的人的生成具有重大意义,而向社会的领导者发出要重视宣传和普及的呼吁。不知我对先生学术成就的理解是否有误或不当之处,所以将这篇短文的初稿发送给先生,请不客气地批评指正。

# 致方厚枢*

## 2009 年 3 月 22 日　对人道主义和异化问题的大批判这一学案在出版史上应有所记载

送上《以人为本　构建和谐社会 40 论》一册，请批评指正。这本书，是自党中央提出以人为本的科学发展观和稍后制定构建社会主义和谐社会的重大战略指导思想以后，我对之进行跟踪学习、研究的心得体会。跟随着党中央实践和理论上的创新，写出了我的新感悟、新解读，我的思想认识也在不断地递进和深化，深感党的创新实践和创新理论真正具有说不尽的丰富的哲学内涵。

您在研究新中国的出版史，我想请您特别关注一下这本书的最后三篇文章。这三篇文章是对二十五年前周扬同志提出人道主义和异化问题后遭到新一轮大批判的反思，讲了我觉得应当汲取的经验教训。

周扬经历了"文化大革命"十年浩劫的惨痛教训，痛定思痛，自我反思和自我批判了"文革"前理论上的失误，讲出了自己对马克思主义真精神的新的理解、新的认识。这本来是一件大好事，也是我国宪法所保护的全体公民的基本权利，但是却遭到了无端的打击，表明了长期肆虐的"左"毒尚未清除。与对周扬进行大批判的同时，还批判了人民出版社出版的研究和探讨马克思主义人道主义和异化问题的三本书，即《人是马克思主义的出发

＊　方厚枢，编审，出版史家。主要著作有：《中国出版史话》、《中国出版通史·中华人民共和国卷 1949—1979 年》各章。

点》、《关于人的学说的哲学探讨》、《人性、人道主义问题讨论集》，形成了当代中国出版史上的一件学案。我觉得在新中国出版史的论著中，对此事应当加以论说，总结其经验教训，对于做好当今和今后的出版工作是大有好处的。"左"的流毒未除只是一个方面，但是我们的党我国人民经过"文革"的洗礼，毕竟进步了，进一步成熟了，我们党内健康的、清醒的力量毕竟是主流。

在改革开放初期，涉及人民出版社的出版事件，还有一件是对翻译出版外国政治学术图书的严厉批评，此事曾彦修、张惠卿同志是亲历者，您如有兴趣可采访他们两位。

# 致张小平

## 2009 年 5 月 18 日　征求对
## 《薛德震哲学书信集》稿本的意见

送上我新近编撰的《薛德震哲学书信集》的稿本。现在先不谈出版问题,而是向您这位老朋友征求意见,希望您能抽点时间看看,并提出进一步改进的意见。这个选题实际上是方鸣同志的创意和策划。我把他的这一建议告诉刘杲同志,他也很赞赏,并说这本书别人可能更爱看。我还准备在增强学术味和人情味方面再花点功夫。您如能写一封批评性的信评论我的学术活动,我会很欢迎。

在这本书稿中,收入了我同将近五十位教授、研究员等专家学者的书信往来和思想的交流、和鸣。通过这些书信,可以得知我的一系列文章和观点是怎样形成的,它们产生的背景,我的写作意图和针对性,可以更清晰地看到我的一系列基本观点的新意、新感悟之所在。

这些专家学者中,包括我国著名的哲学、心理学、社会学、现代文学等学科的教授、研究员,其中还包括一些著名报刊的高级编辑,他们都是著名的学者,有强烈的独立思考精神和马克思主义的批判精神,对别人的学术成果是不会轻率地作出评价的,所以我非常珍惜他们对我的论著的评论。我的学术成果,现在不但日益被更多的老一辈学者所接受,而且被一些青年俊秀例如周凡、兰文飞、孙强 * 等认同,这都是对我的奖赏。

---

* 孙强,研究生。2007 年 2 月 2 日在搜狐网发表博客,评论了拙著《人的哲学论纲》:今天上午,结束了《人的哲学论纲》一书的阅读,有种释然,有种豁然。薛德震先生在马克思生产力与

我们出版工作者,在职在岗时,常常专注于为他人作嫁衣裳,强调为读者、为作者服务,这是我们的职业道德所要求的,一般都不太重视为自己出书。我认为在我们人民出版社有一批同志对马克思主义人的哲学很有兴趣和进行了深入的研究,而且创作了一批有价值的成果,我们对这些学术成果不应妄自菲薄,而应备加珍惜,并发扬光大。我希望你们这些比我年轻的同志接下接力棒,继续前进! 这是我的至盼。

2009 年 5 月 18 日

不要把写文章看得太神秘。我们作编辑的,一辈子不知写了多少审稿意见,这些审稿意见,实际上就是书评文评。我的关于人学的许多文章,实际上就是书评、读后感,其中有评胡乔木、卢之超、黄楠森、陈志尚等人的,也有评周扬、高放、张世英、陈晏清、朱滢等人的。这些书评、读后感都可以说是我的审稿意见。您已审读过我的多部书稿,我想一定会有审读意见,会有自己的看法。把这些审读意见加以整理,增强其系统性、逻辑性、说理性,就变成了很好的文章。您对我的文章、书稿可以有肯定,也可以有批评,对于批评我更欢迎,因为是对我的真诚的帮助。我在职时经常提倡编辑要认真写好审读意见,写得好的我表扬,写得差的我批评。这个习惯至今还保持着。上面这番话,可以说是经验谈,供参考。

2009 年 5 月 20 日又及

---

生产关系的矛盾运动是社会发展的动力的基础上,进行了深层的推理,挖出隐藏在生产力背后的有关人的需要的动力根源,并指出人的需要的客观性、现实性,可以说,他的这一结论给我们当前处于边缘化的马克思主义哲学注入了新鲜的血液,像一股清泉给人以明朗的感觉。当然,本人也只是初读,体会也不深刻,对于这种书,恐怕不读上三遍五遍是不能理会其旨要的。但全书的主题是很鲜明的,就围绕人的哲学展开,探讨了人的需要,人的价值,人的本质,人的解放等有关人的基本的规定,并不脱离现实地提出我们现代化建设的物质文明、制度文明及人自身素质的提高、发展的相互作用,最后,着重研究了人的解放就是人对自然、社会和自身的把握,人怎样成为自然、社会和自身的主人,并提出人与自然、人与社会、人与自身三个和谐相处、和谐发展,阐发三个文明建设的内在统一及其辩证关系,以及怎样为向共产主义发展创造条件,理想的社会与理想的人怎样在和谐中生成,最后是一个简单的结束语:为人类幸福而工作。这本书是作者精神探索的结晶。不管其学术影响如何,但就作者这种孜孜不倦地探索精神就值得我们学习,更何况其中又不乏鲜明独特的见解呢!

# 致兰文飞 *

## 2009 年 5 月 19 日 《从打着灯笼找人到 找回"健康自我"》一文的写作意图

最近,我读了北京大学心理学系前主任、教授朱滢的专著《文化与自我》和北京大学哲学系著名教授张世英的新著《羁鸟恋旧林——张世英自选集》,有所感,就写了一篇书评:《从打着灯笼找人到找回"健康自我"——朱滢先生〈文化与自我〉读后感》①。我觉得朱先生这本心理学专著,对于当代中国人的精神文明建设,特别是塑造"健康自我"具有非常重要的现实意义。张世英先生对朱滢先生的科研成果是赞赏的,我在读后感中也引用了张先生的见解来评价朱滢先生的心理学成就。我觉得这篇读后感比较适合《学习时报》的性格,请你看看能否在贵报书评栏中刊发一下。

---

* 兰文飞,中共中央党校《学习时报》编辑。
① 《学习时报》2009 年 8 月 10 日刊发了这篇文章的摘要,全文见本书第二单元。

# 致李庆英 *

# 2009 年 6 月 15 日　介绍《马克思主义哲学的应然形象和品格》一文

　　最近读书看报,对于马克思主义哲学应具有什么样的形象和品格,有些新的感悟,于是就写了下来。有些朋友看了,觉得有点意思,其中既有抽象思维,有思辨和反思的色彩,又有一点文学的形象思维,有点散文诗的意境,使哲学给人以一定程度的形象感,增加了人们对马克思主义哲学的理解和亲近感。稿子不长,现寄上,请批评指正。①

　*　李庆英,《北京日报》理论周刊编辑。
　①　《北京日报》理论周刊 2009 年 8 月 17 日以《哲学的品格》为题刊发了此文。

## 致张小平、柏裕江

## 2009 年 7 月 20 日　谈对《书信集》 稿本的调整和修改

你们 6 月 7 日的来信,给了我很大的鼓励和帮助,可以说你们是真正理解我的,是我的知音。根据信中的意见,我又对书稿的结构作了调整,突出全书的主线,并几乎重写了前言,补写了后记。现在,先读前言和后记,然后再看调整后的书稿,会有一些新的感受。在这封信中,我要着重说明这样几点:

一、我的关于马克思主义人的哲学的研究和论说,可以说自始至终都是同黄楠森教授的争论。同胡乔木、卢之超的争论,以及党中央正式提出以人为本的科学发展观和构建社会主义和谐社会的战略指导思想以后所作的论证,可以说是同黄教授争论的延伸和继续。这次调整,突出了这条主线。

二、同其他学者的通信、交流、和鸣,表面上看似乎同黄教授的争论没有直接关系,但是了解中国近几十年关于人道主义和异化问题争论的背景和内容的人们,是可以看懂这些通信、交流、和鸣同黄教授的争论是存在紧密的内在联系的。

三、我在几乎重写的前言中,说明了第二、三单元实际上是对第一单元缺憾的弥补。编好第一单元后,我发现这些书信、交流、和鸣都是在党中央正式提出以人为本以后的故事,缺少 20 世纪八九十年代的故事。而那二十年,我只留下了文章,没有留下书信和文档,但是有些重要的关节点,例如有关 1983 年 4 月在北京大学召开的那次关于人道主义的学术讨论会、有关胡乔木那篇长文的讨论,等等,只好运用当年写的几篇短文和有关我的几本书的自序、后记来弥补了,所以补编了第二、第三单元。关于这一点,我在重写的前言中作了说明,这样,读者就可以明白我这样编撰的意图了,全书的主线也就明晰了。

四、第四单元是附录,是别的学者为我的书写的序言和书评,这是一种客观的评说,我将其收录到这本书中,是一种历史的记录,说明我的主要观点和成果已获得不少学者们的认同。

五、我没有按照观点的不同而分别编排书信和文稿,而使不同观点互相交织、交锋,看上去似乎有点“乱”,但我主要是要体现平等的民主的争鸣的精神,所以只能如此处理了。我想你们是能理解我的用心的。我想用这种编排方式来体现我在后记中所说的,包括论辩对方也以他的反方立场和观点参与了我的人的哲学的研究和创作。

六、关于有点重复的问题,主要有这样两种情况,一是这本书名为书信集,但如列入“人的哲学”系列则可称作“人的哲学论辩”,所以同胡乔木、卢之超商榷的两篇文章是重要部分,如果不收入,就缺了一大块,就不完整了。二是不少书信,不管是我写给报刊编辑、其他学者的,还是其他学者评论我的论著的,都涉及我的一些主要文章及其论点,所以给人以某些重复之感。这两种情况都是无法完全避免的,只好让其存在。如果硬要避开这些重复,将会大大削弱这本书的价值。至于与不同的学者朋友谈我的同一个想法,显得有点重复的现象,我已做了一些删削,但还不能完全避免,这是要请人们谅解的。

七、第一单元书信部分收录了一些学者、朋友们给我的来信,这些来信原来是私人通信,是不供公开发表的,这次收入我的书中公开发表,必须征得他(她)们的同意。我已写信征求他们的意见,并获得同意,现将他们的复信复印给你们,请存入书稿档案。此外,张世英、朱滢教授已发来电子邮件表示同意,沈宝祥教授在电话中表示同意,刘杲同志亲自阅改了他的口头意见的文字稿并同意刊发。

八、受你俩来信的启发,我想把书名改为《征途——薛德震哲学书信集》。

九、我想将你们的这封来信也收入本书之中,希望能得到你们的同意。你们的这封来信再一次印证了我的观点,就是你们也参与了我的这本书的撰著,我的人的哲学论著,实际上是一种集体创作。

恢复现实的人在马克思主义哲学中既是出发点又是目的的地位,使马克思主义成为名副其实的现实的人彻底解放和全面自由发展的科学,既是时代的、历史的、实践的需要,又是人民的、全体社会成员的殷切的期盼。但是却遭到被曲解的观念、禁锢了头脑的习惯势力的顽强抵抗。而实践的力量、历史发展的客观规律、人民的不屈意志,是任何力量都阻挡不住的。我们的党就是实践、历史、人民的真正的代表,在 21 世纪之初,勇敢地、明确地提出了以人为本的科学发展观和构建社会主义和谐社会的战略指导思想,实现了我们党作为执政党的哲学指导思想和思维方式的伟大变革。作为马克思主义的信仰者,对这种变革大书特书、高声诵之,是义不容辞的责任和义务,让我们携手为之共同努力奋斗!

现将调整、改编后的稿本送上,请审阅并继续提出宝贵意见。

## 附　2009 年 7 月 6 日　张小平、柏裕江的来信

老薛同志:

我们通读了《稿本》。看着这些保存完好的通信、笔记、文档,从整体上对您的"人本主义"哲学思想、观点,以及您治学、研究的精神及其思想、观点形成过程,又有了较为全面的了解,理解了"'人'是马克思主义哲学的出发点,也是它的目的"的意义。说实在的,我们在其指导下奋斗、工作几十年的主义、理想,其中很多是被人僵化、修正或断章取义了的;我们也深深地感触到了您那"漫长的三十年精神苦旅",您先行了一步,在苦寂中,"在新的实践水平、新的思维能力的基础上,研究'人'和人的解放问题。恢复'人'在马克思主义哲学中的地位……"既饱含艰辛,又硕果累累。比喻得不一定恰当,如果说张世英先生的哲学之旅是"归途",那么您的"漫长的三

十年精神苦旅"是艰难跋涉的"征途"。的确,写写这样的"精神苦旅"、"写写这些亲历的人和事,可以留下珍贵的记忆和精神财富"。这是我们对您这位老出版家、学者可贵的执著精神最主要的感受。

在此,我们也就冒昧地、不客气地讲一些读后的感觉。

其一,《稿本》采取将"同朋友们的通信和有关文档记录汇集起来编成一本书"的方式。可是,在《稿本》中可能又怕读者对事情的因果不了解,交代不清,所以密密麻麻地加了不少的脚注、文前注、文中注来说明情况,这本身也费了不少的精力。我们也感觉是缺少一条主线将"亲历的人和事"串起来,但又说不好怎样串。如果精力允许的话,以"漫长的三十年精神苦旅"为纲,纲举目张,将这些保存完好的通信、笔记、文档,结合糅入当中,是否可取。

其二,与以往出版的"书信集"(收入的书信时间、内容、通讯人等方面广泛和分散)不同的是,《稿本》的内容上,围绕着《人的哲学论说》、《人的哲学论纲》、《以人为本 构建和谐社会 20 论》、《以人为本 构建和谐社会 40 论》等著作,作者和朋友们的书信交往、交流,时间和内容相对集中,涉及的内容不可避免地会给人以重复感。文与文之间,各部分之间,与其他著作之间,都有类似的感觉。

其三,《稿本》在结构、编排上还可斟酌。

以上意见,仅是对《稿本》一般地通读之后的不成熟印象,并没有深入,不知当否,仅供您参考。

张小平　柏裕江

2009 年 7 月 6 日

# 回忆、记叙与争鸣

# 从煤油灯下走出来的哲学学人

## ——回忆我在华中新华书店工作的岁月

人们现在常常称我为哲学家，但我自己觉得"不敢当"，自认为称为学哲学的"学人"比较平实一点，也与我的人学观相匹配。我首先是一个人，然后才成为学哲学的人。一辈子我都在学习怎样做人，怎样做一个哲学学人。我在哲学方面所受的启蒙教育还是在煤油灯下校对艾思奇的《大众哲学》和俞铭璜的《新人生观》时获得的，建国后党组织送我进中央党校学习，才获得进一步系统的深造。为了证明这一点，我将 2008 年 3 月 22 日为中共华中工委纪念馆写的《回忆我在华中新华书店工作的岁月》一文收录在本书中，并将标题改为《从煤油灯下走出来的哲学学人》，将原题改为副题。原文如下：

1947 年下学期，我在建阳县立初级中学毕业，校长唐彩庭为我签发毕业证书。初冬，华中工委建立不久，华中新华日报社就派工作人员张一鸣来我们学校招收了十名毕业生。当时，华中工委在通榆路东射阳县合德镇附近的耦耕堂，建阳中学则在路西建阳县的陈村，通榆路一线在 1946 年国民党军发动全面内战和对山东解放区的重点进攻时，曾被国民党军占领，建立了封锁线，但两侧农村地区仍在我军的控制下，我军民坚持原地斗争。我们十个同学与张一鸣组成了一个临时小分队，在 1947 年年底，在刚刚被我军收复的盐城城区穿越了通榆路。当时天气寒冷下着大雪，行军比较艰苦。我们于 1948 年元旦前夕安全到达华中工委驻地。当时我们除了带了学校的集体介绍信，我因 1947 年五四青年节时已宣誓加入中国共产党，所以还带了转党员组织关系的证明信。在合德附近住下后，我们等待分配工作。那时正在下着大雪，天气寒冷，在我们的屋子中生了炭火盆。没过几天，几个同学分配到华中《新华日报》当报务员、译电员，我和马锦标（后改名为马彪)同学分配到华中新华书店当校对员。当时华中新华书店(又称华中韬奋书店)的经理是周天泽(周天泽同志随军渡江后担任苏南新华书店经理、新华书店华东总分店经理,大区撤销后曾调到北京担任过中华人民共和国文化部计划财务司司长,现已在文化部离休)。书店经理部、编审科驻在别的村子里。当时,书店不仅编辑出版革命理论读物、革命领袖著作、时事政策读物、文化教育读物,还出版通俗文艺读物等等。我们几个校对员同印刷厂的工人师傅们驻在一个村子里,不但白天要干活,有时为了赶急件晚上还要在煤油灯下校对,这对视力影响较大,我的近视的毛病就是那时落下的。我不仅把校对当作一种职业,把校对报刊图书当作一种工作过程,要聚精会神地消灭排版过程中的一切差错,而且把校对当作一种学习过程。我们所校对的书稿都是精神产品,都是知识财富、文化宝藏,对其进行校对有时甚至要校对两三遍,所以是一种很好的学习机会,我像海绵汲水一样如饥似渴地从中汲取理论的、历史的、文化的、知识的养分,不断地充实自己、提高自己。我在哲学方面的启蒙教育是在煤油灯下校对艾思奇的《大众哲学》和俞铭璜的《新人生观》等革命理论书籍而获得的。我同当时的排字工人朱新桥、刻字工人曹德富很要好,可以说是好朋友。朱新桥建国后在南京江苏新华书店担任过副经理。曹德富爱打排球,当时印刷厂是铅字排版,除了用铜字模铸铅字,有些生僻字没有铜字模,所以专门配备了刻字工人,曹德富心灵手巧,在很小的五号字的铅坯上很快就能刻出一个字来。他还用牛角材质为我刻了一枚私人图章。这枚当年他为我刻的图章,至今我还保存着,作为那个岁月以及我们友谊的一种纪念。

我们和印刷厂的工人师傅愉快地过着集体生活。解放战争的节节胜利,从战略防御转为战略进攻。前线传来的胜利消息给我们以欢欣鼓舞。但是,淮海战役前,华中工委也面临过一段严峻的形势,当时国民党军的黄伯韬兵团企图从西向东突袭华中工委驻地合德地区,我们印刷厂都把印刷机、切纸机和其他器材埋到地下,坚壁清野,人员准备从海路撤退到山东去,但是形势发展很快,黄伯韬兵团突袭华中工委的企图不但没有实现,反而被华东野战军主力兵团包围,并被一举歼灭,我华东、中原野战军完成淮海战役的第一个重大的胜利,华中工委也转危为安,并随着淮海战役的胜利发展,从合德迁到淮阴。我们印刷厂也把埋到地下的器材、机器挖了出来,打包装船,跟随工委机关一起西迁淮阴。我们的船队路径阜宁搬迁到运河之滨淮阴和淮安之间的板闸镇驻下。这时,华中《新华日报》和华中新华书店的印刷厂合并为一个印刷厂,一面天天坚持出版《新华日报》,用大字标题传递着胜利的消息,同时还印制了不少为大军渡江后接受江南大城市的各种参考资料。这时,在我们驻地附近的大路上,天天都有我威武雄壮的主力部队南下,我们队伍的装备真正是鸟枪换炮了,坦克、卡车、炮车纵队隆隆通过,看了真是令人振奋。

我们在板闸镇欢度了 1949 年的春节,人们载歌载舞欢庆胜利。这时从江南各大学来了不少男女大学生。这些洋学生为我们表演了生平第一次见到的新疆舞蹈、康定情歌和在江南国统区青年学生中流行的反蒋小调等节目,真是大饱眼福。

过了春节,为随军渡江的准备工作更是一步紧似一步,很快将我列入了随军渡江的后方团队的名单,通知我做好随军渡江的准备。我们随军渡江团队很快就从板闸镇出发,沿着运河移师泰兴附近一座庙宇中待命渡江。1949年 4 月 20 日夜至 21 日,在西起九江湖口、东至江阴长达五百余公里的战线上,我百万大军强渡长江。国民党军江阴要塞官兵,在我华中工委领导和唐秉琳、唐秉煜等地下党员的策动、领导下举行起义,保证我东线大军顺利渡过长江天堑。我们后方团队也在两天后从江北岸的八圩出发,在天空还有国民党空军飞机扫射的情况下快速地渡到了南岸江阴,并日夜兼程到了无锡。

我军解放无锡后,立即建立了以陈丕显为书记的苏南区党委,行政公署主任是管文蔚。这时苏南新华书店的经理是周天泽。苏南新华书店很快就开始了工作,履行着宣传群众、动员群众、组织群众的传统职责。渡江后,我在苏南新华书店编审科工作,并参加了时事政治半月刊《苏南大众》的创办工作。编辑工作同校对工作有不少相通之处。从此,我一直从事出版编辑工作。一年后,1950 年 5 月我与苏南新华书店编审科科长陈允豪一起奉调到上海新华书店华东总分店编辑部工作。

2008 年 3 月 22 日

# 马克思主义有自己的人道主义 *

　　资产阶级人道主义的思想体系与马克思主义的思想体系是根本不同的，但是资产阶级的人道主义在历史上曾经起过进步作用，经过马克思主义对之进行批判改造，可以形成一种马克思主义的人道主义。用"马克思主义的人道主义"来表述比较准确和科学。第一，从阶级属性看，它鲜明地表明了是无产阶级的人道主义，是为无产阶级以至全人类的解放服务的；第二，从哲学属性看，它是以辩证唯物主义和历史唯物主义为理论基础的，同历史上以至现代资产阶级的主观唯心主义、客观唯心主义、旧唯物主义的人道主义有原则区别。

　　对有没有马克思主义的人道主义这个问题，我认为不应老是在抽象的名词、概念上打圈子，而应面向实际，看它的精神实质。只要我们采取正确的方法论原则，我觉得这个问题是不难解决的。

　　马克思主义的人道主义在无产阶级的革命实践及其历史发展中，并不是一成不变的，而是不断发展、变化和丰富的。在不同的历史阶段，它的内容和所强调的重点是有所不同的。

　　一、在无产阶级革命时期，马克思主义的人道主义同马克思主义的阶级斗争、暴力革命、无产阶级专政学说并不矛盾。首先，对无产阶级来说，它要从经济上、政治上解放自己和一切劳动人民，以摆脱非人的、牛马般的生活条件和社会环境。第二，无产阶级即使在进行暴力革命时，也是如恩格斯所说的力求用最人道的方法进行革命，或如毛泽东所说，实行革命的人道主

---

　　* 1983 年 4 月，在北京大学召开的关于人道主义和异化问题的学术研讨会上，我有一个发言，主张讲有马克思主义的人道主义。这篇短文是会上发言的要点，刊载在当年《国内哲学动态》第 6 期上。这篇短文记录了当年我在这个问题上的基本观点。

义。在战场上实行救死扶伤;对敌对阶级中放下武器(或交出生产资料)的分子,给出路,给予人道主义的待遇,并让他们在劳动中改造成为新人。

二、社会主义时期的马克思主义的人道主义,也可以叫做社会主义的人道主义。有些人,对于我们进入社会主义社会以后党的方针、政策、路线以及党的领袖们的著作中的马克思主义的人道主义内容,视而不见,或觉得难于把握,其实只要我们不停留于抽象的议论,而是力求将其具体化,那么,我们就会发现在科学社会主义的理论和实践中有丰富的马克思主义的人道主义内容。

三、共产主义时期的人道主义,那是更高阶段、更彻底的马克思主义的人道主义,那时人将获得彻底解放和全面自由的发展。

长期以来,西方资产阶级攻击我们的马克思主义中没有人道主义,说共产党人是不讲人道主义的。林彪、江青两个反革命集团在十年动乱中又大肆攻击刘少奇、邓小平等同志贩卖地主资产阶级的人性论、人道主义。在我们全党和全国人民面对这样的挑战进行理论思考时,对于有没有马克思主义的人道主义这样的问题,我认为应该作肯定的回答,而不应作否定的回答。

当然,我们在承认有马克思主义的人道主义的同时,也要注意恰如其分地估计它在马克思主义中的地位和作用,切不可夸大。我认为,它只是马克思主义的博大精深的理论体系中的一个有机的组成部分。它只是在一定范围内解决问题,不能希望用它来解决一切问题。

(原载《国内哲学动态》1983 年第 6 期)

# 我参与讨论胡乔木论异化的文章*

1984年1月,胡乔木同志发表了一篇长文,题为《关于人道主义和异化问题》。文章发表前,当时中宣部曾在中南海内的会议室,召开了一个有二三十人参加的讨论会,参加者有胡绳、龚育之、邢贲思、卢之超、韩树英等著名学者、专家,我有幸也应邀参加。会上大家发表了不少意见,我也发表了意见。我说今天这是一个党内的会议,而且是个学术、理论讨论会,作为一个党员,本着对党负责的态度,我想讲三点意见:

针对大争论初期有人公然声称马克思主义不能讲人道主义,凡讲人道主义都是资产阶级的,把人道主义变成了资产阶级的专利品,因此我讲的第一点意见是胡乔木同志现在肯定了有社会主义的人道主义,这一点我是赞成的。但我在习惯上爱用"马克思主义的人道主义",意即这种人道主义是在马克思主义世界观指导下的,我们讲的这种人道主义,即像社会主义的政治学、经济学、历史学、文化学、艺术学、道德学等等都是在马克思主义世界观的指导下一样,在内容上与乔木同志的讲法有相通之处。不过,我对乔木同志说社会主义人道主义只能在伦理道德的意义上说,有点不同意见。我们在革命战争年代实行革命人道主义,现在我们讲社会主义人道主义,是包含着丰富的社会、政治、经济、伦理、道德内容的,如果社会主义人道主义只能在伦理道德的意义上讲,值得商榷和研究。后来我在上海《文汇报》1986年12月12日发表了《社会主义与人道主义》一文,就是对会上这条意见比较系统的发挥和阐述。

---

* 胡乔木为了批判周扬在纪念马克思逝世一百周年学术报告会上的那篇报告,写了一篇三万字的长文《关于人道主义和异化问题》。为了讨论这篇文章的未定稿,中央宣传部召开了一个有二三十人参加的党内讨论会,邀请我与会。这是关于我在会上发言的回忆。

第二条意见是针对会上个别人的意见说的。会上有人提出要埋葬"异化"概念，要为"异化"概念举行葬礼。我担心会把这种观点写进乔木同志的文章，所以我在会上说对"异化"概念要采取慎重的态度，这不但因为马克思、恩格斯在他们的著作中几十次、上百次地使用过这个概念，而且因为马克思曾经对这个概念作过明确的界说，你可以在《马克思恩格斯全集》中文版第49卷第49页上查到这段话。当时可能有人不太相信我说的话，当即走出会议室找来《马克思恩格斯全集》第49卷，翻开第48至49页赫然写着这样一段话："资本家对工人的统治，就是物对人的统治，死劳动对活劳动的统治，产品对生产者的统治，因为变成统治工人的手段（但只是作为资本本身统治的手段）的商品，实际上只是生产过程的结果，是生产过程的产物。这是物质生产中，现实社会生活过程（因为它就是生产过程）中与意识形态领域内表现于宗教中的那种关系完全同样的关系，即把主体颠倒为客体以及反过来的情形……这种对立的形式是必须经过的，正像人起初必须以宗教的形式把自己的精神力量作为一种独立的力量来与自己相对立完全一样，这是人本身的劳动的异化过程。"我接着说，退一万步说，即使马、恩一次也没有用过这个概念，马克思也没有对之作过哲学上的定义，但是在现实生活中，无论是人们改造自然界，还是改造社会的过程中都会出现种种异化现象。我在会上还列举了一些常见的这种现象：人作为主体，创造出来的客体，不但不为人服务，反而反过来成为制约人、危害人、主宰人的一种力量，亦即马克思所说的"把主体颠倒为客体以及反过来的情形"。我说，"异化"概念实在是一个非常好的、充满辩证思维的哲学概念和范畴，是我们非常用得着的一个哲学概念和范畴，它同马克思主义哲学中的其他概念和范畴一样言简意赅，短短两个字却包含着如此丰富的辩证法内容。你如果埋葬了"异化"概念，不准人们使用这个概念，那么人们还会像马克思那样要用很长一段话来表述这种现象，那是多么的累赘和麻烦。所以我说，千万不能埋葬这个概念，不能为它举行什么葬礼。

第三，这场争论是一场学术上、理论上的争鸣，人道主义问题，异化问题，国际上争论了几十年，在国内也争论了几十年，在对十年动乱进行理论上的反思、进行理论上的拨乱反正的时候，周扬同志与一批理论工作者有了正反两方面的经验教训,再次提出这个问题,这仍然属于学术上、理论上的争鸣,千万不要上政治纲,扣政治帽子。

在会上,我就发表了这样三点意见,这些意见是否汇报了乔木同志,乔木同志又是一种什么态度,我就不清楚了。但是有一点我是清楚的,对于乔木同志来说,我是一个后生晚辈,在此之前同他毫无直接接触,但是在我担任了人民出版社社长兼总编辑以后,我曾多次到他府上汇报工作,请示问题,他都非常亲切地接待了我,好像并没有因为我对他的文章提过不同意见,而产生任何芥蒂。

(原载《炎黄春秋》2004 年第 3 期)

# 致力于社会主义社会发展动力的开发

## ——学习《邓小平文选》的一点体会*

我们的国家已经进入了社会主义社会,怎样才能使我们的国家发展得更快一些,这是多年来从党和国家的领导人到老百姓都在思考的一个问题。我们不但企图从理论上解决这个问题,而且在实践上进行了不少试验,有计划的经济建设、生产资料所有制的社会主义改造、"大跃进"等等,从某种意义上都可以说是在寻找更快地推动我国社会向前发展的途径和动力,包括"以阶级斗争为纲"甚至"抓走资派"等等在内的办法都试验过,有时获得了成功,带来了喜悦;有时又带来了严重的灾难,吃足了苦头,因而,我们在这个问题上所取得的正反两方面的经验教训是丰富的、深刻的,有的也是沉痛的。

邓小平同志在粉碎"四人帮"之前,特别是在之后,面对着这样丰富、深刻、沉痛的经验教训,上升到理论上来加以总结,在开发社会主义社会发展动力的问题上,取得了丰硕的成果。现在谈一点学习这个问题的个人体会。如果我们仔细地学习和研究邓小平同志这个时期的论著,便可以发现他对社会主义社会发展动力的开发,又可以区分为如下既相区别又相联系的三个方面,即动因的开发、动能的开发、动力的开发。

---

* 《读书》1983 年第 8 期发表了这篇文章。这是一篇学习《邓小平文选(1975—1983 年)》的心得体会。我将马克思主义关于人的哲学的基本原理同邓小平文选中的论述、同我国的现实生活相结合,对我国社会发展的动力系统作了一点新的概括,提出要进行"动因开发"、"动能开发"和"动力开发",分别阐述了这三种开发的具体内容和实现的途径。党中央正式提出以人为本的科学发展观以后,我又根据新的现实的需要,在《人的哲学论纲》、《以人为本 构建和谐社会20 论》中进一步论说了科学发展观将会对我国社会发展的动力系统的全面深度开发发挥强大的促进作用。

在编辑本书时,文中的《邓小平文选》的引文用人民出版社 1994 年版第 2 卷重新校注。

动因开发。无论是在自然界,还是在社会中,任何动力要想得到更好的开发,必须首先找到它的动因。那么,社会主义社会发展的动因到底是什么呢?这便是人民群众不断增长的物质文化生活需要。我们只要稍微留意一下便可以发现,邓小平同志经常、反复地讲要"使人民不断增长的物质文化生活需要能够逐步得到满足",要"逐步改善、提高人民的物质生活和精神生活"①。邓小平同志反复论证了社会主义生产和建设的根本目的就是满足人民不断增长的物质文化(精神)生活需要。

满足人民的物质文化生活需要既是社会主义生产和建设的根本目的,又是我国人民从事劳动、生产的根本动因。马克思和恩格斯在创立历史唯物主义时就用十分明确的语言论证过人类从事劳动的动因和目的的一致性。他们在《德意志意识形态》一书中指出,人类历史的第一个前提无疑是有生命的个人的存在。人们为了生活,首先就需要衣、食、住以及其他的东西。因此第一个历史活动就是生产满足这些需要的资料,即生产物质生活本身。马克思逝世后,1883年3月恩格斯在评价马克思创立唯物史观的伟大历史意义时又强调地指出,正像达尔文发现有机界的发展规律一样,马克思发现了人类历史的发展规律,即历来为繁茂芜杂的意识形态所掩盖着的一个简单事实:人们首先必须吃、喝、住、穿,然后才能从事政治、科学、艺术、宗教等等。从马、恩的论述中,我们可以清楚地看到,人的需要同人类生产之间存在着一种必然的、客观的、不以人们的意志为转移的辩证关系:需要推动人们去从事生产,而生产一方面满足人们的需要,另一方面又促使人们产生新的需要,新的需要又推动人们去从事新的生产。这种互相联系、互相作用、互相促进的关系循环往复以至无穷,而每一循环都使人类的需要和人类的生产发展到更高的程度。在这里,需要表现为目的,是人从事劳动生产的内在动因,生产则是实现目的的手段和方法,而生产又必然使人们产生新的需要,提出新的目的。正如马克思所说,人的劳动是"以与一定的需求相应的方式占有自然物质的有目的的活动"②。

---

① 《邓小平文选》第2卷,人民出版社1994年版,第128、251页。
② 《马克思恩格斯全集》第47卷,人民出版社中文第1版,第55页。

但是,人类从事劳动生产的这一根本动因,在私有制社会中,由于劳动发生了异化,生产的结果同需要的满足发生了分裂、矛盾以至对立,需要的动因作用被扭曲了、变形了、掩盖了,而到了社会主义社会,由于消灭了生产资料的私有制,消灭了剥削,生产资料同劳动者可以直接结合了,所以需要恢复它成为人们从事生产、劳动的"动因—目的"的本来面貌和作用,正如邓小平同志所说:"社会主义的经济是以公有制为基础的,生产是为了最大限度地满足人民的物质、文化需要,而不是为了剥削。"①

全体人民群众不断增长的物质文化生活需要,是社会主义社会发展动力的永不枯竭的动因源泉,邓小平同志强调满足人民日益增长的物质文化需要正是为了最大限度地开发需要作为推动人们从事生产、劳动的动因作用。正如邓小平同志所说:"我们只能在发展生产的基础上逐步改善生活。发展生产,而不改善生活,是不对的;同样,不发展生产,要改善生活,也是不对的,而且是不可能的。"②这是对需要与生产之间客观规律的一种自觉的认识和利用。

动能开发。要想最大限度地开发社会主义社会发展的动力,除了要开发它的动因,还要开发它的动能。要使社会主义社会更快地向前发展,就要高速度地发展社会生产力。社会生产力包括生产资料和劳动力两个方面。生产资料固然非常重要,但它们无论是生产工具,还是劳动对象,都是死的物,都要靠人去使用和改造才能在社会发展中发生作用。在生产力诸因素中,劳动力不但是最活跃的因素,而且是唯一能动的因素,所以,邓小平同志在非常重视社会主义的物质技术基础建设的同时,更加重视劳动力这一最活跃、唯一能动因素的开发。邓小平同志引用毛泽东同志的话说,"推动历史前进的力量是人民"③。但是人民推动历史前进的力量是大是小,则要看他们各方面的素质如何,而在中国目前建设社会主义现代化的过程中,有两个方面是特别突出、特别重要的,一是思维方式的现代化,一是科学技术知识的现代化。

①　《邓小平文选》第 2 卷,人民出版社 1994 年版,第 167 页。
②　《邓小平文选》第 2 卷,人民出版社 1994 年版,第 257～258 页。
③　《邓小平文选》第 2 卷,人民出版社 1994 年版,第 43 页。

首先,解放思想,端正思想路线,为人们的思维方式的现代化开辟道路,就是对动能的一种开发。因为教条主义、因循守旧、形而上学、僵化死板的思维方式严重地束缚着人们的聪明才智和创造才能,对生产力的束缚也是显而易见的。所以解放思想,端正思想路线,打破旧的思维方式的束缚就成了我们所面临的一个刻不容缓要加以解决的问题。十一届三中全会前后,在邓小平等同志的号召和支持下,以对"两个凡是"的批判和关于真理标准问题的讨论为标志的思想解放运动,对人们思想路线的端正、思维方式的改造,对我国社会发展动能的开发作用是何等的巨大,这是有目共睹的。

第二,人们的科学技术知识的现代化,也是对动能的一种开发。邓小平同志根据毛泽东同志的教导强调说,不打好科学技术这一仗,生产力无法提高。他还强调地指出:"大家知道,生产力的基本因素是生产资料和劳动力。科学技术同生产资料和劳动力是什么关系呢?历史上的生产资料,都是同一定的科学技术相结合的;同样,历史上的劳动力,也都是掌握了一定的科学技术知识的劳动力。我们常说,人是生产力中最活跃的因素。这里讲的人,是指有一定的科学知识、生产经验和劳动技能来使用生产工具、实现物质资料生产的人。""劳动者只有具备较高的科学文化水平,丰富的生产经验,先进的劳动技能,才能在现代化的生产中发挥更大的作用。"[1]所谓智力开发,就是对动能的开发;所谓智力投资,就是对动能开发的投资。邓小平同志所一再强调的要充分发挥知识和知识分子的作用、各级各类干部都要知识化、都要学习和掌握现代科学技术,都是为了开发动能。所有这一切,都充分体现了邓小平同志对开发动能的高度重视。

动力开发。找到了动因和动能,要使具有丰富的现实需要、掌握了正确的思维方式和现代科学技术知识的人同生产资料结合起来,去从事创造性的生产活动,形成一种现实的、强大的生产力,还必须进行动力开发。只有启动动因,才能产生动力;只有动能得到充分发挥,动力才能是强大的。学习邓小平同志的著作,使我们体会到必须紧紧地抓住三个环节,才能推动我国社会生产力的高速发展,产生推动我国社会迅速向前发展的强大动力。

---

[1] 《邓小平文选》第2卷,人民出版社1994年版,第88页。

这三个重要环节是：

第一，坚持按劳分配原则，通过党和国家的政策，调动人民从事劳动创造活动（包括学习科学技术、从事发明创造等等）的积极性。实践已经反复证明，"大锅饭"、"铁饭碗"、"平均主义"等等，是窒息人们劳动积极性的祸害。为了调动人民群众从事劳动创造活动的积极性，邓小平同志在一系列著作中反复强调要坚决实行社会主义的按劳分配原则，建立起从事劳动与满足自身需要的直接联系和正比关系。邓小平同志指出，工人、技术人员、知识分子，如果不管贡献大小、技术高低、能力强弱、劳动轻重，都是一样的待遇，表面上看来似乎是平等的，但实际上是不符合按劳分配原则的，是无法调动人们的积极性的。讲按劳分配，无非是多劳多得、少劳少得、不劳不得。按劳分配就是按劳动的数量和质量进行分配。在坚持按劳分配原则时，邓小平同志还强调指出，必须正确处理国家、企业（集体）、职工（个人）三者之间的关系。通过政策调动人们的积极性，归根结底就是通过政策正确处理这三者之间的利益关系。邓小平同志说，我们提倡按劳分配，承认物质利益，是要为全体人民的物质利益奋斗。每个人都应该有他一定的物质利益，但是这决不是提倡个人抛开国家、集体和别人，专门为自己的物质利益奋斗，决不是提倡都向"钱"看。要是那样，社会主义和资本主义还有什么区别？我们从来主张，在社会主义社会中，国家、集体和个人的利益在根本上是一致的，如果有矛盾，个人的利益要服从国家和集体的利益。总之，在社会主义的历史阶段"必须实行按劳分配，必须把国家、集体和个人利益结合起来，才能调动积极性，才能发展社会主义的生产"。①

第二，通过精神文明建设、政治思想工作等等途径，提高人们的社会主义—共产主义觉悟，全面提高人的素质。马克思主义认为，无产阶级和革命的人民改造世界的斗争包括两个方面的任务，即既改造社会、改造客观世界，也改造自己、改造主观世界。邓小平同志在领导中国的社会主义现代化建设中，把这两方面的改造很好地结合了起来，在高度重视发展社会生产力、建设高度的物质文明的同时，还高度重视培养共产主义新人、建设高度

---

① 《邓小平文选》第2卷，人民出版社1994年版，第351页。

的社会主义精神文明。邓小平同志指出:"我们要建设的社会主义国家,不但要有高度的物质文明,而且要有高度的精神文明。所谓精神文明,不但是指教育、科学、文化(这是完全必要的),而且是指共产主义的思想、理想、信念、道德、纪律,革命的立场和原则,人与人的同志式关系,等等。"①"搞社会主义精神文明,主要是使我们的各族人民都成为有理想、讲道德、有文化、守纪律的人民。"②只有这样,我国全体劳动人民的社会主义劳动积极性才能持久地高涨,我国人民从事创造性劳动的内在能力才能不断提高并获得全面的发展。

第三,通过改革,调整不适应生产力发展的生产关系、不适应经济基础的上层建筑。开发社会主义社会发展的动力问题,还有一个如何建立生产关系与生产力之间的"适应—促进"关系的问题。为了建立这种"适应—促进"关系,邓小平同志指出:"我们要在大幅度提高社会生产力的同时,改革和完善社会主义的经济制度和政治制度,发展高度的社会主义民主和完备的社会主义法制。"③"这场革命(指实现社会主义的四个现代化——引者注)既要大幅度地改变目前落后的生产力,就必然要多方面地改变生产关系,改变上层建筑,改变工农业企业的管理方式和国家对工农业企业的管理方式,使之适应于现代化大经济的需要。"④

关于在社会主义条件下生产力与生产关系之间的相互关系,过去我们常常不自觉地陷入一种片面的、概念化的理解,错误地以为生产关系越大越公越好,而未能深刻地理解,生产关系落后于生产力的发展水平,固然会成为生产力发展的障碍和桎梏,生产关系超过了生产力的发展水平,也会给生产力的发展带来不利的、甚至是灾难性的破坏性的影响。邓小平同志深刻地总结了三十多年来我们在这方面的正反两个方面的经验和教训,本着马克思主义的实事求是的原则,在一系列著作中,提出要按照我国生产力的实际发展水平,调整生产关系和上层建筑,改革不能促进反而妨碍生产力迅速

---

① 《邓小平文选》第 2 卷,人民出版社 1994 年版,第 367 页。
② 《邓小平文选》第 2 卷,人民出版社 1994 年版,第 408 页。
③ 《邓小平文选》第 2 卷,人民出版社 1994 年版,第 208 页。
④ 《邓小平文选》第 2 卷,人民出版社 1994 年版,第 135~136 页。

发展的劳动组织形式、经济管理体制和上层建筑的某些环节,例如,在农村推行生产责任制,在国民经济各部门进行经济体制改革,在党和国家机关进行领导制度的改革,等等,都收到了开发社会主义社会发展动力的明显效果。

邓小平同志在 1975 年至 1982 年期间,为开发我国社会发展的动力,推动我国社会的进步,作出了巨大的创造性的贡献。但是,社会主义社会发展动力是一个巨大的、复杂的动态系统,对它的开发必然还会出现许多新课题,在这方面我们仍然面临着艰巨的任务,不过有一点是可以完全肯定的,就是在这种开发中,马克思主义将获得新的发展,我国社会也将获得更快的进步。

(原载《读书》杂志 1983 年第 8 期)

# 人的主体性觉醒是一种极大的社会进步*

改革开放初期,有一位化名为"潘晓"的青年提出人生价值问题,引起了一场大讨论。开始曾经有一种舆论认为,人的价值、人权问题,是一种资产阶级的概念和理论,我们无产阶级、共产党人怎么能提出这样的问题呢?"文革"前后,在我国曾经出现过"谈人色变"的现代愚昧,人们在人性、人道、人权、人的价值、人的自由、人的平等等等问题上噤若寒蝉,不敢谈论。现在人人都在谈论"以人为本",谁还敢在人的问题上拿大棒子打人?改革开放三十年来,在这方面发生了何等大的变化,真如隔世!这是人的主体性的觉醒,是一种极大的社会进步!

人,这种客观的自然存在物和社会存在物,具有极其丰富的多种规定性或属性。人是社会的主体,是社会的主人,则是其根本的属性、根本的规定性。但是,在"左"的教条主义盛行的年代,连这一点起码的人类常识都被抹杀了,因而,什么样的荒唐蠢事都会发生,也就毫不奇怪了。

现在好了,人们再也不用害怕因谈论人的问题会遭到打击和大批判了。这是改革开放新时期的一个伟大的、了不起的成就和进步,回顾和总结改革开放三十年对此应当充分肯定、大书特书。但是,在这方面是不是已经万事大吉,不存在任何问题了呢?非也。在提高人的主体性觉悟这个问题上,我们还面临内外两个方面的阻力和干扰。

在我们国内,由于两千年的封建统治对人的主体性的压抑,许多潜移默化的非主体性意识还在作祟,例如在民主、法治、自由、平等、人权、博爱、公

* 为纪念改革开放 30 周年,我于 2008 年 8 月 4 日在《北京日报》理论周刊上发表了这篇文章。文章虽短,但却引起了理论界的注意,理论周刊于 12 月 11 日又发表了一篇《人生激辩——回望"潘晓讨论"》的文章。这篇文章引用了我这篇文章的第一段原文,并引起了网络媒体的广泛关注。

平、正义、人格尊严等价值观建设方面,在新的思想解放中我们还面临着繁重的任务;深层次的改革开放,包括经济、政治、文化、社会体制的进一步改革开放,包括从根本上解决腐败这样的顽症,根本性的动力还是要进一步增强全体中国人的主体性和主人公意识。在这些问题上,"民"与"官"都须克服一种心理障碍:平民百姓千万不要把官方实行"以人为本"当作是什么"恩赐",那是每一个平民百姓本应享受的权益;社会的领导者、"官员"们也不要把平民百姓争取民主、法治、平等、自由等等看作是向自己的一种"索取",处处设防。"官"与"民"都应当把自觉地践履"以人为本"当作是一种应享的权益和应尽的义务,人人无论是对己还是对他人都应坚持"以人为本",只有这样才能真正建成社会主义和谐社会。在2008年12月10日《世界人权宣言》发表六十周年之际,中共中央总书记、国家主席胡锦涛致信中国人权研究会,明确地说:"在全面建设小康社会、加快推进社会主义现代化的进程中,我们要一如既往地坚持以人为本,既尊重人权普遍性原则,又从基本国情出发,切实把保障人民的生存权、发展权放在保障人权的首要位置,在推动经济社会又好又快发展的基础上,依法保证全体社会成员平等参与、平等发展的权利。"①从这封信中,我们可以体会到"以人为本"中的"人"就是指的"全体社会成员",对党中央所提出的"以人为本"的治国理政的根本理念,作出了最为权威的诠释。

在国际上,我们还要抵制和克服霸权主义所制造的各种阻力和麻烦。国际霸权主义者不懂得一个基本的道理:一个国家、一个民族的民主、法治、自由、平等、人权、博爱等等价值观的建设,是他们自己的事情,理想、美好、崇高的价值体系,只有真正成为他们自己的内在需要时,才能在那里生根、开花、结果。霸权主义者现在到处插手,甚至用枪炮和战争推销他们的所谓价值观。在这方面要战胜国际霸权主义,根本的办法还是要靠我们自己,靠我国全体社会成员包括"民"与"官"大家共同努力,切实贯彻落实"以人为本"的治国理政的根本理念,根据我国的基本国情和自身发展的内在需要,进一步提高我们全民族的主体性觉悟;抵制国际霸权主义用强权推销他们

① 《人民日报》2008年12月12日。

的价值观是我们自己主体性觉悟的一种体现。我们要通过全民族的共同努力，把我们的理想的、美好的、崇高的价值观建设好，把我们的中国特色社会主义建设好。

（原载《北京日报》2008 年 8 月 4 日）

# 我的人学研究回眸

在编辑这本书信集时,我在思考一个问题,就是哲学怎样才能保持自己旺盛的生命力? 在"文革"前和"文革"中,我国哲学和理论工作者得出了一个消极的经验教训,就是觉得不能紧跟现实生活,特别是现实的政治,因为人们在亲身经历中感到凡是紧跟现实政治生活的哲学、理论工作者,差不多都犯了这样或那样的错误和失误,理论的、哲学的生命都是短命的。于是,人们得出一个结论,就是不能紧跟现实政治。但是,经过深入思考,我觉得这不过只是一种浅层次的、表层的经验教训。往深处想,关键还是在于,你所紧跟的现实政治是在什么样的哲学思想指导下的政治。

在我们党成为执政党以后,特别是宣布进入社会主义以后,没有及时地完成哲学形态和哲学思维方式的变革、转换,仍在沿用革命战争年代的"斗争哲学",而且在实际运用中又把这种哲学变成了"以阶级斗争为纲"的整人哲学。回顾那政治运动连绵不断,一个接着一个,而且几乎都是整人的运动。而这种整人的政治运动制造了多少冤、假、错案,凡是积极参加这种整人运动的哲学、理论工作者的为其服务的"作品"几乎都是短命的,根本经不起实践、历史和人民的检验。而在以人为本的和谐哲学指导下的现实政治,则出现了完全不同的新气象。

以人为本的和谐哲学的正式成形,是在党的十六大以后,但它也不是十六大以后突然形成的。按照党的十七大的总结,以人为本的和谐哲学是对邓小平理论、"三个代表"重要思想的继承和发展。这种哲学的基本精神和基本原则,在邓小平理论中就已经存在了,并体现在改革开放的具体实践中。新一届党中央的杰出贡献就是将其明确地概括为以人为本、构建社会主义和谐社会的根本指导思想,形成了具有鲜明的时代精神特色的以人为本的和谐哲学,并在新的实践中自觉地、坚定不移地运用这种哲学来进行指导。有没有符合新的实践和新的时代需要的哲学指导,人的精气神是大不一样的,实践的成效也会大不一样。

回顾我几十年来的理论思维和论说,也印证了这一点。我在坚持从理论层面、哲学层面研究和阐释马克思主义人的哲学的同时,还非常注意运用我所学到的、所感悟到的人的哲学的基本理论,来思考、研究、解读、解释党的现实政策、方针和措施,也就是将理论联系现实的政治、经济、文化、社会生活,来为现实的政治服务。按照改革开放的历史进程,在我的头脑中留下比较深刻记忆的就有这样一些:

在党的十一届三中全会前后,邓小平非常强调要恢复党的实事求是的思想路线;胡耀邦在党的十二大报告中,根据邓小平提出的要培养"四有"新人的要求,提出要培养"越来越多的社会成员成为有理想、有道德、有文化、守纪律的劳动者"。在这期间,我于1982年1月与同年9月,写了两篇文章,一篇题为《人的状态与实事求是》,一篇题为《理想的社会与理想的人》,分别从哲学上为邓小平、胡耀邦的重要观点作论证。

中国的改革开放是从农村、农业和农民问题起步的,率先在农村中取消人民公社制度,推行家庭联产承包责任制,取得了极大的成功,我与别人合作,于1982年12月6日在《人民日报》上发表了《对联产计酬责任制的哲学思考》,运用马克思主义关于人的哲学的基本理论,对家庭联产承包责任制加以论证。文章发表后,一些文摘报刊加以摘载、转载,有关农村改革的专题论文集加以选用,在学术界、理论界引起比较广泛的好评。

1983年八九月间,我在《读书》杂志和《人民日报》上连续发表了《致力于社会主义社会发展动力的开发》和《在实践中发展历史唯物主义》两文,运用我所理解的马克思主义关于人的哲学的基本理论解读刚刚出版的《邓小平文选(1975—1982年)》,讲了我所获得的一些哲学上的新感悟。

我还与别人合写了一篇《论"富"——党的富民政策断想》,在1984年8月3日《人民日报》上发表,对邓小平和党的富民政策进行哲学的理论论证,也获得了比较广泛的好评。

在改革开放的初期阶段,深感哲学形态和思维方式变革、转换的极端重要性和迫切性,于 1984 年 6 月至 1985 年 7 月,分别在《文汇报》、《光明日报》和《人民日报》连续写了四篇论述这个问题的文章,题目分别是:《改革实践与理论研究》、《改革与思维方式的超前变革》、《关于繁荣哲学研究的一些思考》、《改革对哲学的呼唤》。这些文章因是从现实的需要出发的,而哲学形态和思维方式的变革又是一个漫长的历史过程,所以现在读来,虽然时隔 25 年,仍有较强的新鲜感,受这些文章的启发,最近我又在《今日中国论坛》2009 年第 1 期发表了《党的执政地位与思维方式的变革》,在《北京日报》2009 年 8 月 17 日发表了《哲学的品格》,在《今日中国论坛》2009 年第 8 期发表了《在实践中坚持和发展马克思主义哲学》,还写了《人们需要追寻美好境界的哲学——读张世英先生〈哲学之美〉一文的感想》,回到这一论域,继续论说。

在党的十二大报告中,胡耀邦强调地提出了要加强社会主义精神文明建设的要求,在党的十二届六中全会上还专门作了《关于社会主义精神文明建设指导方针的决议》,针对当时的现实需要,我写了两篇文章:《精神文明建设是一种主体性的建设》(《人民日报》1986 年 11 月 14 日)和《精神文明建设是人自身的现代化建设》(《人民日报》1996 年 6 月 13 日),对精神文明建设作了深层次的哲学论证。

1995 年和 1997 年,我还分别写了《中国与苏联改革的比较》、《论邓小平对中国现代化建设的总体设计》,对党的改革开放基本路线和邓小平对中国的改革开放和社会主义现代化建设事业所作出的杰出贡献,进行哲学的思考与论证。

自党的十六届三中全会提出以人为本的科学发展观和十六届四中全会制定构建社会主义和谐社会的重大战略指导思想以后,我更加自觉和勤奋地进行跟踪学习、研究和解读,短短五年中写了将近五十篇文章进行论说。这些文章都已汇集在《以人为本 构建和谐社会 40 论》中,这里就不一一详述了。

从我长达三十年的理论思维、哲学思考中,从长达三十年的关于人的哲学的撰著中,始终坚持了为现实的中国人的生存生活服务,其中很大一部分是为现实的政治服务的,这些论说,有些是二三十年前写的,有的也是十年、八年前写的,但是今天翻出看看,看来仍有现实感,也没有发现明显的理论上、哲学上的失误或不当,可见是经受住实践、历史和人民的初步检验的,并且还会继续经受检验。从中我悟出一个什么道理呢? 由此可见,问题不在于为不为现实政治服务,作为生活在现实中的人,每时每刻都同政治有着千丝万缕的关系,你不问政治,政治却时时刻刻关顾着你,问题的关键在于为什么样的现实政治服务,和用什么样的哲学和思维方式为现实生活、现实政治服务。只要我们坚持马克思主义的批判精神,坚持哲学为现实的人、为全人类的生存生活服务,为现实的人的生存生活服务的正确的政治路线服务,哲学就可以获得常青常绿的旺盛生命力,哲学就可以永葆青春活力!

(作于 2009 年 5 月 1 日,12 月 15 日修改补充)

# "好人龚育之"

龚育之同志长我三岁，我一直把他当作自己的学长，又是一位良师益友。我同他的直接接触并不太多，但我爱读他的文章，他笔耕勤奋，是一位多产的优秀学者，所以，我同他的神交久矣，并从他的文章中获益良多。他是一位著名的中共党史学家，又是一位学养深厚的理论家和自然辩证法学者。史学家和理论家两者特质的良好结合，就使他的文章不管是史学论著还是理论论著，都具有翔实的论据和深邃的论证，既具有史学家求实存真的特质，又具有哲学家的智慧和逻辑力量。新中国建立后，他长期在重要的领导机关工作，亲身参与了许多重大事件的全过程，而他又擅长速记，所以留下了许多珍贵的记录，他在所写的中共党史论著中充分地利用了这些珍贵的记录，并坚持了中国史学求实存真的优良传统，所以他所写的中共党史论著，无论是对事件、人物的记述还是评论，都特别真实可信。这正是他的论著的魅力之所在。

1978年党的十一届三中全会以后，龚育之同志政治上始终与党中央保持高度一致，在理论创新和政策制定方面作出了突出贡献。他不仅亲历了许多重大事件的全过程，而且常常参与一些重要文件的起草，是重要的起草者之一。他对重要文件文献的起草、整理、编辑有很高的专业水平，他与郑必坚、逄先知同志是《邓小平文选》的主要编辑者。《邓小平文选》的全部编辑工作是在小平同志亲自主持和指导下进行的，并得到邓小平的首肯。龚育之同志，作为一名著名的中共党史学家和马克思主义的理论家，对邓小平理论的研究、阐释和宣传，与郑必坚、逄先知等理论工作者共同作出了突出的贡献，也可以说，在中国改革开放的过程中，在建设中国特色社会主义的伟大历程中，他们是有突出功劳的。毛泽东思想是全党全国人民智慧的结晶,邓小平理论也是全党全国人民智慧的结晶,在这些宝贵的思想财富中也有他们的贡献。1998年在纪念中国改革开放二十年之际,我觉得有义务为在中国改革开放中作出突出贡献的理论家们出版一套书,将他们的论著汇集成册,把这一份珍贵的思想财富整合和保存下来,所以就首先约请了郑必坚、龚育之同志率先编辑他们的文集。育之同志将其编辑好的文集原稿送我征求意见。我在读了他的文集原稿后,从编辑工作的角度提出了若干条意见,并应约赴他家面谈了我的意见。他认真地听取了我的意见,进行了修改、调整。大约过了个把月,他携书稿亲自到我家来面谈了他对书稿进行调整、修改的情况,表现出十分的谦逊和认真负责。后来,我将龚育之、郑必坚两人的文集推荐给上海人民出版社社长陈昕同志,他们欣然接受,并用很好的装帧设计和印制质量出版了《龚育之文存》和《郑必坚论集》。这两本文集出版后,取得了良好的社会反响。

龚育之同志从中共中央党校副校长和中央党史研究室常务副主任的领导岗位上退下来以后,在参加胡绳同志追思座谈会时,我对他表示慰问和关切,希望能继续读到他的文章。他没有某些从领导工作岗位上退下的人所常有的那种失落感,而是非常乐观和欣喜地对我说,他从内心来说,更乐意成为一名自由撰稿人。"自由撰稿人",我感到很新鲜,也是他的经验谈和发自内心的一种强烈愿望,所以给我留下了极深刻的印象。他离休后的确笔耕不辍,我们读到了他更多的好文章,他确实实现了更乐意当一名自由撰稿人的愿望,正如《龚育之同志生平》中所说:"龚育之同志多年来一直乐观地对待人生,带病坚持工作。2006年,他因病住院治疗,几次生命垂危,经抢救脱险稍有好转后,仍在病榻上口述文章,他生命不止,思考不息,写作不息,奋斗不息。"

龚育之同志,人品文品俱佳,道德文章广为人们称赞,不仅文如其人,而且做人也如其文,给人以真淳质朴之感。有一件事,在我的头脑中留下了极深刻的记忆。在20世纪80年代初期展开的有关人道主义与异化问题的大争论中,黑龙江的一位学者受到了不公正的对待。龚育之同志得知后,如实地向当时主持意识形态领导工作的中央领导同志作了反映,并建议应按照党的政策作实事求是的处理。当时那位中央领导同志接受了他的意见,作了纠正。这件事,体现了经历十年浩劫后对极左时期那种做法的深刻反思和拨乱反正,当时在学术界、理论界和知识界传为美谈,人们议论:"龚育之同志真是一位好人!"小朋友看电影、戏剧,对于剧中人物总爱问"这是好人还是坏人?"如果得到大人回答"这是好人",小朋友就会将无尽的爱投向他。"好人龚育之!"这近似童稚式的评价,却包含着丰富的人文内涵和童真式的真挚感情,我想这应当是人们对龚育之同志很高的评价,他是会欣然接受这一朴实无华的评论的。好人离开了我们,给人们留下了无尽的思念!

2007 年 8 月 18 日

# 从打着灯笼找人到找回"健康自我"

## ——朱滢先生《文化与自我》的读后感

在作于 1982 年的《马克思主义哲学是人的解放学说的科学形态》第一节《从打着灯笼找"人"说起》中，我讲了这样一个故事："翻开中外哲学史，可以发现寻找人的本质，探索人生奥秘的努力绵延不断，对这个问题的答案众说纷纭。古希腊有位哲学家，名叫狄欧若恩，他厌恶社会，崇拜自然，白天打着灯笼走路，别人问他这是干什么？他回答说：'我在找人'。"然后，我分别叙述了中外哲学史上各派哲学家关于人的本质和人生奥秘的答案，真可谓浩如烟海，其中虽然包含着不少真理的颗粒，但是在马克思主义哲学产生以前，他们并没有真正找到"人"，他们对人的认识都没有达到科学的形态，只有到了马克思那里，这个问题才可以说获得了称得上是科学形态的解决。[1]

三十多年来，我紧紧围绕着这个问题进行研究和论说，最近因张世英教授的介绍，结识了一位心理学朋友，北京大学心理学教授、心理学系前主任朱滢，接触了他的科研的新成果《文化与自我》，我深深地感到要真正找到人，找到合格的、健康的自我，除了要进行哲学的研究和探讨，还应深入心理学的层次进行研究和探讨。我三十年的研究、论说还只是哲学层面的人、宏观层面的人，为了更深刻地理解"人"，还应深入到心理学层面去了解人。心理学对人的研究也有诸多方面，朱教授近几年主攻心理学上的"自我"。朱教授运用先进的自然科学的方法对各种不同人群的"自我"意识进行测验、研究，并借鉴外国心理学研究的成果，写出了《文化与自我》专著，学问

---

① 见《人的哲学论说》，中国社会科学出版社，第 95 ~ 97 页。

非常专业,朱教授的成果中,有两点给了我深刻的启迪。

第一点是中国人与西方人对"自我"认知、概念、意识的显著差别。各个不同国家民族的人的"自我"意识具有鲜明的民族特点,特别是朱教授所论证的东西方人的"自我"意识的鲜明差别。朱教授在《文化与自我》一书中,首先介绍中西方哲学关于"自我是什么"的区别,他说:"中西方哲学对自我的看法侧重点不同,西方哲学讨论个人认同问题,强调自我的主动性。中国哲学不讨论个人认同问题,而是强调自我与他人的关系的重要性,强调社会对个体自我的约束,从而展现出自我的局限性。中西方哲学对自我的看法极大地影响了中西方心理学对自我的看法。"①朱先生接着强调说:"我想强调,西方哲学、西方心理学、西方(被试的)神经科学这三个层面自我概念(结构)上是一致的,即都突出个体的自我自身,排除自我与他人的联系。这就是哲学上突出个体自我的独立性(与他人无联系),反映在大脑活动上,内侧前额叶只表征自我不表征母亲;中国哲学、中国心理学、中国(被试的)神经科学这三个层面在自我概念(结构)上也是一致的,即都突出个体自我与他人的联系。这就是,哲学上强调本我决定自我,自我与他人、他物有着千丝万缕的联系(见本书中张世英'超越自我'),心理学上强调自我包含着父亲、母亲、好朋友等十分亲近之人,反映在大脑活动上,内侧前额叶既表征自我又表征母亲。总之,西方自我是独立的、非联系的自我。中国自我是互倚的、联系的自我,它们各自的特性贯穿在哲学、心理学和神经科学的不同层面上"。② 朱滢先生非常重视文化、自我与大脑三者联系的研究,于是开始寻找文化对自我的脑定位的影响,他说:如果能在脑成像研究中找到一种范式去寻找在自我意识方面存在着的文化差别,就可能发现文化与大脑之间的极吸引人的联系。朱先生在这种研究中得出这样的结论:自我是文化的产物,一般认为,东方亚洲文化培育了互依型的自我,而西方文化培育了独立型的自我。

朱先生的表述说明不同的民族文化传统、社会人文环境、家庭亲情互

---

① 《文化与自我》,北京师范大学出版社版,第2页。
② 《文化与自我》,北京师范大学出版社版,第3页。

动、后天的教育学习等等,对每个个人的自我意识、自我人格的形成以巨大的、深刻的影响。人既有共性,又有差别性,这种差别性是不能视而不见或忽略不计的。在世界经济日益一体化,地球变成"地球村",人与人的距离越来越拉近的当今世界,越来越凸显人类共性的时候,更加不能忽视各种人类群体的差别性,尊重差别性、文化的多样性,才能真正求得全人类的和谐相处。而东西方哲学、心理学和(被试的)神经科学所显示的关于自我意识的差别,它们虽然各有所长,各有所短,但并不是绝对对立、水火不相容的,而在漫长的全球一体化的进程中是可以相容、互补到逐步统一的。

第二点启迪是关于"健康自我"意识的培养和形成问题。朱滢先生在2009年4月19日给我的信中说:"中国人健康自我的形成还有很长很长的路。""健康自我"问题的提出,说明现实的"自我"是存在不健康、不健全的,甚至是病态的。

马克思曾经说过,人的需要即人的本性。人的本性、人的本质、人的需要,是同一个序列的范畴。人的本性、本质是随着人类社会的不断发展而发展变化的,人的需要也是在这种发展中不断地人化、净化、健康化、文明化的。中国哲学史上,曾经出现过人类本性善、恶的争论,其实,"人性"这个词是中性的,这种争论是不懂得辩证思维的形而上学之争,人性既有善的一面,又有恶的一面,人是从类人猿进化而来的,恩格斯讲过,人是从动物发展而来的,所以,在人的身上,人性、人的本质、人的需要就带有兽性的一面,存在野蛮的一面。在人类迈向文明的进程中,人类依靠他所特有的反思能力、认识能力,经过不断的、无数次的反思和自我认识,不断总结经验教训,不断地人化、净化、健康化、文明化自己的本性、本质和需要。人类从野蛮走向文明的一部文明史就是这种发展变化的证明。人类至今仍然处于这种进化之中,而且以更快的速度、更好的效果进化。我们党所倡导的坚持以人为本,促进人的全面发展就包含着这样的深刻的、丰富的内容。某些人以他曲解了的人性,用应当克服和改造的东西,来为自己的某些丑恶行为辩解,说他们的丑恶行为是符合人性的。这是徒劳的。在马克思主义关于人性、人的本质、人的需要的学说面前,他们的辩解、说辞是苍白无力的,只不过是一块破碎的遮羞布。

　　再说，人们生活在现实生活的世界之中，并不是生活在无菌无毒无害的真空之中，既有健康的因子、力量催人上进，促人追求真、善、美，也有腐朽的因子、力量腐蚀人的灵魂，将人拉向假、丑、恶，所以人应时时警惕，不断地改造、塑造自己，不断地进行精神文明建设，促进人的灵魂的人化、净化、健康化、文明化，争做一个健康的自我。人啊，人，你面对着无数的诱惑和陷阱，请抖擞精神，勇敢地找回"健康的自我"。

　　当今中国，许多问题的解决，都有赖于每个普通人的主体意识的增强和"健康自我"的塑造。就拿现在人们比较关心的政治体制改革和政治文明建设来说，这个问题的解决，从深层次来说，还是决定于中国每一个公民的主人翁意识的增强，"健康自我"意识的增强，这样，人权、人的价值、人的自由、人的平等等等的获得，人的权利和责任（义务）的平衡等等，才能水到渠成。再拿对贪污腐败这一顽症的治理来说，也有赖于中国每一个人的主体意识的增强和"健康自我"意识的确立。首先，从客观环境方面来说，要加强健全的人民民主政治制度建设，使每一个公民都享受真正的民主权利，这样才能使一切有权有势者真正受到严格的公民监督，真正使他们心存"敬畏"。再从掌握权力者的主体方面来说，只有使每一个掌权者真正认识到他们手中的权力不是生来就属于他的，而是人民授予的，一切权力属于人民。而作为官员更应该知道怎样做一个公正廉洁的人民公仆；如果你做不到，授予你权力的人民随时能罢免你，使他从内心产生一种做一个廉洁公正的人民公仆的自觉要求。一个人只有牢牢树立了"健康自我"的坚强意识，才能成为一个真正的人。那些贪污腐败分子，实际上是丧失了人格，失去了"自我"。

　　对于当代中国人来说，既要加强现代化的全人类的立场、观点、意识的教育、培养和塑造，这样才能自觉地建设和谐社会和和谐世界；又要加强现代化的"健康自我"的立场、观点和意识的教育、培养和塑造。这两种教育、培养和塑造，相辅相成、相得益彰，这就是以人为本的和谐哲学所倡导、所要求的。

　　朱先生的书给了我很多教益和启迪。我在1986年和1996年曾在《人民日报》上发表过两篇文章，一篇题为《精神文明建设是一种主体性的建设》,一篇题为《精神文明建设是人自身的现代化建设》,现在看来,我虽然是从哲学上论述精神文明建设问题,但同"健康自我"的塑造也有密切的关系。朱先生心理学最新研究成果,对于我国人民精神文明建设以至物质文明、制度文明建设都具有重大的现实意义和价值,应当下大气力加以宣传和普及。"健康自我"的塑造、建设,需要主观和客观两个方面的条件。从客观条件方面来说,既然文化对人的"健康自我"的形成起那样大的作用,也就是说客观环境对"健康自我"的形成起到非常大的作用,那么,我们首先就应当使客观环境健康化,加强客观环境的现代化文明建设,使我们的客观环境从物质条件和制度条件等等方面都逐步地现代化,沿着人类文明发展的大道阔步前进。从主观条件方面来说,应向我国广大人民群众,包括各级干部、官员,宣传、普及心理学关于"健康自我"的科学知识,使人们普遍形成建设"健康自我"的自觉要求,使"健康自我"的形成、塑造,成为人人自己的内在需要,也就是形成内在的强大动力。我之所以特别强调对干部、官员也要进行这方面的教育,是因为这些人往往认为自己是教育者,自己什么都知道,什么都懂,似乎不需要再学习、再受教育。但我认为教育者首先应当受教育,"健康自我"的塑造不只是普通平民百姓的事情,它首先应当成为各级干部、官员之事。这些人千万不要把自己视作"健康自我"塑造的"局外人"。那样多的贪污腐败分子的出现,其中原因之一就是他们缺乏塑造"健康自我"的自觉性。

我在读朱滢先生的《文化与自我》的同时,还在读张世英先生新近出版的《羁鸟恋旧林——张世英自选集》。张先生在代序言《改革开放——我哲学生涯的分水岭》中说:"我认为哲学就是提高境界之学",又说:"它不只是个人的精神境界,而且更准确地说,是整个民族的精神境界。提高人的精神境界(无论个人的还是整个民族的),与继承和弘扬一个民族的历史文化传统有深切的联系。这样,如何提高人的精神境界问题就变成了一个如何继承和弘扬民族历史文化传统的问题。"① 张先生在这篇代序言的结束语中更深情地说,改革开放使他焕发了青春活力,而他把改革开放理解为一场反封

---

① 《羁鸟恋旧林——张世英自选集》,北京师范大学出版社 2008 年 12 月版,第 6 页。

建专制主义的思想文化运动。中国传统文化有精华与糟粕两个方面,这已是老生常谈。但欲思前进,则不能一味徜徉于对传统文化的颂扬声中,应当清醒地意识到,传统文化需要新生,需要我们多思考一点如何去其糟粕的问题。并强调地说:"我以为只有这样,就个人来说,才有可能摆脱封建主义的樊笼,回归本己的精神家园;就民族来说,才有可能达到文化创新、民族复兴的光明前景。"①张先生以其哲学家特有的睿智想得更深、看得更远、说得更准,既然一个民族的历史文化传统对"健康自我"的形成以深刻的影响,那么,人们从张先生的论说中就可以得到这样的启示:我们就应当看到其中既有精华,又有糟粕,怎样取其精华、去其糟粕,使影响人们"健康自我"形成的人文环境更加健康化,就成为塑造"健康自我"的一个重要任务。

张先生说哲学是追求崇高的、理想的精神境界之学,朱先生讲心理学要追寻"健康自我",两位先生的思想是相通的,我认为建设理想的社会和塑造理想的人,应当成为当代中国哲学和当代中国心理学的共同目标。

(作于 2009 年 5 月 8 日,《学习时报》2009 年
8 月 10 日刊发了本文的摘要)

---

① 《羁鸟恋旧林——张世英自选集》,北京师范大学出版社 2008 年 12 月版,第 7 页。

# 哲学的品格

马克思主义哲学是世界观、历史观、价值观，又是方法论、认识论和逻辑学。它们之间有着内在的统一性。它们的关系应当是和谐的，而不应当是互相矛盾的。例如，不但世界观、历史观与价值观是统一的，不是相矛盾的，而且世界观、历史观、价值观与方法论、认识论、逻辑学之间也是相统一的。不能说世界观、历史观是唯物主义的，而价值观却是唯心主义的；也不能说世界观、历史观、价值观是唯物主义的，而方法论、认识论、逻辑学却是唯心主义的。反之亦然。

哲学是人类理性思维、抽象思维的产物，具有思辨和反思的特性，有其精密的概念、范畴、逻辑体系，但哲学的内容是丰富多彩的、多维度的、多层次的，是随着人类生存生活状态的发展而不断变化的，不同时代、不同国家民族、不同人群各有不同特色的哲学，所以，不同特色的哲学的逻辑体系既有相对稳定性的一面，还有不断发展和变化的一面，不是停滞和僵死的。

哲学在阶级社会中具有阶级性，但同时也具有全人类性，而且随着人类社会向着社会主义社会的发展，随着全球化的历史性进程，其全人类性会越来越凸显。各具不同特色哲学之间的关系不是水火不相容的，不是互相消灭的，而是互相激荡、互促发展的。人们提倡不同哲学之间的对话、交流，正是为了达此目的。

哲学以其真理性使人们心悦诚服，因此，从容不迫的叙事说理、务实求真、实事求是，是其显著的特点。不讲道理，强词夺理，是无法以理服人的，只能是在糟蹋哲学，使哲学名誉扫地，使人们远离哲学。

哲学不但研究客观世界、人类社会发展的规律，而且研究人类思维发展的规律。逻辑学就是研究人类思维规律的。哲学与逻辑学有着内在的一致性。思想混乱、语无伦次、偷换概念、自相矛盾、不讲逻辑,是无法令人相信其为哲学的。哲学不仅应当给人以逻辑的力量,而且给人以逻辑美的享受。

哲学的显著特点是其抽象性和思辨性,但这只是其特性之一。哲学源于人类的生存生活,源于人类的实践活动,它还应具有自己的生动的活生生的形象,它的形象应当是清新亮丽的,是丰满健美的,而不应当是几根干枯的枝条。

哲学是一种理性思维,哲学思维的成果凝聚为思想、理论、学说,既具有能动性、创造性和张力,也具有保守性、惰性的另一面。哲学一经产生,并形成体系,就会给人一种先验模式之感,自觉或不自觉地追求体系的绝对完美、精致、天衣无缝,原教旨主义、教条主义就是这样产生的。某些自命为权威的人士,如果不能自觉、自我节制,极易成为这种主义的头面人物;如果手中掌握绝对权力,那就会更加危险,是会造成思想惨案的,世界历史上的宗教裁判所、现代迷信制造了多少这样的惨案,人们不应遗忘。

哲学是时代精神的精华,不仅反映世界、描述世界、解释世界,而且要改变世界。哲学是追寻人类美好境界的学问,是对真、善、美的追寻,并追寻真、善、美的和谐统一。人类的实践也是按照真、善、美的规律进行创造的,所以哲学本身的品格也应当是真、善、美的,而不应当是假话连篇、面目丑陋可憎的。

(原载《北京日报》2009 年 8 月 17 日)

# 在实践中坚持和发展马克思主义哲学

　　有人要把马克思在《资本论》中关于西欧资本主义起源的历史概述，彻底变成一般发展道路的"历史哲学理论"，说"一切民族，不管它们所处的历史环境如何，都注定要走这条道路"，把马克思关于西欧资本主义发展道路的概述变成一条死的公式，原封不动地照抄照搬到俄国，对于这种企图，马克思非常生气地说："但是我要请他原谅，他这样做，会给我过多的荣誉，同时也会给我过多的侮辱。"①马克思的这种态度应引起后学者的高度重视，这是一种真正的科学态度。恩格斯说过，马克思主义不是教义。把马克思主义变成万古不变的教义，死的教条，到处生搬硬套，那是对马克思主义最大的糟蹋，是马克思、恩格斯坚决反对的。

　　有一种现象值得我们深刻地思考，马克思、恩格斯、列宁、毛泽东都没有热衷于写他们的哲学教科书，是他们没有时间和精力吗？绝对不是。他们著作等身，为什么就是没有留下现在人们所谓的哲学教科书，这是由他们的哲学不只是要解释世界，而且是要改变世界的本性所决定的。他们的哲学思维就存在于《黑格尔法哲学批判》、《1844年经济学哲学手稿》、《关于费尔巴哈的提纲》、《德意志意识形态》、《共产党宣言》、《政治经济批判》及其序言、《剩余价值理论》、《资本论》、《反杜林论》、《家庭、私有制和国家的起源》、《路德维希·费尔巴哈和德国古典哲学的终结》，有关自然辩证法的十篇论文、札记和片段，马恩与各方面的学者朋友讨论哲学问题的大量书信，列宁的《唯物主义和经验批判主义》、《哲学笔记》、《国家与革命》，毛泽东的《实践论》、《矛盾论》、《论持久战》、《关于正确处理人民内部矛盾的问

---

① 《马克思恩格斯选集》第3卷，人民出版社1995年版，第341～342页。

题》等等论著论战之中。他们的哲学就活生生地存在于对革命、对实践的指导之中，就存在于对世界的认识和改造之中，就存在于对人类生存生活的美好境界、理想境界的追寻和创造之中。这一重大的思想文化现象，值得热衷于炮制终极的、"精致的"哲学体系的人们好好地深思和反省。

马克思、恩格斯彻底摒弃、终结了黑格尔、杜林等人制造终极哲学体系的狂想，人们不能重蹈黑格尔、杜林等人的覆辙。

马、恩没有写自己的哲学教科书，是由马克思主义哲学的本性所决定的，同时也是马恩作为真正的马克思主义者的极高明之处。人们可以设想一下，如果马恩真的留下了一部以他们的名字命名的哲学教科书，那就会真的留下了一部终极的哲学体系，它不仅会紧紧地束缚住马克思自己的头脑和手脚，不可能根据历史前进的步伐创新自己的哲学思维，而且会严重地束缚他们思想的信奉者的头脑和手脚，使他们不敢越雷池一步，不敢在新的实践中有创新的哲学思维，那只能是窒息人们的聪明才智，其不良后果可能会比苏联"红色教授"的哲学教科书还要严重。

人们常说，马克思主义最伟大的精神就是它的彻底的革命批判精神，丢掉了这一精神，也就从根本上丢掉了马克思主义。今天，我们要想坚持马克思主义，就应当坚定不移地坚持这一光辉的传统，在改造世界的新的实践中坚持和发展马克思主义哲学。

当然，在知识层面上编写一些哲学普及读物、哲学教材一类的读物，还是必要的，以便传授一些哲学方面的基本知识。但是，在编写这类读物时，人们应该特别注意清理苏联"红色教授"们在20世纪三四十年代所编写的马克思主义哲学教科书体系所存在的片面性、局限性的弊端。关于这方面的问题，现在中国学界已取得了越来越多的共识。这些"红色教授"在当时普遍存在的"左"的思想影响下，埋没了、掩盖了、曲解了，甚至篡改了马克思、恩格斯许多重要的哲学思想，他们的那种哲学教科书是存在严重弊病的，如果把这类读物当成"经典"，当成马克思主义哲学的化身，当成封闭的别人不得超越的终极体系，那是十分有害的。

人们还应该注意一个十分重要的问题，就是对这类读物的要求要有比较准确的定位，不可提出过高的不切实际的要求。更不可由某一个权威机关将某一种本本定于一尊，而应当允许有许多本本的存在。在这个问题上，应当提倡百花齐放，百家争鸣。中国从 20 世纪的五六十年代起，一直延续至今，就曾经允许过教授马克思主义哲学的教授们编写过多种版本的教材，这种好传统应当继续发扬光大。

一个根本的事实是，时代和实践都在突飞猛进地向前发展，工人阶级、劳动人民和全人类所面临的新情况、新问题是层出不穷的，不但大大地不同于一百多年前，而且也不同于几十年之前。现在全人类所面临的全球性的问题，比以往任何时代都要多，都要严峻，必须由全世界各国人民团结合作，共同解决。中国共产党人现在所面临的时代的、实践的课题许多都是当年马克思、恩格斯、列宁、毛泽东所没有碰到过的，只能依靠人们在新的实践中创造性地加以解决，所以必须与时俱进。

在编撰马克思主义哲学教科书时，应当特别重视对马克思恩格斯原著文本的研究和解读，特别注意剔除苏联"红色教授"们附加上去或曲解了的东西，恢复马、恩原著文本的本来面目。

在这种研究和解读中，还有一点也是应当特别注意的，就是应当严格区别马、恩的原意和后来信奉者新增的东西。我们提倡要用发展着的马克思主义来指导新的实践，在这个过程中，应特别注意区分哪些是马、恩原有的，哪些是后来者发展了的，不能把后来者的东西硬说成是马、恩原来的东西，要马、恩为后来者负责。

对于无论是马、恩，还是后来者的思想、理论、观点，都应当坚持用实践标准来进行检验和鉴别其真理性。马、恩在世时，他们自己就坚持在实践中进行检验，修正了不少原来的认识和论点。马、恩逝世后，自然科学和人类社会的历史又获得了长足的发展，更应当坚持实践标准的检验。马克思的学生、后继者在马克思主义旗号下的一切新创造、新发展、新成果，更应当严格地接受实践的检验和校正。

马克思主义哲学教科书，一方面不能仅仅停留于马、恩一百多年前的水平上，必须汲取后一百多年发展的新成果，而且今后还会有许多层出不穷的新发展。不这样做，就会把马克思主义哲学变成了一个封闭的体系，终极的真理，那是十分危险的，是一条死亡之路。但是，把后来发展着的东西加进去,也是充满风险的,应当特别的谨慎,来不得丝毫的傲慢和轻狂。

我们不能要求马克思、恩格斯在一百多年前解决我们现在所碰到的问题;我们也不能把属于后来人们的东西硬加到马、恩的头上,这样做他们会很生气的,会认为给了他"过多的荣誉",也给了他"过多的侮辱"。所以,马克思主义哲学教科书,必须十分注意提供有关马克思主义哲学历史发展的准确的知识。马克思主义哲学不是远离人类文明发展的大道、建立在空中的楼阁,它批判地继承了人类历史上一切优秀的哲学遗产,但它又是创造性发展了的哲学,不能给人以强烈的历史感,不可能是一部好的、真实的、科学的马克思主义哲学教材。强烈的历史感其中就包括强烈的现实感,因为现实的今天,明天就会进入历史。没有强烈的历史感和现实感的哲学教材不可能是一本好的教材。

辩证唯物主义的规律、范畴、概念本身没有任何过错,信仰、实践、保卫马克思主义的人们,从中的确汲取了智慧和营养,得到了真、善、美的熏陶和享受,在认识和改造世界的实践中取得了胜利和喜悦,错的是有人把它演变成了教条,到处生搬硬套,甚至将它异化成为棍棒用来打人,用来质疑中国共产党人在建设中国特色社会主义的伟大实践中创造性哲学思维的成果。正如马克思在《资本论》中关于西欧资本主义起源的历史概述本身没有任何过错,错误的是有人将其彻底地变成一般发展道路的"历史哲学理论",变成死的公式,不管其他民族所处的历史环境如何,将其生搬硬套到俄罗斯。应当批评和摒弃的只是这种生搬硬套,把正确的道理变成僵化的公式。

(原载《今日中国论坛》2009 年第 8 期)

# 人们需要追寻美好境界的哲学

## ——读张世英先生《哲学之美》*一文的感想

　　收到张世英先生的《哲学之美》一文,我一口气连着读了两遍,获益良多,引起我的诸多联想和共鸣。两周前,偶读到中国一位哲学教授的一篇文章,说有人主张用讲哲学史的办法来讲马克思主义哲学,是一种历史的"倒退",他感到很"费解"。"反动"这顶政治大帽子已经拿在手上,只等有机会,就可以拿出来给其被攻击的对象戴上。但是,我不得不说,这种吓人战术已经不灵了。现在已经不能继续按照"左"的教条主义盛行时流行的那套被曲解了的死的教义来讲哲学。那时据说只要将辩证唯物主义的一系列规律、范畴、概念搬用来研究人类社会的历史,就可以从中得到放之四海而皆准的、有关人类社会发展的最最普遍的规律,而最最普遍的一条根本规律就是"以阶级斗争为纲"。只要按照这种教义去做,人类梦寐以求的"天堂"就会降临人间。但是,令人遗憾的是,按照他们的教义建构的"社会主义模式"已经不复存在,"以阶级斗争为纲"给中国人民留下的惨痛教训人们仍记忆犹新,再想让人们轻信其"以阶级斗争为纲"的说教已经非常困难。

　　读了张世英先生的《哲学之美》,我在想,张先生博古通今,运用古今中外人类历史上的哲学思维的成果,来论说当今中国乃至人类所遇到的对美的境界的追寻,回答什么是美,怎样才能获得美感和美的享受,怎么就不是当代中国的哲学?

　　运用古今中外人类历史上的哲学思维的成果,来论说当今中国乃至人类所面临的伦理道德问题,包括生态文明、生态伦理问题,也包括政治文明、

---

　*　该文刊载于《江海学刊》2009 年第 4 期。

政治伦理问题,回答什么是善,怎样净化人们的心灵,善待自然、社会和人类自身,追寻人心向善的美好境界,怎么就不是当代中国的哲学?

运用古今中外人类历史上的哲学思维的成果,来论说当今中国乃至人类在实践中改造自然、改造社会、改造人类自身时所要解决的经济、政治、文化、科学、技术、教育、卫生……诸多难题、课题,寻找人与自然、人与社会、人与自身的和谐相处、和谐发展亦即治国理政的真道理、真精神,创造人类生存生活的美好境界、理想境界,怎么就不是当代中国的哲学?

总之,人们需要追寻美好境界的哲学,需要能够为建设美好的、理想的世界服务的哲学。当代中国的哲学,实际上就是中国人民在中国共产党的坚强领导下,在建设中国特色社会主义的伟大实践中,创造性地发展着的马克思主义哲学,它已经经受了三十年光辉实践的检验,证明是科学的、正确的,也可以说是追寻真、善、美的哲学。

毛泽东同志在《整顿党的作风》这篇著名演说中,讲过一段非常著名的话,他说:"我们党校的同志不应当把马克思主义的理论当成死的教条。对于马克思主义的理论,要能够精通它、应用它,精通的目的全在于应用。如果能应用马克思列宁主义观点,说明一个两个实际问题,那就要受到称赞,就算有了几分成绩。被你说明的东西越多,越普遍,越深刻,你的成绩就越大。"①现在,我们的某些哲学教授,完全违背毛泽东的这种谆谆教导,不但远离中国人民在中国共产党领导下的伟大实践,不但不能运用他所熟读的哲学理论说明新的实践问题,反而把熟读的哲学理论变成几根干枯的枝条,拿在手中挥舞,反复重复人们听得耳朵都要起老茧的那几句干巴巴的说教,来质疑党中央的以人为本的科学发展观,同发展着的马克思主义哲学背道而驰,真可以说完全违背了毛泽东的上述谆谆教导。

辩证唯物主义的那些规律、范畴、概念及其基本原理本身没有任何过错,错的是有人把它变成死的教条,不但到处生搬硬套,甚至将其用来质疑党的创新实践和创新理论。正如马克思在《资本论》中关于西欧资本主义起源的历史概述也没有任何过错,错的是有人将其彻底地变成一般发展道

---

① 《毛泽东选集》第3卷,人民出版社1991年版,第815页。

路的"历史哲学理论",而且不问社会历史条件将其生搬硬套到俄国。对于这种做法,马克思非常生气地说:"但是我要请他原谅,他这样做,会给我过多的荣誉,同时也会给我过多的侮辱。"①面对马克思的教诲,应当能够使某些总是迷恋生搬硬套的人们惊醒!

2009 年 6 月 25 日

① 《马克思恩格斯选集》第 3 卷,人民出版社 1995 年版,第 341～342 页。

# 从构建和谐社会到建设和谐世界

## 一、从热议《当中国统治世界时》说起

最近,世界媒体正在热议马丁·雅克的一部新著《当中国统治世界时:中国的崛起与西方世界的终结》。这本书书名中的"统治世界"的字眼非常灼目刺耳,也正因此而颇为引人注目,激活人们的思考。但我得提醒国人,见到听到这种议论,应当非常冷静,千万不要沾沾自喜、狂妄不羁。对于这种议论,我们应当非常严肃地进行理性思考,作出务实求真、实事求是的回应。

中国是强大起来了,而且会越来越强大。一个越来越强大的国家意味什么呢? 意味她对全世界、全人类的责任越来越重、越来越大了。我们拿什么回报全世界、全人类呢? 我们中国共产党人,将中国国情同马克思主义相结合所形成的以人为本,构建和谐社会的治国理政的根本理念,也就是一个现代文明的中国人所应具备的世界观、历史观和价值观,就是强大起来的中国和中国人民献给世界和人类的最好的礼物。

正在崛起的中国,日益强盛的中国,是一个客观存在的事实,应当允许人们去认识和议论。但是,有一点人们应当清楚,议论者是受各自的世界观、历史观和价值观所支配的,他们有各自的立场、观点和方法。不客气地说,当今西方世界的智囊人物、媒体人物,受传统的"帝国"思维定式和思维方式的制约,某些人戴着有色眼镜在观察中国,议论中国。唱衰中国的"中国崩溃论"和棒打中国的"中国威胁论",是他们交替使用的两种典型的论调。

对于这两种论调,我们中国人作为当事者,自然有我们的评论权,这是我们固有的话语权,谁也无法剥夺。在我们中国人看来,这两种论调都有点如痴人说梦,都不对,都不能成立。但我们却应当耐心地听,认真地分析研究,从中得出有益的启迪、警惕和结论,并作出合情合理的、有根有据的评论和回应。

## 二、一个国家的国际政策是其 国内政策的延伸和继续

一个国家、民族,能不能屹立于当今世界的国家之林、民族之林,不决定于这个国家、民族之外的任何人,而决定于这个国家、民族自己的人民,决定于这个国家、民族自己的治国理政的根本国策是否正确,是否得人心,也就是说决定于人心的向背。

中国共产党人,通过自己的几十年的浴血奋斗,抛头颅,洒热血,牺牲了成千上万的英烈,推翻了压在中国人民头上的三座大山,建立了新中国,证明了自己是中华民族忠实的子孙,是中华民族的脊梁!

新中国建立后,六十年的艰苦奋斗,虽然经历过曲折,产生过失误和重要的错误,但毕竟是中国共产党人运用自己创立的三大法宝,自己总结了正反两个方面的经验教训,自我反思、自我批评、自我扬弃,克服了失误和错误,走上了改革开放的复兴之路。在改革开放中,在坚定地走中国特色社会主义道路的光辉实践中,创立了中国特色社会主义理论体系。

中国特色社会主义道路及其理论体系,博大精深,包括邓小平理论、"三个代表"重要思想和最新成果以人为本的科学发展观与构建社会主义和谐社会的战略指导思想,等等。

中国特色社会主义理论体系,已被三十年的光辉实践证明是正确的、科学的。以人为本的科学发展观,构建社会主义和谐社会的战略指导思想,是对这一理论体系的坚持、继承和发展,凝聚了当今社会主义中国"官"与

"民"的共同的理想追求,是中国共产党执政治国的根本理念,根本国策,实现了马克思主义执政党治国理政理念的新飞跃。建立在创新实践基础上的这一创新理论一经提出,就获得了全国各族人民的广泛认同、共鸣、支持和拥护,逐步形成了全社会所有成员的共同的世界观、历史观和价值观。这种新成果、新飞跃,同时也引起了当今世界上的有识之士的广泛议论和认同。

过去,世界上的传统大国强国,从"日不落的大英帝国",到唯一超级大国,都是建立在新老殖民主义、帝国主义和霸权主义、强权政治的思想基础之上的。这种世界观、历史观和价值观可以说浸入了这些"帝国"统治者的骨髓,摆脱不了它的羁绊和制约。用这样的传统的立场、观点和方法来观察当今崛起的中国,他们总认为定会走他们的老祖宗已经走过的老路,去欺负别人,统治别人。

按照马克思主义的根本原理,一个国家的国际政策是其国内政策的延伸和继续。中国共产党在确立了以人为本,构建社会主义和谐社会的治国理政的根本理念、根本国策后,国家主席胡锦涛于 2005 年 9 月 15 日,在联合国成立六十周年首脑会议上,庄严地向全世界宣告:"我们应该尊重各国自主选择社会制度和发展道路的权利,相互借鉴而不是刻意排斥,取长补短而不是定于一尊,推动各国根据本国国情实现振兴和发展;应该加强不同文明的对话和交流,在竞争比较中取长补短,在求同存异中共同发展,努力消除相互的疑虑和隔阂,使人类更加和睦,让世界更加丰富多彩,应该以平等开放的精神,维护文明的多样性,促进国际关系民主化,协力构建各种文明兼容并蓄的和谐世界。"①

建设和谐世界的国际政策,正是以人为本,构建和谐社会的国内政策的延伸和继续,正如胡锦涛主席在 2009 年 9 月 23 日第六十四届联合国大会庄严的讲坛上所说:"中国将继续从本国国情出发,坚持走中国特色社会主义道路,坚持以经济建设为中心,坚持改革开放,全面推进经济建设、政治建设、文化建设、社会建设以及生态文明建设,真正做到发展为了人民、发展依靠人民、发展成果由人民共享,努力实现以人为本、全面

---

① 《十六大以来重要文献选编》中卷,中央文献出版社版,第 997 页。

协调可持续的科学发展。中国的前途命运日益紧密地同世界的前途命运联系在一起。中国越是发展，对世界的贡献就越大，给世界带来的机遇也越大。中国将始终不渝走和平发展道路，始终不渝奉行互利共赢的开放战略，坚持在和平共处五项原则的基础上同所有国家发展友好合作。中国过去、现在、将来都是维护世界和平、促进共同发展的积极力量。"胡锦涛主席在这篇题为《同舟共济　共创未来》的重要讲话中，对中国政府关于建设和谐世界的国际政策即处理国际关系的根本理念，作了全面、系统、透彻的论述，具有强大的可信度、说服力和感召力。胡锦涛主席首先说明了这一根本政策、根本理念的现实根据，他说："当今世界处在大发展大变革大调整时期，和平、发展、合作的时代潮流更加强劲。世界多极化、经济全球化深入发展，多边主义和国际关系民主化深入人心，开放合作、互利共赢成为国际社会广泛共识，国与国相互依存更加紧密。"同时指出，人类所面临的全球性的问题、危机和挑战也更为严峻。接着明确指出："面对前所未有的机遇和挑战，国际社会应该继续携手并进，秉持和平、发展、合作、共赢、包容理念，推动建设持久和平、共同繁荣的和谐世界，为人类和平与发展的崇高事业而不懈努力。"为此，胡锦涛主席提出了四点主张并详加阐释："第一，用更广阔的视野审视安全，维护世界和平稳定。""第二，用更全面的观点看待发展，促进共同繁荣。""第三，用更开放的态度开展合作，推动互利共赢。""第四，用更宽广的胸襟相互包容，实现和谐共处。"这就是新的全球安全观、新的科学发展观、新的合作共赢观、新的和谐共处观。胡锦涛主席最后强调说："同舟共济、互利共赢是时代对我们的客观要求，也是各国共同发展繁荣的必由之路。"中国政府建设和谐世界这一根本政策、根本理念，不仅符合中国人民的根本利益，而且符合世界各国人民也就是全人类的根本利益，是有最广泛的民意基础的，所以一经提出就获得了全世界各国政府、人民和有识之士的广泛认同、共鸣和赞赏，而且随着中国政府越来越自觉、越来越坚定不移地贯彻落实，可以肯定，会获得更多的认同、共鸣和赞赏。

## 三、以人为本，构建社会主义和谐社会和建设和谐世界是中国和中国人民对世界的新贡献

从毛泽东、邓小平、江泽民，到当今的中国领导人，一直都十分强调，中国、中国人民应当对全世界、全人类作出更多更大的贡献。日益强大起来的中国更应当这样。在今日世界，以人为本，构建社会主义和谐社会和建设和谐世界，就是中国和中国人民所能作出的新贡献！

中国人民的这种新贡献是完全真诚的，真实的，实实在在，并不是在作秀。这一点，中国在世界上之所有活动和作为都是证明。在现代资本主义世界陷入严重的金融危机和经济危机之际，更进一步得到强有力的验证。

1997年7月，由于欧美货币投机资金抛售泰国货币引起泰铢暴跌而爆发的亚洲金融危机，中国政府当时就采取了极为负责任的态度，采用一系列有力措施，既保持了人民币的稳定，没有跟着贬值，又采用了一系列办法帮助亚洲各国各地区的政府和人民克服金融危机，共渡时艰，不但获得亚洲各国各地区政府和人民的欢迎和感谢，而且获得全世界各国政府和人民的好评，赞扬中国是一个"负责任的大国"。2008年，由于当今唯一超级大国美国的次贷危机所引爆的"全球金融风暴"规模更大，情况更为严重。在当今资本主义世界陷入严重的金融和经济危机之时，中国凭借其强大的经济实力和手中握有的近两万亿美元的外汇储备，并没有乘人之危，以邻为壑，而是采取了高度负责的、真诚合作的态度来共克时艰，共度危机。首先是采取了十分及时的强有力的措施做好自己国内的事情，保持中国经济的稳定和较快的恢复和发展，同时又采取了力所能及的办法和措施支持其他国家克服危机。2009年9月23日，胡锦涛主席在联合国大会上说："中国作为一个负责任的发展中大国，历来把促进共同发展作为外交政策的重要内容，尽力向其他发展中国家提供支持和帮助，已兑现对联合国《千年宣言》所作承诺。截至目前，中国向一百二十多个国家提供了援助，累计免除四十九个重

债穷国和最不发达国家债务,对四十多个最不发达国家的商品给予零关税待遇。国际金融危机发生以来,中国在面临巨大困难情况下,保持人民币汇率基本稳定,为维护国际贸易健康发展发挥了重要作用。"胡主席还提出了一系列进一步帮助发展中国家的举措。对于中国政府、中国人民的这种光明磊落的、极端负责任的态度和做法,世界各国人民,特别是陷入深重危机的各国政府和人民,深表感谢和敬意。

中国政府和中国人民所采取的这种高度负责的态度来处理这次严重的全球性的金融危机、经济危机,不仅完全符合中国人民的根本利益,而且完全符合全世界各国人民的根本利益,是马克思主义的世界观、历史观、价值观同中国优秀的传统文化、当今中国的根本国情以及当今世界的根本世情相结合的产物,并不是一时的感情冲动和权宜之计。

国际金融危机的爆发,国际经济衰退,全球失业和贫困人口数量上升,发展不平衡更加突显,气候变暖、粮食安全、能源资源安全、公共卫生安全等全球性问题进一步显现,恐怖主义、大规模杀伤性武器扩散、跨国有组织犯罪、重大传染性疾病等非传统安全威胁依然存在,一些热点问题长期得不到解决,地区局部冲突此起彼伏,国际形势中的不稳定因素给世界和平与发展带来严峻挑战。总之,在全球、全人类的面前出现了层出不穷的问题,需要全人类去认真地面对,不是某一个超级大国独家可以包办、可以解决的。曾几何时,迷恋"单边主义"的人们已在严酷的历史事实面前碰得头破血流。美国总统奥巴马9月23日在联合国大会一般性辩论中的讲话已宣告告别"单边主义",呼吁各成员国"共同承担责任",以应对"全球规模的挑战"。所以,中国政府和中国人民关于构建和谐社会和建设和谐世界的主张一经提出,不仅受到中国人民广泛的认同、共鸣和支持,而且受到了全世界各国政府、人民,各方有识之士的广泛认同、共鸣和支持,是毫不奇怪的。

人类在改造自然、改造社会和改造自身的实践活动中已经积累了丰富的经验教训;人类的继续发展又面临着诸多全球性的、全人类性的共同课题,其中存在着许多关系人类生死存亡的抉择;人类智力、智慧、思维能力和思维方式的长足进步,又为人类选择未来发展道路不致走向灭顶之灾的不归路,而是走向科学发展之路,提供了可能性。而中国共产党人、中国人民在创造性的实践中所创造的创造性的理论,即以人为本,构建和谐社会和建设和谐世界的崇高理论,就是对全人类的一大不朽贡献。正是因为当今世界存在着大量矛盾的不和谐的现象、事物、问题和挑战,有些甚至威胁着人类自身的生存和发展,所以才需要人们大声疾呼要坚持以人为本,着力构建和谐社会,建设和谐世界。这就是现实的、活生生的唯物论和辩证法,科学的、实事求是的世界观和方法论。

世界上,现在也出现了不少知中派的专家学者,他们因为深入地研究过中国和中国共产党,对其治国理念和方略、对外政策和处理国际关系的原则和方略有比较深切、准确的了解和把握,所以讲出来的话就不同凡响,颇有真知灼见,给人以启迪和帮助,人们从中可以看到真理。

近日读到《参考消息》驻华盛顿记者严锋对美国著名中国问题专家沈大伟的专访,就给了我这样的强烈的感受。我有这样的感受,倒不是因为他为中国和中国共产党讲了好听的话,而是因为他讲得在理。为了回答记者关于怎样看待中国共产党自1949年执政以来的整体表现这个问题时,沈大伟回答说:"至于你提出的评价一个执政党工作表现的客观标准问题,我要说的是,政治学家都会使用一个标准:合法性。合法性关系到一个国家的人民是否认为他们的执政党和政治家在为他们谋福利,保护他们的国家利益,鼓励他们建设一个更加美好的社会,政治合法性也关系到人民是否愿意和自觉服从于一个政党和政府,而不是被要求或被强迫服从。"他虽然批评了中国共产党曾经犯过"大跃进"和"文化大革命"这样的错误,但他又说:"但总的来说,中国共产党证明了它的合法性,很好地保护了国家利益,提高了中国在世界上的地位,改善了人民的生活,发展了国家经济,而且改善了人民的文化生活。"在回答记者的"对中国共产党未来发展的看法"问题时,沈大伟的高明之处是超出了一般西方人用自己所理解的"民主"来说教,来攻击中国和中国共产党,而是比较客观冷静地说:"所有国家和社会都必须找到适合自己的民主道路,必须选择自己的政治体制。尽管大多数美国人和外国人并不知晓,但中国已经走上了自己的民主发展道路。美国人应该更多地了解中国的政治体制,共产党则应让外国人更好地了解其政治体制。"他还善意地建议中国领导人应该通过自己的努力,向世界展现中国更美好的形象。在这方面,我认为让全世界各国人民特别是西方世界的各国人民更深入地了解我们的以人为本,构建和谐社会和建设和谐世界的核心价值观,更是重中之重。这是一项最为基础性的建设工程,是使中国特色社会主义理论体系走向世界的重要契机,我们要以平实的心态、平常心向世人展示我们的软实力,让世人如实地看到我们价值观的真实面貌。有西方学者指出,"中国的经济增长不仅让发展中国家获益巨大……更重要的是将来,中国所倡导的价值观、发展模式和对外政策,会进一步在世界公众中产生共鸣和影响力。"

中国有句老话,叫做"患难见真情"。在全球金融风暴中,在全球经济衰退中,中国也面临严重的经济困难,但中国采取负责任的态度,认真落实各项对外援助承诺和举措,在力所能及的范围内向发展中国家尤其是非洲最不发达国家提供更多帮助。

这在全世界是有目共睹的事实。一个郑重的执政党,一个负责任的政府,在国内执政中有一个政治伦理的考验,在处理国与国关系时,在制定其国际政策时也面临政治伦理的考验。在这两种考验中,中国共产党,中国政府都是合格的。现在人们爱讲普世价值,中国共产党、中国政府在这种价值观的追求和考验中,获得了全世界一切正直的人们的肯定和赞扬。这是一种无价之宝,作为一个当代中国人我感到自豪和欣慰!

2009 年 9 月 29 日

# 关于走体制内改革之路的哲学思考

在 2009 年 3 月 18 日与崔卫平教授的通信中谈到我选择了走体制内改革之路。经过近日的思考,觉得还应当补充说几句话。

首先应当强调地说,这是我经过严肃的理性思考而作出的选择。自从产生了马克思主义以后,特别是俄国 1917 年的十月革命,在世界上诞生了社会主义制度以后,在将近一百年的实践中,既证明了社会主义取得过光辉的胜利和成就,曾经获得过人民群众衷心的拥护,呈现过巨大的优越性,这是应当承认并充分肯定的历史事实,但同时也得承认、也应看到,在实践中,在其将近一百年的历史中,也出现过、也存在过严重的挫折和失败,暴露了这种体制存在弊病,存在着不利于和妨碍社会生产力发展的弊端,产生过不利于人和社会的全面自由发展的东西,等等。

正反两方面的经验教训,都证明了社会主义制度曾经试验过的具体模式、具体的体制是需要改革的。前苏联和东欧的一些社会主义国家的共产党和中国共产党都先后认识到改革的必要性,都先后进入过改革的年代,就是最为有力的证明。

第二,改革是一项庞大的社会系统工程,改革是要付出成本和代价的。改革能不能成功,改革所付出的成本和代价能不能得到回报,这决定于改革的社会领导力量所制定的路线、方针、政策是否正确,是否科学。1995 年 2 月我在《现代哲学》上发表过一篇文章,题为《中国与苏联改革的比较》[①],谈过苏联改革失败的经验教训,付出了沉重的代价。这一点,不但组成前苏联的各国人民,前东欧各社会主义国家的人民在进行反思,全世界的人民包

--------

① 见《人的哲学论说》,中国社会科学出版社版,第 413 ~ 438 页。

括我们中国人民也在进行反思。通过反思、总结,寻找成功进行改革的道路,尽量减少改革所要付出的代价,尽量减少人民群众所要遭受的痛苦。经过反思、总结,我认识到搞体制外的改革,用强制的突变的方式推翻一种社会制度,是要付出沉重的代价和社会成本的,所以我选择了走体制内改革之路。

第三,走体制内改革之路是有条件的,就是一个国家的社会领导力量、改革的领导者必须对改革的必要性有非常深刻的认识,具有改革的坚定的决心和一整套领导和推进改革的正确的路线和方针、政策、措施。经过几十年改革实践的检验、比较,我认识到中国共产党人所领导的中国的改革开放取得了极大的成功,事实有力地证明了中国的改革开放,坚持走中国特色社会主义道路,是正确的、科学的,所以我选择了走体制内改革之路。

第四,雄辩的事实证明了,中国共产党人所领导的中国特色社会主义道路和中国特色社会主义理论体系是正确的。衡量改革开放和中国特色社会主义道路是正确还是错误,是成功还是失败,是有客观标准的。邓小平讲过三个有利于,如果归结为一句话,那便是是否坚持以人为本,以人民群众满意、拥护为根本标准或曰根本原则,也就是全体人民受惠原则,全体社会成员分享了改革开放和社会主义现代化建设的成果。"以人为本"既然是治国理政的根本理念、根本政策,也就必然成为改革开放和社会主义现代化建设的根本原则,根本的出发点和目的。"官"与"民"都是"以人为本"的对象,当然也就应当平等地享受其成果。但是,如果当官的利用手中的权力,在改革开放中打着"改革开放"的旗号捞取额外的好处、利益,那就不是真正社会主义性质的改革开放,而是伪改革开放、假改革开放,是会被人民群众唾弃的,结局只能是失败。这种危险性是存在的,国人应当警惕,领导者更应当高度警惕。

在现实生活中,存在着大量的矛盾现象,要求人们要勇敢地面对并作出令人信服的解释,这里需要的是辩证思维。例如,明明存在大量的社会矛盾,为什么还要强调地提出构建社会主义和谐社会的战略指导思想? 在社会主义初级阶段还允许阶层、阶级差别的存在,阶级斗争还在一定范围内存在,为什么不能再搞以阶级斗争为纲? 在社会主义初级阶段允许多种经济成分存在，还存在外资企业、合资企业、民营企业、私营企业，也就是说还允许资本家在一定范围内存在，为什么不允许共产党的干部、政府官员私人经商，更不允许利用手中的权力捞取额外的好处、利益，也就是不允许党的干部、官员搞以权谋私，搞权钱交易，等等。这些问题，有些我已在以前写的文章中试着作过回答，今天着重回答共产党的干部、政府官员为什么不能搞权钱交易。党的干部、政府官员是公务员，是人民的公仆，不但受党纪、政纪的约束、规范，而且受到国家法律的制约，利用手中的权力捞取额外的好处、利益，搞权钱交易，就是贪污腐败，必须受到法律的制裁和惩罚。共产党的干部、政府官员必须树立坚定的共产主义的和全心全意为人民服务的世界观、历史观和价值观，这是衡量共产党的干部、政府官员合格不合格的根本标准。在这个问题上不能有一丝一毫的含糊。即使在资本主义社会，贪污腐败也是不允许的，也是犯法犯罪的，何况是共产党领导的社会主义社会，那是更加不能允许的。这次，在美国爆发的金融危机中暴露出来的金融高管贪婪之严重，是造成全球严重金融危机的主要原因之一，向全世界敲响了警钟，人们应当从中汲取深刻的经验教训。在我国的现实生活中，在反腐败中所暴露出来的种种问题中，这方面的经验教训也是很多很严重的，应当引起人们的高度重视，并制定出严格的、切实可行的办法措施来加以防范和监管。

人们必须勇敢地面对复杂的社会现实生活，反对贪污腐败是极为艰巨复杂的，对于这一点必须有非常清醒的认识，态度必须十分坚定，政策、措施、办法必须非常有力有效，在新的社会历史条件、新的形势下，必须进一步抓好执政党自身的建设。2009年9月18日，党的十七届四中全会，郑重地作出了关于加强和改进新形势下党的建设若干重大问题的决定，强调地提出要不断推进党的建设实践创新、理论创新、制度创新，推进党的建设科学化、制度化、规范化，坚持党要管党、从严治党，严肃党的纪律，加强党风廉政建设，不断解决党内存在的问题，始终保持党的先进性和纯洁性。

历史已经证明了中国的改革开放，中国特色社会主义道路和中国特色社会主义理论体系是正确的、科学的。但这还只是已经过去的历史所证明的，今后还能不能继续与时俱进，创造性地走这条道路，坚持贯彻落实这一理论体系,不折腾,不走回头路,对于我们党和人民还是一个严峻的考验。今后,改革开放的决心坚定不坚定,社会主义现代化建设的路线、方针、政策、措施正确不正确,还有待于今后的实践,今后的所作所为来证明。不改革开放不行,邓小平说过那只能是死路一条。搞伪改革开放、假改革开放也不行,改革开放时时刻刻都必须接受实践、历史和人民的检验和校正。我们的党和政府对于反腐败是坚决的,认真严肃的,已经取得了很大的成绩,但也不可否认漏网的贪污腐败分子还为数不少。反腐败是决定我们命运的大问题,也是决定人们是否继续走体制内改革之路的一个重要条件。如果走上回头路,又走上折腾的老路,或者搞伪改革开放、假改革开放,那么,苏联、苏共的崩溃瓦解便是前车之鉴。这是人们不能不严肃思考的。

中国共产党以马克思主义为根本的指导思想,而且善于总结和汲取当代资本主义社会和曾经试验过的社会主义模式的经验教训,懂得人类社会和社会主义社会发展的客观规律,深切地懂得阶级是怎样产生的,阶级斗争在历史上曾经发生过怎样翻天覆地的作用(马克思、恩格斯在一系列著作中对此作过论证,恩格斯在其经典名著《家庭、私有制和国家的起源》中对此作过非常集中、深刻、生动的描述)。我们现在不以阶级斗争为纲,不仅仅是总结和汲取了国际的和我们自己的沉痛的经验教训,而且是完全符合新的时代发展的需要的。这是我们在中国的社会主义的改革开放中应该时刻关注的时代课题,这就是新的时代所需要的辩证法。关于这个问题,党的十七届四中全会决定讲得十分透彻:"全党必须牢记,党的先进性和党的执政地位都不是一劳永逸、一成不变的,过去先进不等于现在先进,现在先进不等于永远先进;过去拥有不等于现在拥有,现在拥有不等于永远拥有。世情、国情、党情的深刻变化对党的建设提出了新的要求,党面临的执政考验、改革开放考验、市场经济考验、外部环境考验是长期的、复杂的、严峻的,落实党要管党、从严治党的任务比过去任何时候都更为繁重和紧迫。全党必须居安思危,增强忧患意识,常怀忧党之心,恪尽兴党之责,勇于变革、勇于创新,永不僵化、永不停滞,继续推进党的建设新的伟大工程,确保党在世界形势深刻变化的历史进程中始终走在时代前列,在应对国内外各种风险和考验的历史进程中始终成为全国人民的主心骨,在发展中国特色社会主义的历史进程中始终成为坚强的领导核心。"

在欢庆中华人民共和国成立六十周年之际，我以这支耕耘了几十年的笔，祝愿共和国永远保留一颗强劲跳动的红亮的心，永远保持头脑的清醒，永葆青春活力！同时也祝愿全人类能够选择一条和谐的科学发展之路，为全人类光明的幸福的未来而祝福。

2009 年 10 月 1 日

# 准确把握马克思主义的
# "人"与"民"两个概念

## 一、"以民为本"与"以人为本"历史的、现实的区别

"以民为本"思想,在中国思想史上是早已有的思想,也是历史上出现过的一些所谓贤君良相即人们通常所说的"好皇帝"和"好官"所主张过的统治理念,人们经常引用的"民惟邦本,本固邦宁"(《夏书·五子之歌》)就是中国封建时代的一种典型的"民本思想"。封建统治者中的开明派的"民本思想"是其统治经验较为清醒的总结,对于后来的人们,自然有其启迪、借鉴意义和警示作用。但是,这毕竟是站在封建统治者的立场上的一种经验谈。中国古人把"民"比喻为"水",说水可载舟,亦可覆舟,也属于这种经验谈。其根本目的都是为了巩固封建专制主义的统治,是为了维护皇权。这种"民本思想"常常是同封建统治者的"民可使由之,不可使知之"的愚民政策相结合使用的。因为,在封建时代"民"是与"君"、与"官"相对应的称谓。在封建统治者的心目中,"民"在根本上是归属于被统驭者、被奴役者,属于"臣民"、"小民"、"贱民",并不是拥有平等权利的主人。

这种"以民为本"的思想,同我们今天所讲的马克思主义的"以人为本"的治国理政的根本理念,是有天壤之别的,是不能同日而语、混淆使用的。如果不加区别,在两者之间画等号,搞互相替代,不仅泯灭了我们党所讲的"以人为本"的马克思主义本质,而且也抹杀了创造性的发展,是有很大危害的。

我们讲了历史上的"民本思想",现在再讲讲现实生活中的情况。"以

人为本"与"以民为本"在当今的中国也是有区别的两个概念、两个范畴。在现实生活中,人的社会地位可以分为"官"与"民"两大类,"官"与"民"是相对而称的。"以民为本"是站在"官员"的立场上讲要以平民百姓为"本",而"以人为本"则是站在更高的立足点,把"官"与"民"都视作"为本"的平等对象,"民"与"官"都是我们社会主义社会、社会主义国家平等的主人,是一种更高境界的世界观和方法论的理论表述。对于这一点,我们千万不要小视了它的理论价值和实践意义。

## 二、以人为本的科学发展观是对马克思主义的创造性发展

我们党的以人为本的科学发展观是马克思主义的创造性的发展,是中国特色社会主义理论体系的重要组成部分。社会主义社会的官员,同旧社会的官员有什么根本区别?他们应当具备什么样的权力观?应当具有怎样的价值观?应当怎样正确处理好既是"官"又是"公仆"的关系?要想当好官首先要学会做一个真正的人,等等,所有这些学问和道理都应当从这里面去寻找。毛泽东在《纪念白求恩》一文中说,"白求恩毫无自私自利之心",并强调说:"一个人能力有大小,但只要有这点精神,就是一个高尚的人,一个纯粹的人,一个有道德的人,一个脱离了低级趣味的人,一个有益于人民的人。"我们的官员应以白求恩为榜样。

在历史上,封建统治者的民本思想,是建立在他们的世界观、历史观、价值观基础上的思想观念,"以人为本"成为社会主义社会官与民的共同的价值理想和价值追求,则是马克思主义世界观和历史观的产物,是社会主义制度的本质要求,也是社会主义制度优越性的集中体现。在学习和实践科学发展观的活动中,如果不能深刻揭示和认识这一点,就不能说真正实现了执政理念的新飞跃,就只能说是学到了一点皮毛。作为共产党的干部、官员,作为社会主义国家的执政者、掌权者,在学习和实践科学发展观时,不在世

界观、历史观、价值观上来一番改造和更新,真正做到与时俱进,可以说并没有从根本上真正理解和掌握了以人为本的科学发展观,也是根本无法真正贯彻落实科学发展观的。

我们这样说,并不是压根儿不能再用"以民为本"这个概念了。当官的、当干部的,有时在剔除了封建统治者加到"民"的头上的贬义之后,在全心全意为人民服务的意义上说要"以民为本"也是可以的。但在这样讲时,还要注意千万不要把自己排除在"以人为本"之外。权为民所用,情为民所系,利为民所谋,就是一种新的马克思主义的民本观。这种民本观同以人为本是密切相关的,是相辅相成的。但是,在学理上、理论上不能在这两个概念、范畴之间画等号,说科学发展观中的"以人为本"应当用"以民为本"去代替。这样做就等于把当官、当干部的人排除在科学发展观"以人为本"之外去了,因而也就改变了"以人为本"的科学内涵和外延。这是应当辨析清楚的。

# 三、准确地把握马克思主义的<br>"人"与"民"两个概念

精神、思想领域的许多概念、范畴,有其历史的延续性、继承性。历史上的思想家、哲学家,都不是凭空炮制自己的体系,而是充分利用思想史、哲学史上的成果,加上自己的创造。马克思主义哲学中的许多概念、范畴在历史上都出现过、存在过,但是我们应该特别注意的是马克思、恩格斯都是在进行了改造,赋予它们新的内涵以后而继续使用的,例如,马克思主义的人本主义中的"人",与唯心主义、旧唯物主义、空想社会主义中的"人"就有了本质的区别。

人本主义、人本思想不论在外国还是在中国,古已有之。中国思想史上的人本思想也是很丰富的,例如战国时代齐国的政治家管仲就说过:"夫霸王之所始也,以人为本,本理则国固,本乱则国危"。(《管子·霸言》)三国

时期蜀国政治家刘备、唐代政治家唐太宗李世民也说过济大事、治国要"以人为本"。但仔细分析,在封建统治者的头脑中是没有人人平等的观念的,在他们的眼中,"人"与"民"是相等同的,都不是平等的主人,而是被统驭的对象,将"人"驾驭好了"则国固",如果"人"乱了"则国危"。他们只是将"人"当作手段,当作工具,而不是当作目的。他们所说的"以人为本"同马克思主义的"以人为本"是不能相提并论、同日而语的。

中国共产党人,是谋求工人阶级、劳动人民和全人类彻底解放的科学理论体系——马克思主义的坚定的、忠实的信仰者和践行者,具有担当全人类解放重任的广阔胸怀和视野。马克思主义不同于旧唯物主义的创新哲学是以人为本的唯物史观。这种新哲学是世界观、历史观同价值观相统一的科学的世界观,同时也是方法论、认识论和逻辑学,是世界观同方法论相统一的科学理论体系。在马克思主义哲学中,经过马克思、恩格斯的改造,"人"这个概念、范畴,已经被赋予了全新的含义和准确的规定性,概括地说,马克思主义哲学中所说的现实的、真实的人,既包括人与自然关系中的人,也包括人与社会关系中的人,还包括人与自身关系中的人,是指所有社会成员。这样的人,具有丰富的客观属性和本质特性,举例说,人既是自然存在物,又是社会存在物,而且是自然性和社会性的统一体;既是物质性的存在物,又是精神性的存在物,而且是物质性与精神性的统一体;既是受动性的存在物,又是能动性的存在物,而且是受动性与能动性的统一体;既是目的,又是手段,而且是目的性与手段性的统一体;既是实践活动的主体,又是实践活动所作用的客体,而且是主体与客体的统一体;既是人类历史剧的剧作者,又是剧中人,而且是剧作者与剧中人的统一体;既具有历时性,又具有现时性,还具有未来性,而且是历时、现时与未来的统一体;既是我,又是你和他,而且聚你、我、他于一身,等等。马克思主义唯物史观中的现实的、真实的人,并不是完美无缺,十全十美的,恩格斯曾经论证过人是从类人猿进化而来的,在人的身上还残留有兽性的东西,所以人是需要学习、培养、改造,进行精神文明建设的。人是追求自主和自由的,但人又负有义务和责任,既要从事自主和自由的活动,又要遵循社会道德和法纪,犯了罪还会受到法律的制裁和惩罚。但这并不能否定我们的治国理政理念应当以人为本,毛泽东说,"世间一切事物中,人是第一个可宝贵的"。人们在同自然灾害作斗争时,在救灾中将挽救人的生命放在第一位,千方百计地抢救每一个人就是有力的证明。

我的这一系列关于"人"的客观属性与本质特性的表述,并不是纯思辨的产物,在我三十年来所写的有关人的哲学的论著中,发掘和论证了这些思想和表述在马克思、恩格斯原著中的活水源头,并进行了历史的和现实的考察和验证,证明是务实求真的,是实事求是的,在这篇短文中就不再重复了。

马克思主义的"以人为本"中的人,就是这样的具有丰富内涵和科学规定性的"人",是不能轻率地置换成"民"的,说什么"以人为本"就是"以民为本"。这样说是不合逻辑的,是讲不通的,而且改变了"以人为本"的科学内涵和外延,抹杀了它的马克思主义本质和创造性的发展。

总之,具有这样丰富而具体的内涵和科学规定性的"人",既是马克思主义哲学的出发点,又是目的。追求全人类的彻底解放也就是全面而自由的发展,是马克思主义哲学的崇高目的。当然,这是一个漫长的历史进程,是人类的永恒主题。这就是马克思主义的革命乐观主义哲学,所以,人们说马克思主义哲学是希望之哲学,是追寻人的美好的、理想的境界之学。

中国共产党作为社会主义中国的执政党,提出的以人为本,构建和谐社会的治国理政的根本理念,是完全符合人类社会和社会主义社会发展的客观规律的。《人民日报》评论员在2009年9月22日为庆祝新中国成立六十周年而写的《亿万人民的现代化篇章》一文中,对这一点作了生动而又深刻的描述:"历史的鸿篇巨制,源于亿万人民的共同书写。新中国六十年,最深刻的变化在于人,最实在的成果施于人,最持久的动力源于人。新中国的成立,宣告了中国历史上第一个真正的民主政权诞生。六十年来,从'全心全意为人民服务',到制定方针政策要看人民'拥护不拥护、赞成不赞成、高兴不高兴、答应不答应';从代表最广大人民的根本利益,到'实现好、维护好、发展好最广大人民的根本利益','以人为本'成为我们时代的最强音。一切为了人民,一切依靠人民,贯彻于共和国六十年光辉历程,成为中国共产党始终不渝的政治信仰和执政伦理。"又说:"中国的现代化不仅要有发达的物质文明,还要有高度的精神文明和人的全面发展。从与时俱进的伟大理论,到波澜壮阔的伟大实践,人的全面发展,逐渐成为社会主义中国的核心价值,深刻地改变着亿万人民的命运。个人在经济、社会、文化上的各项权利,由不断完善的法律体系保障。'利益解放'、'能力解放'、'个性解放'……个人主体性的外延不断扩展。新中国六十年,特别是改革开放三十年,为人的发展开拓出前所未有的领域,带来了前所未有的机会。六十年巨变,归结到一点,就是人的发展。"最后还说:"建设中国特色社会主义,'关键在人'。发展为了人民、发展依靠人民、发展成果由人民共享。经济社会的发展促进了人的全面发展,人的全面发展又促进着经济社会的发展。新中国六十年,就在这两个历史过程相互结合、相互促进中,迈上中国特色社会主义的发展之路。人的现代化,人的全面发展,丰富了现代化的理论和实践,书写出新中国六十年伟大成就的真谛。"

在庆祝新中国成立六十周年之际,《参考消息》记者王亚宏采访了英国诺丁汉大学当代中国学院院长姚树洁。姚教授在回答记者提问您认为中国取得这些成就的最主要的原因是什么时,说:"中国成功的秘诀就在中国人身上。亿万农民和工人一直在勤奋劳动,他们的劳动时间和强度是大多数国家的劳动者很难比拟的。中国人骨子里就有吃苦耐劳的精神,工作非常勤奋。此外,也有重视教育的传统,每家父母对孩子的教育投入都很大,这使得劳动者队伍素质不断提高。国家间的竞争归根结底就是人的竞争,中国既有勤勤恳恳的劳动者,也涌现了一大批优秀的企业家。因此在中国取得的成就里,中国人是最重要的原因。"

1949 年 9 月 21 日,毛泽东主席在中国人民政治协商会议第一届全体会议上的开幕词中说:"中国人从此站立起来了。"①在欢庆中华人民共和国成立六十周年之际,海内外中华儿女普天同庆,我想起毛主席的这句名言,情不自禁地高呼:中国人如今已经巍然屹立于世界的东方! 我以作为一个中国人而深感自豪和光荣。

---

① 《毛泽东文集》第 5 卷,人民出版社 1996 年版,第 343 页。

# 四、不要重蹈"谈人色变"的窠臼

"谈人色变"的现代愚昧盘踞在某些人的头脑中像是一种魔障,是不会轻易退出的。三十年前,那些反对讲有马克思主义的人道主义的人们,是把"人道主义"说成是资产阶级的意识形态,属于资产阶级专有,无产阶级、马克思主义是不能在新的意义上来讲的,以此来吓唬人们。自党中央正式提出以人为本的科学发展观以后,这种论调没有立足之地了,于是又提出"以人为本"是属于空想社会主义的,以此来质疑"以人为本"的马克思主义的本质。这也没有吓倒人们。党中央不但坚持"以人为本"是科学发展观的本质和核心,而且进一步提出构建社会主义和谐社会的重大战略指导思想,以人为本不仅是构建社会主义和谐社会的根本手段,而且是构建和谐社会的根本目的,党中央、胡锦涛总书记再三强调中国的社会主义现代化建设,中国特色社会主义事业的发展为了人民、依靠人民、成果要由全体人民共享,再三强调权为民所用、情为民所系、利为民所谋,用"空想社会主义"来吓唬人也未得逞。最近读书看报,发现有人又变了花样,改变腔调,说"坚持以人为本""同民主社会主义的政策有某些共同点",拿"民主社会主义"来继续吓唬人。但是,看来这种吓人战术也不灵,胡锦涛主席 2009 年 9 月 23 日在第六十四届联合国大会的庄严的讲台上向全世界再次宣告:"中国将继续从本国国情出发,坚持走中国特色社会主义道路,坚持以经济建设为中心,坚持改革开放,全面推进经济建设、政治建设、文化建设、社会建设以及生态文明建设,真正做到发展为了人民、发展依靠人民、发展成果由人民共享,努力实现以人为本、全面协调可持续的科学发展。"

习近平副主席在《加强和改进新形势下党的建设的纲领性文献》一文中也强调说:"改革开放以来,我们党坚持人民是历史创造者的马克思主义根本观点,坚持以人为本,坚持党的群众路线,充分发挥人民群众的首创精神,引导全体人民满腔热情地投身到建设祖国的美好未来和自己的幸福生活中去。"①

温家宝总理在庆祝2009年教师节之际,在9月4日发表的《教育大计 教师为本》一文中,也强调说:"教育要符合以人为本的要求,以'依靠人、为 了人、服务人'为基本出发点,尊重学生、关爱学生、服务学生,发现和培养 学生的兴趣和特长,塑造学生大爱、和谐的心灵。前两年我到医院看望季羡 林先生,他对我说,讲和谐还要讲人的自我和谐,要使人对自己的认识符合 客观实际,适应社会的要求,正确对待金钱名利,正确对待进退,正确对待荣 辱,这才能和谐起来。"②前些年,我们比较多地讲了人与自然、人与社会要 和谐相处、和谐发展,温家宝总理通过讲教育,通过季羡林老先生之口又强 调地讲了"人的自我和谐"问题,给我们加深对构建社会主义和谐社会的理 解以深刻的启迪。

读了胡锦涛主席、习近平副主席和温家宝总理最近的这一系列重要讲 话和文章,看来把"以人为本"同"民主社会主义"挂钩,拿来吓唬人又不 灵了。

马克思主义是发展的科学,马克思主义要批判地继承人类历史上一切 优秀的思想文化成果,马克思主义者不害怕任何吓人的战术。想当年,毛泽 东思想、邓小平理论、"三个代表"重要思想都遭到过种种质疑和攻击,但在 指导革命、建设、改革中却取得了辉煌的胜利,经受实践、历史、人民的检验, 证明是真理,是科学。现在以胡锦涛为总书记的党中央,坚持和发展马克思 主义、毛泽东思想、邓小平理论和"三个代表"重要思想所从事的创新实践 和创新理论,也必将被实践、历史和人民检验证明是科学的真理。

2009年10月13日

---

① 见《学习时报》2009年10月5日。
② 见《人民日报》2009年10月12日。

# 走进马克思主义的思想深处

## ——论"以人为本,构建和谐社会" 思想的时代意义与理论价值

## 一、问题的提出

人们都在讲要用发展着的马克思主义指导中国的改革开放,指导中国特色社会主义的伟大事业。在我的头脑中经常在思考一个问题:当今中国的实践和时代特点到底需要怎样的发展着的马克思主义? 或曰当今中国所面临的客观环境同马克思、恩格斯 160 多年前所遇到的到底有什么根本的区别? 同 80 多年前中国共产党人、同毛泽东等老一辈革命家所遇到的客观环境到底有什么根本的区别? 根据这种区别,当代中国的马克思主义应当具有怎样的根本特点?

经过这样的思考,我逐步明确了这样一个问题,在马克思、恩格斯生活的那个年代,在他们为当时最受压迫、剥削、奴役的无产阶级创立实现解放的革命理论,也就是在锻造无产阶级实现解放的精神武器之际,无产阶级正处于水深火热之中,为了实现自己的解放,正在逐步走向同资产阶级形成对立、斗争的高潮,在经过自发斗争的锻炼,正在逐步形成有组织自觉的斗争。欧洲无产阶级自己的组织、自己的政党正在形成之中,《共产党宣言》正是马克思、恩格斯接受"共产主义同盟"的委托而起草的纲领。当时,欧洲无产阶级同资产阶级的斗争正处于高潮之中,筑街垒,城市武装起义此起彼伏。为了指导这样的你死我活的阶级斗争,使其取得胜利,马、恩当然要把阶级和阶级斗争是怎样产生的问题,放在自己思考、研究并加以回答的中心

地位,以便启发无产阶级的阶级觉悟,并解决无产阶级在对资产阶级的阶级斗争中的战略策略等等课题。

当然,马克思、恩格斯不但是伟大的革命家,而且是伟大的思想家,他们所创立的马克思主义是一个博大精深的科学体系。他们在面对紧张激烈的阶级斗争形势,在解决革命的战略策略问题的同时,还深入地研究了人类社会发展的历史和发展的规律,还研究了整个自然界和人类自身的发展历史和发展规律的问题,还研究了人与自然的关系、人与社会的关系、人与自身的关系及其发展前景问题,还研究了人在未来社会中的全面而自由发展的问题,包括无产阶级首先必须而且能够自己解放自己,并且只有解放全人类才能最后解放自己的问题,等等。但是,基于当时无产阶级阶级斗争形势的客观需要,马、恩把自己的注意力、把理论思维的兴奋点主要放在解决无产阶级革命斗争的战略策略问题,是完全可以理解的。

## 二、党的三代中央领导集体共同思考和研究的时代的和实践的课题

以毛泽东为代表的中国共产党第一代领导群体,领导中国工人阶级和劳苦农民大众,在同地主阶级、外国帝国主义者和官僚资产阶级的残酷的阶级斗争中,进行了艰苦卓绝的、长达二十八年的武装斗争。在这种争取生存和解放的你死我活的斗争中,把阶级和阶级斗争问题,放在中国运用马克思列宁主义的突出地位,是完全应该的,是完全正确的。

在中国的人民民主革命胜利后,在中国的历史上第一个人民享有真正民主的人民共和国建立之后,在这个人民政权还处于巩固之际,原来的、刚刚被打倒的阶级敌人总想推翻人民政权,复辟他们的旧统治、旧秩序,所以阶级斗争在一定范围内仍然非常激烈。但是,毛泽东和他的战友们,面临变化了的新情况,在思考怎样治理新国家、新社会,对马克思主义作出新的发展。毛泽东的《论十大关系》、《关于正确处理人民内部矛盾的问题》等一系

列重要著作,以及刘少奇、周恩来、邓小平等人的一系列论著就是证明,对于发展马克思主义作出了重要贡献。

他们的这些重要论著,对于马克思主义所面临的新的实践需要和新的时代特点,对于中国共产党人新的哲学思维主攻方向、新的哲学思维方式和哲学思维模式的变革和转换,作出了可贵的探索。当然也受到了来自右的和"左"的干扰,走了曲折的道路。但从总体上说,主要还是由于新的实践需要、新的时代特点暴露得还不充分。对于这个问题,我们就可以作为一个重大的理论课题进行认真的、系统的、全面的研究和阐释,是很有历史意义和理论价值的。

"文化大革命"十年动乱,许多出生入死的老革命遭到了厄运,广大干部被当作"走资派"遭到残酷斗争,广大知识分子被当作"臭老九"挨整,广大人民群众吃不饱肚皮,浮肿、饿死人的现象频繁发生……国民经济走到了崩溃的边缘。中国的社会主义事业遭到了严重的挫折。

中国共产党是一个郑重的党,是一个善于总结经验教训的党,是一个善于在困境中重新站立起来,继续奋勇前进的党。以邓小平为核心的中国共产党人,在"文化大革命"的严重挫折后重新站立起来,勇敢地进行了正本清源、拨乱反正。邓小平领导开创的中国特色社会主义事业,是从 1978 年年底召开的党的十一届三中全会正式开始的。当时,首先面临的重大的时代课题和实践课题便是:中国共产党、中国工人阶级取得革命胜利已经三十年,中国工人阶级和中国共产党已经从一个无权的、任人任意宰割的被压迫者、被奴役者,变成为一个拥有十多亿人口的世界大国的主人,成为这样一个大国的领导者、执政党。这个执政党经历过"大跃进"、"共产风"、"文化大革命"等等挫折,党面临着怎样当好领导者、执政党的严峻考验。这个党面对着从领导革命、领导武装斗争的革命党到领导一个大国、穷国的和平建设的执政党这样的转变转型的严峻考验。邓小平当时首先回答的是和平和发展是我们时代的主题。这样,和平和发展也就成了我们党的实践主题。他还郑重地提出了"什么是社会主义,怎样建设社会主义"这样重大的、根本的理论课题,进行认真严肃的思考和研究。对社会主义的本质特征他作了这样的表述:"社会主义的本质,是解放生产力,发展生产力,消灭剥削,消除两极分化,最终达到共同富裕。"以邓小平为核心的党的第二代领导集体,开创了中国的改革开放和建设中国特色社会主义之路,使中国走上了社会主义复兴之路。在这个过程中,形成了邓小平理论。这是中国特色社会主义理论体系的开篇之作。其中包含了大量的马克思主义鲜活的元素,对发展马克思主义、对马克思主义中国化作出了重大的贡献,对于马克思主义在新的实践和时代条件下实现主题的新突破,对于哲学思维方式和哲学思维模式的变革和转换作出了积极的、重要的贡献。对于这一点,也应当进行认真的、系统的、全面的研究和阐释。

以江泽民为核心的第三代中央领导集体,继承了以邓小平为核心的第二代中央领导集体所开创的中国特色社会主义事业,又提出了一系列改革开放的新措施,特别是提出了新的党的建设的伟大工程,在新的历史条件下提出了建设什么样的党、怎样建设党的重要课题,创造性地提出了"三个代表"重要思想,丰富和发展了马克思主义关于发展生产力的理论、关于建设先进文化的理论和全心全意为最广大的人民服务的思想,提出了人的全面发展的思想。江泽民 2001 年 7 月 1 日《在庆祝中国共产党成立 80 周年大会上的讲话》中说:"共产主义社会,将是物质财富极大丰富,人民精神境界极大提高,每个人自由而全面发展的社会。"又说:"我们建设有中国特色社会主义的各项事业,我们进行的一切工作,既要着眼于人民现实的物质文化生活需要,同时又要着眼于促进人民素质的提高,也就是要努力促进人的全面发展。这是马克思主义关于建设社会主义新社会的本质要求。我们要在发展社会主义社会物质文明和精神文明的基础上,不断推进人的全面发展。"还进一步阐明了"社会的发展"和"人的发展"两个历史过程之间的辩证关系:"推进人的全面发展,同推进经济、文化的发展和改善人民物质文化生活,是互为前提和基础的。人越全面发展,社会的物质文化财富就会创造得越多,人民的生活就越能得到改善,而物质文化条件越充分,又越能推进人的全面发展。社会生产力和经济文化的发展水平是逐步提高、永无止境的历史过程,人的全面发展程度也是逐步提高、永无止境的历史过程。这两个历史过程应相互结合、相互促进地向前发展。"在江泽民的这一重要论述中,可以说以人为本,构建和谐社会的思想已经呼之欲出。党的第三代中央领导集体，为中国特色社会主义理论体系作出了新贡献，为发展马克思主义作出了新贡献。对于这一点也应进行认真、系统和全面的研究和阐释。

## 三、以人为本，构建社会主义和谐社会重大战略指导思想的应运而生

党的第十六次全国代表大会产生了以胡锦涛为总书记的新一届党中央，继承和发展了前人开创的中国特色社会主义事业，推进中国的改革开放，开创中国特色社会主义实践的新局面和中国特色社会主义理论体系的新高度，其中提出以人为本，构建社会主义和谐社会的重大战略指导思想，更具有划时代的历史意义和理论价值。

国内的台独、藏独等势力还存在；国际上的新老殖民主义、新老帝国主义和霸权主义势力还存在；国际上还存在恐怖主义等三股势力，国内国际的反华反共势力时常相互勾结，亡我之心不死，所以我们丝毫不能丧失警惕。同它们进行针锋相对斗争的物质准备、精神准备时刻不能放松，必要时还要对之进行坚决的斗争。在国内，我们还会长期处于社会主义初级阶段，由于以公有制经济为主体的多种经济成分的同时存在和发展，分配方式也呈现多元化，所以还存在不同的阶层和不同的利益群体。利益主体的多元化还会长期存在，作为全社会的领导力量，作为执政党，我们的党还要自觉地、坚定地实行社会主义初级阶段的各项政策，要照顾和保护各种不同利益主体的合法利益，要协调各种群体的利益关系。所以，我们党所面对的形势是非常复杂的，右了不行，"左"了也不行。早在1956年9月党的第八次全国代表大会上就对国内主要矛盾的变化作过创造性的表述。但当时的认识并不深刻，很快就遭到"以阶级斗争为纲"的干扰，放弃了。但在粉碎"四人帮"、结束"文化大革命"以后，有了正反两个方面的深刻的经验教训，从党的第十二次全国代表大会开始，历届代表大会所通过的《党章》又恢复了关于国

内主要矛盾的马克思主义的、科学的表述,国内主要矛盾已经不是阶级斗争,而是人民日益增长的物质文化生活需要同落后的社会生产的矛盾。同时还指出,阶级还存在,阶级斗争还在一定范围内存在,有时还可能会激化。所以我们一刻也不能丧失警惕。但是,从全国来说,从全局来说,我国现在显然不处于阶级斗争是主要矛盾、不处于急风暴雨式的阶级斗争之中。我们应十分清醒地认识到,我国将长期处于以经济建设为中心、全面建设小康社会之中,这就是以邓小平为核心的第二代中央领导集体所开创的中国特色社会主义建设事业。这时,需要有一种能够凝聚人心、振奋人心的价值理想,用以团结、动员全国人民、全体社会成员为之不懈地奋斗。以胡锦涛为总书记的党中央所制定的以人为本,构建社会主义和谐社会的重大战略指导思想,就是这样应运而生的。

说"以人为本,构建社会主义和谐社会"的重大战略指导思想,具有划时代的意义,可以从如下几个方面来加以认识:

第一,从邓小平为核心的第二代中央领导集体,经过以江泽民为核心的第三代中央领导集体,到以胡锦涛为总书记的新一届中央领导集体,一直非常重视对时代特点和实践主题的思考与研究,这一表述完全是一以贯之的、一脉相承的,而且使其具有了比较完整的理论形态。

第二,这一表述,在马克思主义的发展中,完成了从急风暴雨式的阶级斗争年代到和平发展年代、到以经济建设为中心的年代;从以阶级斗争为纲的哲学思维方式到和谐发展的思维方式的变革和转换,适应了中国共产党从领导革命战争的革命党到领导和平建设社会主义新社会的执政党的历史需要和理论需要。

第三,这一表述适应了马克思主义关于人类社会终于是要向无阶级社会过渡的历史性需要。从有阶级社会发展到无阶级社会是一个漫长的历史进程,需要几代人、十几代人,甚至几十代人的努力奋斗。在这个漫长的历史进程的实践中,需要一种建立在深邃的哲学思维基础上的、具有新的时代特点的新的哲学模式。这一表述适应了构建这种哲学模式的需要,所以具有划时代的重大历史意义和理论价值。

以胡锦涛为总书记的党中央所制定的这一重大战略指导思想,并不是凭空产生的,而是有其深刻的社会历史背景和思想渊源的。

首先,是我们已经进入了社会主义的时代。这种社会在苏联曾经存在过74年。在这个过程中,有胜利有失败、有成功有挫折、有经验有教训。苏共苏联虽然崩溃瓦解了,但是对于这一切,人们不能像倒洗澡水连同孩子一起倒掉那样,而应进行认真的严肃的反思,总结并汲取其经验教训。党中央正是如此做了,才能形成这样重大的战略指导思想。

第二,社会主义在我们中国也已经存在了五十多年。我国解放初期还未完成社会主义改造之前的那几年,不能算作社会主义社会,这是学界比较一致的观点。我国人民以十分欢乐的激情庆祝了新中国成立六十周年。但是,正是在这种时候,我们更不能忘记我们曾经犯过像"大跃进"、"共产风"和"无产阶级文化大革命"以及其他类似的错误,经验教训是沉痛的,其中包括"以阶级斗争为纲"、"无产阶级专政下继续革命"等理论思维方面的失误及其经验教训。党中央正是如此做了,所以才能制定出这样重大的战略指导思想。

第三,现代资产阶级和现代资本主义的发展,同马克思的时代、列宁的时代、毛泽东的时代有了许多新的特点,这是一个充满了矛盾和冲突的过程,是由它自身所存在的深刻的内在矛盾所决定的。它自身存在的金融危机和经济危机总是会爆发的,也给人们思考未来人类社会的发展以深刻的启迪。这也是党中央提出这一重大战略指导思想的重要的社会历史背景。

除了这些社会历史背景,党中央的这一重大战略指导思想的形成,还有深刻的、丰富的思想渊源,它的活水源头就存在于马克思主义、列宁主义、毛泽东思想、邓小平理论、"三个代表"重要思想之中,所以,我们要走向马克思主义的思想深处;走向列宁主义的思想深处;走向毛泽东思想的思想深处;走向邓小平理论的思想深处;走向"三个代表"重要思想的思想深处。

走向马克思主义的思想深处,也就是走向他们对人类社会历史发展规律和对人类社会历史发展未来的思考和论证。

## 四、以人为本,构建社会主义和谐社会重大
## 战略指导思想的时代意义与理论价值

走向这些创造性的、深邃的思想深处,特别是走向以人为本,构建社会主义和谐社会这一重大战略指导思想的深处,还可以着重从如下几个方面进行思考:

(一)从社会发展动力系统的角度思考这一重大战略指导思想的价值和意义

我曾经论述过,说阶级斗争、生产力、生产力与生产关系的矛盾是人类社会发展动力的种种表述,都存在不太周密之处。我在学习《邓小平文选》时有所感悟,曾将人类社会发展的动力概括为一个系统:人类的物质文化生活的需要是驱动人们去从事劳动生产的最根本的内在动因,人从事劳动生产的能力是动能,只有开发了动因、增强了动能,并将其结合、协调好才能开发出强大的动力。在党中央提出以人为本的科学发展观以后,我还曾论证过深入贯彻落实科学发展观,将会极大地促进对这一动力系统的全面的、深度的开发,我国社会生产力将会获得全面、协调、可持续的快速发展,其成果将惠及十几亿全国人民。我国社会主义现代化建设的实践已充分证明了这一点,并将继续证明这一点。

我国是一个有十三亿人口的大国,原来的底子薄,人们习惯称之为"一穷二白"。经过三十多年全国人民在改革开放中的打拼,现在虽然逐渐富裕起来了,但是仍然是一个发展中的大国。像我们这样一个大国,从发展社会主义市场经济来说,是一个无比广阔的大市场,潜力无限,令世界上许多人羡慕。从开发社会发展的动力来说,这里蕴藏着无穷无尽的发展的内在动因。在这次应对全球金融危机、经济危机中,中国着力加快经济发展方式的转变和经济结构的调整,进一步扩大内需,大力开拓国内市场,推动内需和外需平衡发展,进一步改善民生,重点是推动教育、医疗、养老、住房等社

会事业的进步,努力将危机转化为进一步平衡、可持续快速发展的契机,将经济社会的发展同人的全面发展、素质的全面提高紧密结合起来,我国的社会生产力将会获得进一步的大发展。

(二)从当代人类社会发展道路的角度,思考这一重大战略指导思想的价值和意义

现在世界上的各种智囊人物、媒体人物都在热议中国社会发展模式的价值和意义,评价很高,这是一种可喜的思想文化现象。中国特色社会主义事业的发展和获得极大的成功,取得了辉煌的业绩,毕竟是一种客观事实。你不能不让人们对这种客观存在进行思考和论说,问题是进行怎样的思考和论说才是实事求是的,才是科学,才是真理。对于这一点,我们中国人当然有自己的话语权,"中国模式"是外国学者、评论家爱用的词语,我们中国人并不爱用,更无意向世人示范或推广。中国走什么样的发展道路是由中国人民自己选择的,以人为本,构建和谐社会是中国特色社会主义道路的本质和必然要求,中国人民已经享受到走这条道路所带来的切切实实的利益,并将继续坚定不移地走下去,在实践中不断创新和发展。

(三)从此次应对全球金融危机、经济危机和当代资本主义根本的内在矛盾的角度,来思考这一重大战略指导思想的价值和意义

这次从美国次贷危机所引爆的全球金融危机、经济危机,对当代各国人民造成了严重的损害,对全球生产力的发展造成了严重的破坏,损失是惨重的。这是现代发达的资本主义本身所存在的内在矛盾的必然产物。这说明现代发达的资本主义是存在严重的制度性、体制性弊病的,华尔街金融寡头、金融高管的贪婪、腐败、腐朽就是证明。它促进人们思考人类社会未来的发展这样的重大课题。发达的现代资本主义国家,总是把它们的发展模式和建立在这种模式基础上的价值观吹得天花乱坠,但是严酷的历史现实给人们敲了警钟,上了生动的一课,人们不能再沉浸在他们所散布的迷雾之中。我国党和政府在这次应对危机中的表现,充分证明了我国党的根本的治国理政理念是真实的真诚的,我们始终坚持调结构、惠民生、促增长、保就业,进一步促进生态环保建设、清洁能源建设、循环经济建设、基础设施建设、科技创新建设,时时、处处、事事都体现了以人为本,构建和谐社会的根

本理念,体现了中国特色社会主义建设的制度优势、体制优势、道路优势。中国应对国际金融危机冲击的一系列措施,有利于保持中国经济平稳较快发展,有利于缓解国际金融危机影响,推动恢复世界经济增长,也为其他国家发展提供了更多机遇,证明中国是一个负责任的大国,赢得了世界各国人民和政府的广泛赞誉。

如此严重的全球金融经济危机,是由当今号称自由资本主义的唯一超级大国的金融寡头的贪婪腐败引发的,而在应对危机中,人们又看到了坚持走中国特色社会主义道路的中国从容不迫,克服、治理危机的措施、办法是如此的有力有效,减轻危机的损害和促进稳定与恢复增长是这样的快速和显著,充分显示了中国道路的制度优势、体制优势。人们在如此强烈的、反差显著的对比中,必然会进行更深层次的思考,所以,不但引起了人们对中国模式的热烈的赞扬,而且引起了人们对当代自由资本主义的尖锐的批评。人们现在可以经常从平面媒体和网络媒体上读到这样的评论,2009 年 11 月 19 日《参考消息》刊登了《资本主义在全球引发一片批评声》一文,报道了美、英等多种媒体的民意调查和专家评论。今后,我们还会听到见到更多的这种批评之声。

(四)人们还可以从执政伦理的角度,来思考这一重大战略指导思想的价值和意义

一个人有人格,一个政党也应当有党格,人格、党格的最高境界就是追求真、善、美。追求至真、至善、至美,其中至善是最为困难的,因为遇到的干扰和诱惑是最多的。至善也就是心灵的至真、至美,是一种心灵美。对于一个人是这样,对于一个政党也是这样,所以对于一个执政党来说,有没有崇高的、美好的执政伦理,对于这个党的生存和发展是至关重要的,可以说是生死攸关的问题。俗话说,得人心者得天下,你能不能占领崇高的、美好的执政伦理这块高地,这个制高点,对于治国平天下至关重要,中国古人对于这一点是有深刻的感悟的。以法治国与以德治国相结合,相得益彰。我们的党中央所提出的以人为本,构建社会主义和谐社会的重大战略指导思想,就是我们党的执政伦理,就是我们党治国理政的根本理念,就是我们党所追求的崇高的、美好的价值理想,只要我们党能不折不扣地实践之,定能赢得

人心,在国内是这样,在国际上也是这样。温家宝在一次谈话时谈到著名经济学家亚当·斯密的《道德情操论》这部著作,曾经这样说:"他在书中说,如果一个社会的经济发展成果不能真正分流到大众手中,那么它在道义上将是不得人心的,而且是有风险的,因为它注定要威胁社会稳定。"

世界上自从产生共产党以后,国际资产阶级就一直用"共产共妻"来攻击共产党和共产主义。后来攻击、污蔑之词就更多了,什么"集权"、"独裁"、"不民主"、"不自由"、"不人道"等等。马克思、恩格斯在《共产党宣言》中对这种攻击和污蔑进行了反驳和回击,为共产党和共产主义正名,在《共产党宣言》中指出,在未来理想社会那里"每个人的自由发展是一切人自由发展的条件"。在《资本论》中又指出共产主义社会是"以每个人的全面而自由的发展为基本原则"。在《反杜林论》中,恩格斯将《共产党宣言》和《资本论》中的这一思想进一步具体化,他说,在社会占有生产资料的社会主义社会,"通过社会生产,不仅可能保证一切社会成员有富足的和一天比一天充裕的物质生活,而且还可能保证他们的体力和智力获得充分的自由的发展和运用"。这一根本思想可以说贯穿于马克思、恩格斯的全部著作之中。列宁继续为共产主义与共产党做正名的工作,1902 年在《对普列汉诺夫的第二个党纲草案的意见》中说,社会主义社会的生产"不仅满足社会成员的需要,而且保证社会全体成员的充分福利和自由的全面发展"。1919 年在《俄共(布)纲领草案》中又说,这种社会生产要"保证社会全体成员的福利和全面发展","从而解放全体被压迫的人类"。毛泽东以其政治家的求真务实精神反复强调共产党要为广大人民群众谋取实实在在的经济利益和政治民主权利,并以哲学家的睿智论证:"世界到了全人类都自觉地改造自己和改造世界的时候,那就是世界的共产主义时代。"能够自觉地进行两个改造的人,也就是获得真正的解放、得到全面而自由发展的人,这就是理想社会中的理想的人。共产党就是为这样的社会和这样的人的生成而奋斗的党。直到邓小平、江泽民也还在做这项正名的工作。邓小平在给社会主义本质作论证时强调说社会主义就是要使全体人民"最终达到共同富裕",并反复解释:"社会主义发展生产力,成果是属于人民的","社会主义财富属于人民,社会主义的致富是全民共同致富。"江泽民也在做这种正名的工作,他强调说共产主义社会将是"每个人全面而自由发展的社会"。

从马克思、恩格斯到列宁、毛泽东,再到邓小平、江泽民一直在为共产主义、共产党做正名的工作。我们的党,在中国的改革开放中,在中国特色社会主义建设中,在自己的一切工作中,在所制定的各项具体政策措施中,一直千方百计地坚持贯彻这一根本的路线。现在党中央所制定的以人为本,构建社会主义和谐社会的重大战略指导思想,可以说从理论到实践坚持、继承了马克思、恩格斯、列宁、毛泽东、邓小平、江泽民为"共产主义"、"共产党"正名的工作。贫穷不是社会主义,普遍贫穷更离共产主义十万八千里。共产主义实际上就是追求社会全体成员共同富裕的主义,共产党就是为全体人民共同富裕而奋斗的党。这种富裕是包括物质和精神的全面富裕,而这种全面富裕则是社会和人的全面而自由发展的坚实的基础,这样的社会才能成为以人为本的和谐社会。

从上述种种角度来深入思考以人为本,构建社会主义和谐社会这一重大战略指导思想,定会对它的时代意义和理论价值,获得更为深刻的感悟和认识。

全人类的解放和人的全面发展不是空想,更不是为了竞选拉票而使用的许愿吊胃口的权谋,这是共产党人的根本宗旨、根本理想,一百六十多年前马克思、恩格斯创立马克思主义时就大讲特讲了,那时共产党离夺取革命胜利成为执政党还相距遥远。现在共产党已经成为执政党,成为全社会的领导者,而且长达几十年,人的解放和全面发展问题已经成为每一天的实践课题,现在来讲这个问题是符合时代和实践发展的需要的。

全人类的解放和人的全面发展问题,是共产党执政为民的根本态度、根本理念,也是引领社会全面、协调和可持续发展和进步的根本纲领,应当向全体人民诚实地、坚定不移地宣示,不应害怕人民知道这一真理。

全人类的解放和人的全面发展,不仅仅是社会的领导者、执政党的根本的指导思想,而且是全体社会成员共同的价值理想、价值观,共同的价值追求,不但执政党、社会的领导者应当秉持和坚持,而且应当成为全社会所有成员的共识,这样才能心往一处想、劲往一处使。"以人为本,构建社会主义和谐社会"这一重大战略指导思想,就是这一根本宗旨、根本理想、根本纲领当今的实践主题,一经提出,就受到全国人民的热烈共鸣和衷心拥护,而且在建设中国特色社会主义的伟大实践中发挥了强大的团结、动员和指导作用,证明了中国共产党找到了实现人的解放和全面发展的具体的途径和道路。雄辩的历史事实,再一次证明,理论只要彻底,就能深入人心,就能变成最广大的人民群众自觉掌握的精神武器,精神就可以变为强大的物质力量。

# 结 束 语

人类的发展,呈现为两种历史过程,一曰"社会的发展",一曰"人的发展"。在人类进入阶级社会后,这两种历史发展过程常常是在不协调的矛盾中进行的,所以浪费了大量的自然资源、社会资源和能量。在进入社会主义社会以后,这两种历史发展过程将会逐步走向协调和统一。所以江泽民说"这是马克思主义关于建设社会主义新社会的本质要求。"马克思主义所揭示的人类社会未来发展前景是美好的,令人向往,但是人类得逐步地走向未来。现在,我国还处于社会主义初级阶段,征途是漫长的,正因为其漫长,所以前进的方向一刻也不应迷茫,需要求真务实、坚韧不拔,一步一个脚印地前行!

(作于 2009 年 10 月 25 日至 11 月 19 日)

# 自序与后记

# 《社会与人》<sup>*</sup>引言

　　无产阶级有一个从自在的阶级到自为的阶级，即从不自觉到自觉的过程，整个人类也有这样一个过程。而当人类到自觉地改造自己和改造世界的时候，那就是世界的共产主义时代。正是为了这个时代的早日到来，人类必须更自觉地认识自己。

　　人类对自己的认识，可以说源远流长。在现代中国再一次引起人们广泛的关注和热烈的探索，可以说是从关于真理标准问题的讨论开始的。"人不能两次踏进同一条河流"这句两千年前的至理名言，在新的意义上又一次被发现：实践的流水形成历史长河，一切理论都处在它的无情冲刷和筛淘中，只有它才是检验真理的唯一标准。表面看来，这个结论只是人们对实践力量的理论确认，然而，它所隐含的更深刻的意义不久便显示了出来：由于实践——历史的力量说到底不过是它的主体即人的力量的印证，所以恢复人的实践的权威正是实践的人的自我确认，主体思想的解放正是思想主体的觉醒。于是，正如我们看到的，以往作茧自缚的头脑和手脚放开了，党领导人民拨乱反正，开拓创造，充分表现了实践主体的历史主动精神。

　　几年来，人们力图在各个方面、以各种形式认识自己和确立自己，经历了一个由隐到现、由抽象到具体、由一点到全面的发展过程。农民，这个我国最广大的阶层，首先以联产承包责任制的形式将自己的需要和目的在社会主义劳动中确立起来，表现了他们作为历史主人的首创精神，作为实践主体的能动性和作为完整的人的潜力与价值。随后，各行各业的责任制开始普遍确立起个人对社会的责任，从而使个人作为社会一独立要素的能量与

---

　　*《社会与人》(合著)，山西人民出版社 1985 年 8 月出版。

活性受到尊重和确认。与此同时,国家也开始了政治生活的民主化和各项法律的完备化进程,人民的权利在政治上和法律上不断得到加强,尊重人、改造人、造就全面发展的社会主义新人之风正在逐步形成。十亿人开始作为社会主义大厦的十亿个支撑点、社会主义建设的十亿个动力点和社会主义图画的十亿个色彩点表现出前所未有的生机。

"人的实践"必然产生"人的理论"。随着人在社会主义实践中的活跃,理论上也出现了一个活跃的人。政治经济学关于社会主义生产目的的讨论,直接导出了党的十二大报告中"不断满足人民日益增长的物质文化需要是社会主义生产和建设的根本目的"的响亮结论;人才学破土而出,发出了"发现人才、培养人才、爱护人才"的强烈呼声;亿万中国青年焦渴地探索人生的意义,向社会、向知识、向未来、向着一切可能性寻求和创造自己的价值;优生学、教育学、心理学、营养学等一系列以人为对象的学科很快成为雅俗共赏的"热门"学科;哲学老人则在更深的层次上思考着:人是什么? 人与社会主义现代化建设的关系如何? 人的创造性潜力如何才能得以充分发挥? 社会发展与人的全面发展是什么关系? 等等。

不难看出,从实践到理论,中国人民正在全面认识和确立自己,以自己的旺盛生命力探求自己的富强与幸福之路。

这种认识、这种探求、这种实践的人和理论的人的生机勃发,绝不是偶然的。它首先是十年内乱的历史产物。历史每流一次血都使它热昏的头脑清醒一分,而历史的眼泪生来就是为了冲拭自己眼睛的。十年内乱的历史意义就在于它给了我们以深刻反省和历史沉思。十年间人民的遭遇、祖国的遭遇,使每一个自重的中国人都不能不思考:这是为什么? 严肃的自我认识正是这样由痛苦而引发的。

"理论的人"的兴起还有深远的历史原因。我国有悠久的封建专制传统,近代民主革命既不强烈也不持久,更不彻底。已死的先辈们的亡灵,像梦魇一样占据着人们的头脑,深深地嵌刻在意识的最底层。这种状态一有机会就会酿成历史悲剧。而当这种悲剧发生在 20 世纪下半叶时,怎能不引起人们对自己的批判地审视呢?

在"文化大革命"中走过来的一代青年,面对曾经一度被颠倒了的现实,不能不经过一个迷惘——探索——奋发的转变过程,而这正是一个积极的自我认识过程。在这个过程中,无论是青年人还是教育青年的人也不能不热烈而严肃地谈论或关注人的问题这个主题。

对我国理论界来说也许更有意义的是,当他们带着现实问题重新学习马克思主义时,发现马克思主义作为共产主义运动的科学指南,并不像资产阶级学者所指责的那样,是脱离人或与人无关的,恰恰相反,它以现实的人的社会活动(生产劳动及由此而产生的社会关系等)为出发点,以人们的需要及其历史追求和社会展开为内在根据,以人民群众的革命实践为唯一中介,以人类的彻底解放为最终归宿。它是对人的全面肯定(价值肯定和科学肯定)的学说。这样,我国关于人的活动及其规律的学说从一开始就诞生在马克思主义的怀抱中。当然,也不能否认对这一学说的某些探讨曾经一度受到历史唯心主义思潮和形而上学思维方式的影响和干扰。

人的问题的研究即人们的自我认识,不仅有自然必然性,而且有巨大的理论意义和实践意义。

人是社会的人,社会是人的社会。社会是由人组成的,历史是由人创造的,研究人类社会及其历史,不能离开人,就像研究任何一个系统不能离开其组成要素一样。而社会和历史不是"黑箱",马克思主义正是深入到它的内部结构中,从现实的人的物质属性及其劳动和交往入手,揭示了社会结构即人们的社会存在方式的形成、变化和发展的一般规律。很明显,正如由人们结合而成的社会关系是研究人的现实基础一样,科学地认识人及其活动,也是科学地把握人类社会及其历史的前提。

社会主义和共产主义是人类解放的事业,是充分发挥人的创造性潜力、造就全面发展的新人、促进人类和谐与幸福的过程。但是,怎样调动人的积极性和培养人的优良品质呢? 怎样实现生产的高速度发展并同时保证人的全面发展呢? 这些问题离开对社会的人的研究显然无法圆满回答。所以,科学地认识社会的人及其客观属性,也是科学地指导社会主义现代化建设的需要。

各项工作都要人去做,人的各方面的状态直接决定着各项工作的状况。

党的现行政策的成功,科学文化教育的重要和政治思想工作的作用,就在于它们能够激发或促成人的良好状态,进而推进各项工作。所以,科学地认识人及其共性与个性,也是科学地动员人、改造人和使用人,做好各项工作的前提。

每个人都面对着自己的人生并力求使它富有意义,但是,只有正确地认识了自己才谈得上正确地对待人生,只有懂得了人的价值是什么、在哪里和怎样实现的人,才会过上真正有意义的生活。所以,科学的自我认识又是任何一个人健康成长和有所作为的必要条件。

社会的人的研究领域如此宏大和精微、通俗和深奥。以至于任何一个社会科学家都不敢说自己与这个领域无关或者把握了这个领域。作为背景交代,我们刚刚简述了这项研究在我国的兴起及其意义,而本书的内容仅仅限于:把人及其全部丰富属性引入人类社会及其历史的研究中,探讨其作为社会和历史的主体与客体(自然)的相互作用,以及他们自身之间的相互作用,探讨主体、其活动和状态对社会发展的意义以及他们自身在社会制约下的变化和发展,探讨主体的自觉活动与历史发展客观规律的相互关系,以证明主体的自觉能动性与社会历史的客观规律性之并行不悖,等等,从而揭示人与社会的发展及其动力,以及怎样才能开发这种动力。

上述思想并没有超出、而是早已科学地包含在马克思和恩格斯的历史唯物主义学说中,我们能作的实际上只是对此作出证明和进一步阐发,同时尽可能从中引申出有益于社会主义现代化建设的结论来。所以,本书是循着历史唯物主义的范畴和原理,穿插着对社会主义建设实际的分析展开的。

# 《人的哲学论说》*自序

20世纪70年代末80年代初,在揭批林彪、"四人帮"两个反革命集团、拨乱反正之际,人们对林彪、"四人帮"为了篡党夺权,肆意篡改马克思主义,胡作非为,进行严肃的反思。在对"文化大革命"十年浩劫进行理论上的拨乱反正时,人们提出了人道主义、异化等问题并进行探讨。这期间,我曾对自己反复地提出这样的问题:我在青年时代学习马克思主义,感到无比的亲切,由衷地感到可亲可敬。它在我的心目中是崇高而神圣的,因为它是无产阶级和全人类求解放的学说,是非常关注人类命运和幸福的。但是,在林彪、"四人帮"的手中,却变得面目全非了,造成了人们的疏远感,甚至反感。这到底是怎么一回事?正是带着这样的问题,我又重新如饥似渴地去阅读马克思、恩格斯、列宁、毛泽东的原著,并将林彪、"四人帮"在"文化大革命"期间散布的种种谬论与之对照,终于发现问题不是出在马克思主义本身,而是出在林彪、"四人帮"的歪曲和篡改。感受特别深的是他们一方面断章取义地摘录刘少奇、邓小平富有人情味、关怀人的一些言论,然后扣上宣扬"地主资产阶级人性论人道主义"的大帽子,大加挞伐。另一方面则宣扬所谓"斗争哲学",不分青红皂白一个劲地斗、斗、斗,武斗成风;鼓吹什么"有了权就有了一切","政权就是镇压之权",煽动造反派到处夺权,他们自己则处心积虑地阴谋篡夺党和国家的最高权力。这难道是真的马克思主义?

为了揭批他们对马克思主义的歪曲和篡改,恢复马克思主义的本来面目和在人民群众心目中可亲可敬的形象,为了澄清无端地强加在刘少奇、邓

* 《人的哲学论说》,中国社会科学出版社2004年8月出版。

小平等同志头上的"地主资产阶级人性论人道主义"的罪名,我陆续地写了几篇文章,并有幸在报刊上发表了,参加了这场大争论。我对于争论抱非常冷静的态度,即欢迎争鸣,回答诘难。我要感谢争鸣,正是因为有了不同意见的激荡,不同观点的交锋,才促使我再一次更加认真地阅读马、恩、列、毛的原著和其他中、外论著,越读越增强我对自己对马克思主义理解的信心,不但坚持自己的基本理论观点,而且深化和丰富了这些观点,使其更臻于系统。这期间写作欲特别强盛,又陆续写了一批文章。这些文章,现在都收编到这本集子中。在我的关于马克思主义人的哲学的一批文章发表后,有两位青年学子对我的观点表示赞赏和支持,与我共同切磋和论证若干问题,并在我的倡议下合作了几篇文章。对这些文章的对错正误我义不容辞要承担责任。

收编在这本集子中的文章,大体上分为三个单元:第一个单元主要围绕着人性、人的本质、人在马克思主义哲学中的地位、人道主义、异化问题、人的需要与人的劳动、人的价值与人的责任、人的解放、人的自由、人与自然、人与社会、社会的发展与人的发展、以人为本、人的全面发展等问题展开论述的,概括起来说是有关马克思主义人的哲学的。第二个单元是论述现实问题的,其中多数文章运用了我对马克思主义人的哲学的理解,以体现理论同实际的结合。第三个单元是有关改革与思维方式的变革、改革对哲学的呼唤、建立新的知识体系、知识经济与中国出版业的关系、源于自然与人化自然等问题,其中也涉及我对哲学应关注人学、人的发展、人的现代化、人与自然和谐相处等人学问题的一些思考。

因为这些论文是在一定的历史条件下写成的,为了便于读者了解我的心路历程,三个单元中的文章,多数大体上是按照写作或发表的时间顺序编排的,个别的为了把论题相近的文章编得连贯一点,也作了一些小的调整。因为不少文章是争鸣的产物,为了忠实于历史,力求保留历史的本来面目,所以这次汇集出版时,除了个别文字订正外,基本理论观点一律保持原貌,个中是非对错,留给广大读者和历史老人去评判。

搞马克思主义的理论研究和写作,我并不赞成太多地去引用原著,最好是理论结合实际,尽量用自己的语言来表述,但是论集中有一部分文章,涉及对马、恩、列、毛的原著到底应如何正确理解和准确把握,是对辩论对方的回答,所以不引证原著是根本无法完成任务的。

二十五年前,我在一篇文章(即本书第一篇)的开头,提出了"谈人色变"的局面一定要打破的呼吁,此后虽然遭到了一股倒春寒,遇到了一点波折,但是,我们的社会毕竟进步了,人民毕竟更加成熟了,林彪、"四人帮"猖獗时那种"谈人色变"的局面终于一去不复返了。二十年来,"以人为本"的思想日益深入人心,成为各行各业最具动员和指导作用的一个口号。现在,"以人为本"、"人与自然和谐发展"、"人与社会和谐发展"、"社会和人全面发展"等重要思想不仅广泛传播,为更多的人所接受,而且写入党中央的正式文件,这实在是非常令人兴奋的一种局面。人们坚信,这些重要思想一定会更加深入人心,中国特色社会主义事业一定会获得更加光辉的胜利。

# 《为他人作嫁衣裳》*自序

我自1947年开始工作至1999年离休,在编辑出版工作岗位上干了五十二年。离休后,回首往事,虽然没有干出什么轰轰烈烈的大事,但自认为也没有虚度年华。编辑出版是个服务性的行业,也是一种平凡的工作。在这个岗位上工作,要耐得寂寞,安于平凡,在平凡中作出一点自己应有的贡献。在职时,主要是同读者、作者打交道,成天想的是策划和开发选题、组稿和看稿,最后的十多年还要加上对全社的经营管理,所思所虑都是怎样为读者、作者和全社职工服好务,写作的时间并不多,常常是在夜深人静时。但我这个人天生好静,爱思考一些问题,思有所得时多少也写点东西。再看过去写过的东西,自觉还不属于无病呻吟。敝帚自珍,人之常情,所以利用离休后的空闲,编了两本集子,一本是由中国社会科学出版社2004年出版的《人的哲学论说》,那是理论思维的成果,也可以说是二十多年来参加学术界、理论界一场大争论的成果,理论上的是非对错,只能让广大读者和历史老人去评说了,但为追求真理而有所获,自己也得到了精神上的愉悦与享受。另一本就是这本《为他人作嫁衣裳》。一辈子干编辑出版,在实践中也有所思考,有所心得,平时零零星星地写下来,也没有在意,现在汇集起来也成了一本书。我们出版人有个习惯,就是干工作时只考虑为他人出书(包括为读者、为作者),为他人作嫁衣裳,很少考虑为自己出书。离休后,资深出版家王仿子先生、出版史家方厚枢先生都向我提过,说人民出版社是新中国成立后建立的第一家国营出版机构,它的历史及其档案对研究新中国出版史具有重要的价值。我听了引起了共鸣,但我的精力已经不容许去整理、

---

* 《为他人作嫁衣裳》,人民出版社2004年12月出版。

编撰全社半个多世纪的历史及其档案，这件事只能留给人民出版社的青年后俊们去干了，我力所能及的是把自己在职时的亲身经历，以及为解决工作实践中的问题而作的所思所得，汇集起来，编个集子，留给后来者。这就是编这个集子的缘起。

前一代人的所思所得，对后来者已是过去了的陈年旧事，不会有太大的兴趣，但是对于想开创新局面、想有所作为者，前人走过的路，前人的得与失、在行进中的披荆斩棘，却可能成为宝贵的精神财富和有益的借鉴。正是本着这种考虑，所以不避简陋，还是将这本自编集付梓。通过这本书能沟通读者、作者与出版人之间的关系，增进互相间的了解和合作，共同为繁荣出版事业而努力，就算达到了目的。

2004 年 5 月 1 日

# 《人的哲学论纲》*自序

拙著《人的哲学论说》出版后，得到不少老领导、老同事、老朋友的鼓励，他们有人还建议我在已有研究的基础上写一本关于人的哲学的专著，并且为我策划，提出了全书应包括三大部分的写作提纲：一是对马克思主义中有关人的哲学的原著文本的解读；二是展开对人的哲学具体内容的阐述；三是人的哲学在中国的历史命运以及在中国社会主义现代化建设中的理论价值与实践意义。真是爱护备至，鼓励有加。我的这本《人的哲学论纲》，就是他们鼓励和鞭策的产物。

胡锦涛总书记在 2004 年 3 月 10 日中央人口资源环境工作座谈会上的讲话《树立和落实科学发展观》中强调说："要树立和落实科学发展观，首先必须全面准确地把握科学发展观的深刻内涵和基本要求。坚持以人为本，就是要以实现人的全面发展为目标，从人民群众的根本利益出发谋发展、促发展，不断满足人民群众日益增长的物质文化需要，切实保障人民群众的经济、政治和文化权益，让发展的成果惠及全体人民。"胡锦涛同志还根据新世纪新阶段我国经济社会发展的阶段性特征，具体阐释了科学发展观中的全面、协调、可持续发展的丰富内涵和基本要求。这种发展观之所以是科学的，就在于它揭示了中国特色社会主义发展的真谛和客观规律，是真正称得上是发展着的马克思主义。本书以"坚持以人为本，实现人的全面发展"为核心主题，并围绕这一主题展开对人的哲学的系统论述。全书包括导论和正文十二章，涵盖了我所理解的人的哲学的主要内容：

导论，主要讲了为什么要研究人的哲学，包括人类自觉地认识自己是一

---

* 《人的哲学论纲》，人民出版社 2005 年 12 月出版。

个历史性课题,人的哲学的历史发展与现实状况,研究人的哲学大潮在中国兴起的历史原因与现实需要,人的哲学研究的对象、理论价值、实践意义和研究的方法。

第一、二章,研究了唯物史观中的"人",论证了科学的人本观是唯物史观中的一根主线,以及这种人本观作为马克思主义有机组成部分的理论证明。在第一章还专辟一节讲了人的哲学在中国的历史命运及其经验教训。

第三章专门研究了社会主义社会中的"人"以及"以人为本"在建设中国特色社会主义实践中是怎样应运而生的。

第四章论述了社会的发展与人的发展的辩证统一关系及其历史进程,研究了对社会进步和人的发展评价的历史尺度与价值尺度的统一,以及社会的现代化与人的现代化的辩证统一。

第五、六章,研究和阐发了人类社会以及社会主义社会发展的动因和动力问题,并从理论到实践讲了"以人为本"的科学发展观对我国社会发展动力系统的全面开发。

第七章,讲了作为人的需要的满足方式的社会生产方式在人与社会发展中的决定作用。

第八章,研究了人的意识及其反映与能动、保守与进步的双重作用,以及这种作用在社会主义社会中的意义。

第九章,阐述了何谓人的价值,人的价值肯定、价值判断和价值追求,以及人的价值与人的责任辩证统一关系。

第十章,专门研究社会的全面进步与人的全面发展在社会主义建设中是怎样实现的,着重阐述了物质文明、制度文明和精神文明建设的具体内容及其辩证关系。

第十一章,研究了精神文明建设与人的素质的全面提高,着重阐明了精神文明建设的意义和作为主体性建设的诸种特点。

第十二章,研究了人的解放就是人对自然、社会和自身的把握,人怎样成为自然、社会、自身的主人。这一章还着重研究了人与自然、人与社会、人与自身三个和谐相处、和谐发展,阐发了三个和谐发展同三个文明建设的内在统一及其辩证关系。还专设两节讲了三个文明建设、三个和谐发展同马克思主义关于从必然王国到自由王国飞跃的内在联系,以及怎样为向共产主义发展创造条件,理想的社会与理想的人怎样在和谐发展中生成。

最后,是一个简短的结束语:为人类幸福而工作。

写这本书,当然使用了我二十六年来的研究成果,这是任何著述活动中不可避免的,但也融进了二十多年来,我对马克思主义经典原著文本钻研的新体会,汲取了实践的发展、认识的提高、思维方式的进步的新成果,在有关人的哲学理论思维的深化和系统化方面也花了一点儿新工夫,所以,对我来说撰述的过程也是重新学习的过程,也是学术上升华的过程,在精神上也是一次愉悦的享受。

马克思主义关于人类解放的学说,从其产生之日起,就不仅遭到资产阶级的攻击、诅咒、谩骂,甚至遭到某些号称"马克思主义者"的曲解和篡改,具体手法常常是截取某一片段加以无限的夸大,将其绝对化;或者只要手段,不顾目的。所以,保卫马克思主义,全面地准确地理解和把握马克思主义,仍然是当今人们的一项重大的任务。

讲到对马克思主义原著文本的学习和研究,我有点儿感想,也有点儿感慨。马克思主义理论体系博大精深,马克思主义哲学深邃洞彻,马克思和恩格斯在其一生的著述中与时俱进,不断适应客观环境和语境的变化而发展和丰富自己的学说,所以,人们对之常学常新,是座丰富的思想宝库。人们在不同的历史时期,面对不同的实践需要,随着理论思维兴奋点的转移,常会有新的体会、新的理解。无产阶级在进行你死我活的残酷的阶级斗争的年代,在为夺取政权而斗争和刚刚取得政权的年代,学习和运用马克思主义,有其侧重点;在取得政权以后,而且经过长期的执政和建设以后,在生产力有了快速的巨大的发展,人们的世界联系和国际交往有了普遍发展的今天,面对经济全球化日益发展的今天,只要认真地再读再学马克思主义原著,不但侧重点和理论思维的兴奋点有所转移,而且会有许多新的启发、领悟和理解,常常感到豁然开朗,似乎出现了一片新天地,进入新境界。

写学术专著,应当采取平实的、正面论述的写作方式,应当避免争鸣、论战的写法。但是,由于过去二十多年中的研究和论说,是在激烈的争鸣和论战中度过的,所以在这本书中,少数地方还残留有论战、争鸣的痕迹,这也是难以完全避免的。但留有一点儿痕迹也有一定的好处，就是避免将我的观点强加于人，在这种残留的痕迹中，读者可以看到何处曾经存在过分歧和不同观点，人们可以在比较中鉴别，或者在比较、鉴别中得到启发，得出自己的更准确、更正确的认识。

这本书现在出版面市了，但我认为这也只是在有关人的哲学的学术研究中迈出新的一小步。"学无涯"，学术研究和发展是无止境的，我欢迎读者、学者们对我的这一小步提出批评，更欢迎更多的学者能在这方面拿出更多更好的著述和成果。

# 《人的哲学论纲》跋

## （一）

《人的哲学论纲》今天完成了撰述，二十六年的思想之旅、精神之旅终于到了一个驿站，可以稍事休息了。

有人说我关于人的哲学的研究和著述，是执著的探索。就我自己的感受来说，则是艰难而又愉悦的探索。说其艰难，是因为人的哲学，外国从古希腊哲学、中国从先秦诸子百家起，就是古代哲人智者争说纷纭的问题，至今仍在争论不休，可见其难；在中国当代还要加上一难，由于林彪、"四人帮"的肆虐，曾经一度上演了"谈人色变"的悲剧。说其愉悦，是因为我心坦然真诚，虽在强大的政治压力下步履沉重维艰，但在追求真理的途程中，每有所思所得，哪怕是一点一滴，也感到无比的喜悦和愉快。

人不能谈人这种 20 世纪的愚昧——违背人类文明发展大道的悲惨局面终于不能长久，在党中央郑重地提出"以人为本"的重要指导思想以后，"谈人色变"的局面终于被打破了，中国人民终于迎来了研究人的哲学的春天。为了迎接百花盛开的春天，我于 2004 年 8 月在中国社会科学出版社出版了《人的哲学论说》，接着又在朋友们的鼓励和鞭策下完成了《人的哲学论纲》的著述。《论纲》是在二十六年思想苦旅的基础上写成的，是对以往研究成果的一次深化和系统化，增强了内容的逻辑性和系统性。即使这样，我仍觉得只是一个初步的探索。我并不认为我的这个逻辑系统及其中的每一个论点都是绝对正确、完美无瑕的。无论是系统还是论点，都是可以继续推敲和琢磨的，还可继续打磨，使其更加精准。

最后说几句感谢的话。首先要感谢争鸣中的对方。说句老实话,没有他们的诘难,我就缺失研究和论说的内在动因,正是有了回答他们的需要,才使我去进行进一步的研究和撰述。所以首先要感谢他们。同时要感谢多年来对我支持和鼓励的朋友们,没有他们的鼓励和支持,我根本无法坚持长达 26 年的苦旅,更不可能出版这样两本书。他们的支持和鼓励不但使我获得了持久而强大的动力,我还从他们宝贵的意见中获得启迪,从而增强了拙著的说服力和可信度。最后,要感谢我的家人。强大的政治压力和高强度的精神劳动,没有他们的理解和真诚的支持,我的精神是会崩溃的。然而我的精神不但没有崩溃,反而日益振奋和愉悦,可见这种理解和支持的极端重要。

说是到了一个驿站,可以稍事休息,但只要我的大脑思维能力还未丧失,思考和论说还会继续,不过可以更加从容不迫了。

2005 年元旦

# (二)

马克思主义具有与时俱进的品格,党中央强调要用发展着的马克思主义指导新的实践。所以,我们要弄清楚什么是发展着的马克思主义。发展着的马克思主义不是虚无缥缈的空中楼阁,不是不食人间烟火、不着边际的抽象原则,而是实实在在的在实践中发挥着正确的指导作用的我们党的方针、政策和路线,是符合实践需要的正确的理论思维,是能够动员群众、武装群众、为群众所掌握的精神武器。这种发展着的马克思主义还必须回到实践,指导实践,经受实践的检验,在实践中不断进行调整和修正,使其日臻完善。

这本书,从其狭义的内容来说,是有关人的哲学的专著,但从更广泛的意义上也可以说是"我观马克思主义"或曰"我的马克思主义观"。马克思主义自从一百五十多年前诞生以来，就成为亿万无产阶级与劳动者的崇高理想，是其世界观和革命的方法论，同时也遭到资产阶级及其卫道者的攻击和诅咒。在被剥削被压迫的无产阶级与劳动者的求解放的革命斗争中，马克思主义发挥了重要的指导作用，取得了无数次的成功和胜利。同时，在马克思主义的阵营内、队伍中，也出现过理解、解读上的分歧，出现过应用上的失误，遭到过痛苦的失败和挫折，其中包括俄国十月革命的胜利、苏联卫国战争的胜利以及苏共的瓦解与苏联的解体；中国新民主主义革命的胜利、抗日战争的胜利、"文化大革命"的挫折、改革开放和建设中国特色社会主义的成功和胜利，等等，如此丰富的交织着胜利与失败、成功与挫折的实践，为我们从理论上思考马克思主义、观照马克思主义，提供了广阔的思维空间。本书正是在这样的历史和实践背景下，围绕着"人的哲学"这个引人注目的话题，讲述了我对马克思主义的观感和理解，是否准确，是否正确，只能留给新的实践去检验和历史老人去评判了。

我心真诚坦然，我的研究和撰著完全是为了追求真理、服膺真理。从社会实际出发，论实事、讲真话，务实求真。实践的需要、实践的检验、实践的力量是巨大的、无穷的，是什么力量也阻挡不住的，逆实践而思而动必然碰壁，必然会以失败而告终，人的哲学在中国之历史命运，再一次证明了这一铁律的真理性。所以我要感谢实践。我在这种思考和论说中保持了崇高的理想和革命乐观主义的情怀，是不是有点儿太理想化了？这是由马克思主义自身强大的生命力所决定的，并不是我的刻意雕饰。我所追求和服膺的真理并不是终极的绝对真理，也不是一个封闭的体系，而是与实践紧密结合的一种理论思维和探索，是一种朴素的"实事求是"。我的这种论说，除了要接受实践和历史老人的评判，也要接受时代青年才俊的检阅，我欢迎青年朋友们给予批评指正。任何思想、理论，不能孤芳自赏，它必须与青年对话，与时代对话，与实践对话，并从中汲取营养。

2005 年 7 月 1 日

# （三）

我的《人的哲学论说》在中国社会科学出版社出版后，曾接到几十位老上级、老朋友、老同事的电话、书信、书评、书讯、诗词，对我表示祝贺与鼓励。人民日报理论部的资深编辑、著名哲学家汪子嵩先生，在《炎黄春秋》杂志上发表了书评《执著的探索》，给予拙著以很高的评价。著名教授高放先生、研究员胡义成先生、出版家陆本瑞先生等写了书讯、书评，推荐和评论拙著。读者李建先生寄来诗一首，题为《盛赞〈人的哲学论说〉》，诗云：

> 风雨狂摧花折落，阳光灿烂喜晴天。
> 清源马列还哲理，正本人文出世先。
> 诸子争鸣频活跃，满园齐放更鲜妍。
> 以人为本和谐策，求实创新年复年。

对于朋友们的祝贺和鼓励，我发自内心表示感谢。在《人的哲学论说》的姊妹篇《人的哲学论纲》出版面市之际，我除了对二十多年来对我的探索和撰著给予了鼓励、帮助和支持的老朋友们表示衷心感谢外，还要特别对为《人的哲学论说》写了序言的顾骧研究员、为《人的哲学论纲》写了序言的高放教授，以及中国社会科学出版社的张树相、王昊等同志，人民出版社的郇中建、张小平、黄书元诸同志表示诚挚的感谢，他们为这两本书的出版，付出了辛劳。

我要特别感谢高放教授，主要还不是由于他在《序言》中对我的《人的哲学论纲》一书讲了不少赞扬的话，作了很高的评价，更为感谢的是他对拙著的不足之处和某些论点提出了商榷和补充，并为人学研究提出了一大批新的课题，不但表明他是我的真正的挚友，而且表明了他深厚的人学学养。他的这些意见，对于我是一种鞭策和推动，促使我进一步深入地思考一些问题,并力争加以说明。现在借此机会,对他提到的三个文明建设问题,再作一些补充说明。

"物质文明、制度文明、精神文明"与"物质文明、政治文明、精神文明"这两种提法,各有侧重点,都有存在的理由和存在的价值。

物质文明、政治文明、精神文明建设这一提法,是从三个文明存在于三个领域来说的,主要是对应我国社会主义社会的经济、政治、文化建设这样的三分法来说的,而物质文明、制度文明、精神文明这一提法则主要是从三种文明本身的存在形态及其各自的特性来说的。

从三个文明各自存在形态的特性来看,物质文明主要表现为物质性,制度文明主要表现为制度性,精神文明主要表现为精神性。但这种划分并不具有绝对隔绝的意义,特别是在各种文明形态处于建设的过程之中,实际上是互相交叉、互相渗透的,例如,在物质文明建设中,虽然主要表现为物质性,但也不排除制度性、精神性因子的参与;制度文明建设主要表现为制度性建设,但也不排除物质性、精神性因子的参与;精神文明建设主要表现为精神性成果,但也不排除物质性、制度性因子的参与。而在制度文明中,又可分为经济制度文明、政治制度文明、文化制度文明、军事制度文明、教育制度文明、科技制度文明,等等。与每种制度文明相对应又必有思想、行为文明,例如政治又可分为政治思想、政治制度、政治行为文明,经济又可分为经济思想、经济制度、经济行为文明,等等。

今年3月,我拜访高放教授,聆听了他的意见后,对拙著的初稿作了一些修改和补充,在第十章的结尾处加写了一段,对于物质文明、制度文明、精神文明三种文明在现实生活中的存在形态的错综复杂的情况,作了一些说明。看了高放教授为拙著写的《序言》后,我感到这个补充说明还不够,还没有回答制度文明与政治文明的关系问题。现在,我将就回答这个问题作一点尝试。

我最早接触这个问题,是在发表于1986年11月14日《人民日报》的《精神文明建设是一种主体性的建设》一文中。这篇文章,是学习党的十二届六中全会《关于社会主义精神文明建设指导方针的决议》的体会。我在文中说:决议指出,我国社会主义现代化建设的总体布局是:"以经济建设为中心,坚定不移地进行经济体制改革,坚定不移地进行政治体制改革,坚定不移地加强精神文明建设,并且使这几个方面互相配合,互相促进。"从这一战略思想中,我们可以看到我国社会主义的现代化至少包括如下三个层面的建设:第一个层面是物质方面的现代化建设,亦即我们通常所说的"四个现代化"。这是一个最基本的层面,是其他层面现代化建设的基础,是最容易被人们看得见、摸得着的"物"的建设。第二个层面是社会结构、社会关系方面的现代化建设,属于社会体制和运行机制方面的现代化,也就是我们通常所说的经济、政治、文化、教育、科技等等体制方面的改革。这个层面的建设不像"物"的建设那样容易被人们看得见、摸得着,因而容易被人们所忽视。现在我们的党已经充分认识到这个层面的现代化建设同样是十分重要的。第三个层面的现代化建设就是精神文明建设,属于人的精神世界的现代化,任务是解决人的各方面素质的现代化问题,因而是一种主体性的建设。这三个层面的社会主义现代化建设是互相联系、互相制约、互相促进的。①

在这篇文章中,我在讲了物质文明和精神文明建设的重要性的同时,还特别强调了各种体制改革的重要性,文中说:"如果只抓物质文明建设和精神文明建设,不抓各种体制的改革,不抓各种社会运行机制的现代化建设,那么,现代化就没有组织保证,必然会出现'中梗阻',物质和精神两个文明建设都会受到妨碍,同样也不能实现真正的社会主义现代化。"②

在发表于1997年《探求》杂志第2期上的《论邓小平对中国现代化建设的总体设计》一文中,我更进一步将上文中所说的"第二个层面是社会结构、社会关系方面的现代化建设,属于社会体制和运行机制方面的现代化"明确表述为社会制度的现代化和制度文明建设。文中说:"开始于20世纪下半叶,将完成于21世纪上半叶的中国的社会主义现代化,按照邓小平同志的总体设计,首先是全方位的,是包括社会生活即经济、政治、文化、军事、科技、教育等各方面的整体的现代化;其次是分层次的,大体上分为三个层

① 见《人的哲学论说》,中国社会科学出版社2004年版,第392~393页。
② 《人的哲学论说》,中国社会科学出版社2004年版,第394页。

次:第一个层次是'物'的现代化,即我们通常所说的物质文明建设,属于物质基础方面的建设。第二个层次是社会结构方面的现代化,各种'制'的现代化,即我们通常所说的各方面的体制改革,主要属于制度文明建设。第三个层次是'人'的现代化,即我们通常所说的精神文明建设,主要属于人自身各方面素质的现代化建设。"①在《人的哲学论纲》第十章第二节中,我还分别论述了这三个层面文明建设的各自的具体内容和它们之间的辩证关系,指出物质文明建设属于基础性的建设,主要任务是发展社会生产力,建设全社会的物质基础,为其他两个层次的现代化建设提供最基本的物质条件;制度文明建设属于关键性的建设,主要任务是解决生产关系和上层建筑方面社会结构的现代化问题,这是一个承上启下的中间层次的建设,是保证我国现代化社会主义发展方向的建设;精神文明建设是人自身的主体性建设,主要任务是解决人的精神面貌和全面素质的现代化问题,人既是手段,又是目的,所以精神文明建设是手段性和目的性相统一的建设。

关于政治文明同制度文明的关系,我在《人的哲学论纲》第十二章第三节中,主要是从制度层面强调"政治制度文明",并强调了"制度文明"与"政治文明"的相互包容性。我说:"人改造社会的时候,也必须注意人与社会的和谐相处和和谐发展,所以,建立各种制度来规范人们的社会行为就成为十分的必要,而在各种制度中,政治制度是核心的制度,所以政治文明建设居于十分重要的地位,但又不仅仅限于政治制度,还应包括经济的、文化的、教育的、科技的等等各种制度,所以进行各方面的体制改革,建立高度的社会主义制度文明,就成为建设中国特色社会主义的题中应有之义。"

如果从人与自然、人与社会、人与自身之间和谐相处、和谐发展相对应的关系展开论说,我觉得用物质文明、制度文明、精神文明三种文明建设来表述,似乎比较贴切、比较匹配、比较合乎逻辑。在这里,概念划分的标准是比较一致的,都是针对着三个文明存在的形态和各自的特性说的。

从构建社会主义和谐社会的角度来说,社会结构、社会各方面运行机制的现代化,社会各方面、各领域,例如经济、政治、文化、军事、教育、科技、卫

---

① 《人的哲学论说》,中国社会科学出版社 2004 年版,第 403~404 页。

生、体育、新闻、出版等更需要建立符合现代文明标准的各种制度,来规范人们的行为,使整个社会能在有序的、和谐的状态下运行,使我国的社会主义社会成为民主法治、公平正义、诚信友爱、充满活力、安定有序、人与自然和谐相处的社会。

我国不少学者,对人类社会的三种文明进行了深入的研究,不少见解是颇有见地的。余少波先生发表于《学术研究》2003 年第 5 期《略论社会主义政治文明建设》一文中说:"无论哪种社会经济形态的文明,都包括物质文明、精神文明与制度文明。物质文明是人类改造自然界的物质成果,它表现为物质生产的进步和物质生活的改善。物质文明发展水平愈高,人类离开野蛮状态愈远,改造和控制自然的生产能力愈强,并愈来愈学会与自然界和谐相处。精神文明是人类在改造客观世界和主观世界的过程中所取得的精神成果。它表现为科学、文化、教育、艺术的发展,表现为政治法律思想、伦理道德、美学、宗教和哲学的不断提高。精神文明发达程度是人类的社会精神生产和精神生活水平提高的标志,也是人类追求'真善美'的崇高境界所达到的程度的尺度。制度文明是人类在改造自然、改造社会过程中所形成的(包括自发的和自觉的)种种组织、机构、体制、制度的进步状况,表现为经济制度、经济体制,政治法律制度、政治法律体制以及其他社会组织和体制的变迁。总的看来,制度文明是随着物质文明的进步、适应精神文明的提高而不断进步的。"关于政治文明以及它同制度文明、精神文明的关系,该文说:"政治文明包括了政治思想(政治理念)、政治活动(政治行为)、政治制度、政治体制等等方面的文明形态。一般地说,政治制度、政治体制是一定的政治思想(政治理念)、政治活动(政治行为)的制度化、程序化、规范化,即哲学所说的对象化、客观化。因而它比后者显得更为重要,是政治范畴的核心部分。由此可见,政治文明与制度文明、精神文明是互相交错、互相渗透的,它们归根到底都是在物质文明的基础上产生和演化的。以一定的政治制度和政治体制为核心的政治文明在整个社会文明中处在十分重要的地位,有着非常巨大的作用。"

关于政治文明的丰富的内涵,刘吉发先生发表于《陕西师范大学学报(哲学社会科学版)》2003 年第 5 期上的《政治文明的哲学透视》一文中说:

"政治文明本身是一个多层次的复合体,具有其自身的三维结构。它可以逻辑地分为政治意识文明、政治制度文明和政治行为文明三大层面。""政治意识文明、政治制度文明和政治行为文明构成了人类政治文明的三环结构,展示了政治文明自身结构的逻辑框架。在人类政治文明的三维结构中,政治制度文明始终是政治文明的核心层面和主导结构,它内导着人类政治文明发展的历史轨迹。"

关于如何建设社会主义政治文明,汪锡奎先生发表于《南京师大学报(社会科学版)》2003 年第 4 期上的《社会主义政治文明建设和政治文化创新》一文中说:"政治文明作为一种历史运动,是其抽象形式(政治思想观念)、具体形式(政治制度)和行为方式(政治行为,其基本内容是政治决策)之间的互动,这就意味着只有实现政治思想、政治制度、政治决策等方面的文化创新,才能有政治文明的发展。在政治文明发展中,政治思想创新是前提,政治制度创新是中心课题,政策(政治决策)创新是关键,三者互相作用,是一个完整过程的不同方面。政治文明的发展总要落实到政治制度创新这个中心课题上,而政治制度创新总要通过一定政治思想指导下的决策活动才能实现。"

何增科博士发表于《文史哲》2004 年第 2 期上的《社会主义政治文明六论》一文,对于国际国内关于政治文明理论发展的历史和现状,以及政治文明同政治制度文明的关系,作了比较全面、系统和简要的回顾和归纳,并加以评论,也颇富启发性。作者指出,学术界关于政治文明的定义不尽相同,有三要素说、四要素说、五要素说,作者主张五要素,他说:"社会主义政治文明是由中国共产党领导的,以人民当家作主为核心内容的现代政治文明,包括体现民主、自由、法治、人权、效能、稳定、廉洁、公正等基本政治价值的先进政治文化、先进政治制度、文明的政治行为、高素质的政治主体与和谐的政治关系等。"又说:"政治制度是规范政治资源特别是政治权力和权利配置的规则体系,它包括国家制度、政府制度、政党制度、立法制度、行政制度、司法制度、选举制度、决策制度、国防制度等。先进的政治制度是能够体现民主、自由、法治、人权等政治理念的政治制度。"

诚然,在建设中国特色社会主义的整个进程中,制度文明建设与政治文明建设各有侧重点和丰富的内涵,都有广阔的论说和运用空间,都有存在的价值,这两种提法并不是对立的、互不相容的,而是可以互相补充、互相促进的。总之,"物质文明、制度文明、精神文明","物质文明、政治文明、精神文明",以及"制度文明"与"政治文明"等等之间的关系问题,是一个很复杂的理论和实践问题,各种不同的理解和表述,都有一定的理由和所指,都有存在的价值和认识的价值,是一种正常的思想现象,只有在探讨和切磋中才能逐渐清晰和明确。

2005 年 8 月 1 日

# 《中国园林之旅》*总序

## 美轮美奂,如诗如画

### ——源于自然又人化自然的中国古典园林

中国是有着悠久历史和灿烂文化的东方文明古国,风光绮丽、江山多娇、人杰地灵、人文荟萃。这样的自然美景和历史文化,孕育了博大精深的中国古典园林艺术。

中国园林史源远流长。相传在五千多年前,我们的祖先就已经开始利用自然的山泽、泉水、林木以及鸟兽群集之地作为生活、狩猎、游乐的场所,例如豨韦的"囿"、黄帝的"圃"就是这样的天然园林。到了距今三四千年前的殷商时期,相传殷纣王曾经建造规模宏大的园林。公元前 11 世纪,周文王在今西安以西曾修建过"灵囿",内有圈养珍禽异兽的灵台和养殖鱼类的灵沼,已见于文字记载。中间经历了秦汉建筑规模宏大的皇家宫苑,随后又出现了私家园林;两晋南北朝时期,寺观园林蔚然兴起;隋唐时期,除了皇家宫苑继续逞奢外,唐代如诗如画的山庄园林的营建和发展,更为园林艺术增添异彩;宋辽金元以至明、清,由于绘画艺术的发展,造园技艺的创新,不仅宫苑园林南北争丽,而且皇家宫苑、私家园林、湖山园林、坛庙寺馆园林百花争放,各显风采,中国古典园林艺术的发展可说达到高峰,日臻完美。

中国古典园林不是单纯的某一门类的艺术,而是中国古代文化艺术的综合载体,蕴涵着丰富的建筑、雕塑、诗词、绘画、书法、音乐等等艺术门类。

---

* 《中国园林之旅》(十卷本),杨瑾、薛德震总主编,河北教育出版社 2006 年 5 月出版。

一座座园林俨然是一座座艺术博物馆。中国古典园林既是物质文明的遗存，又是精神文明的结晶，从中我们可以领略中国古代文明的灿烂辉煌，受到爱国情感的熏陶，又可以得到心旷神怡、愉悦身心的精神享受。

我们的祖先，在造园过程中，把他们所崇尚和理想的美，融进了山水、花草、林木，以及亭台、楼阁、桥榭和居室的建造之中，使之具有人的心灵之美。中国古典园林不仅是历史发展演进的产物，折射着当时的社会、经济和政治，而且展示了人们对美的理解和追求。在造园过程中非常注意因地制宜、顺其自然、情景交融、富有寓意。山水、花木、建筑讲究匹配和相得益彰，追求山有水则活，水有山而媚的美妙境界；实景、影景、水景、声景辉映，有声有色；近与远、虚与实、藏与露、透与隔巧妙安排，运用借景以增强视觉空间的旷达深邃、层次丰富和美妙情趣；花木、绿地的栽培，注意品种的搭配和高矮、疏密、色彩、四季的美学效果；池泽养殖荷菱鱼蛙，为园林增添情趣；山石的选材和堆叠讲究皴法的品位，采用湖石则体现"瘦、皱、漏、透、丑、清、顽、拙"之美，采用黄石则表达巍峨、刚毅、险峻、挺拔阳刚之气，山虽然是假的，但峰峦、峭壁、悬崖、涧谷、幽洞、瀑布则小中见大，使观赏者看假山如看真山，又犹如欣赏一幅幅山水画，有"一卷如涵万壑，咫尺势若千寻"的感受；堂、厅、楼、亭、廊、桥、榭、舫，不仅讲究同环境协调和适应不同的功能，而且在千变万化、千姿百态中互相呼应、映照、连缀、衔接，在园中行走，"一步一景、步移景异"；园中的诗词、楹联、绘画、书法，不仅是历代文人墨客留下的宝贵的艺术珍品，而且常常可以达到画龙点睛，帮助人们理解造园真谛和景观妙趣之效。

在长期的造园过程中，产生了许多造园艺术家和能工巧匠，他们中著名的有米万钟、计成、高倪、张南阳、朱舜水、张涟、张然、李渔、戈裕良、叶洮等等。他们在十分丰富的实践经验的基础上形成独树一帜、博大精深的造园艺术理论，计成的《园冶》就是有关造园理论与技法的专著，文震亨的《长物志》、李渔的《一家言》中也有关于造园理论和技艺的精湛内容。中国的造园艺术家本人常常擅长绘画，他们往往把山水画意用于造园。而中国古代文人雅士、诗人画家又常常直接参与园林设计和造园活动，元代画家倪瓒设计了苏州狮子林，明代画家文徵明设计了拙政园，清代画家石涛在寄啸山庄片石山房的叠石被誉为"人间孤本"。著名的写意山水画家参与园林的设计和建造活动,使中国古典园林更加富有诗情画意,使中国的造园理论具有更高的美学价值。

中国的造园实践和理论,在世界园林史上具有崇高的地位。造园艺术同其他艺术一样,在世界上可以说流派纷呈,但如果从大视角观之,按园林的建构方式、审美情趣来区分,大体上可分为两大类:一类是自然风景式园林,一类为几何规整式园林。自然风景式园林以中国古典园林为其典型代表,以表现大自然的天然山水景色为旨趣,布局自由,着意于人与自然的和谐统一。而西方规整式园林讲究的是轴线对称、分行排列,按照几何图形规范自然,着意表现总体上的园林人工图案之美,显示人改造和征服自然的力量,反映了西方人的思维方式和审美情趣。中国古典园林所体现的人文精神,其中则包含着中国传统的天人合一、天人和谐、崇尚自然的哲学思想。中国园林源于自然又人化自然的美轮美奂、如诗如画的艺术创造,对东方和西方园林艺术的发展,产生过重大的影响和独特的作用,在世界园林史上有显赫的历史地位。中国的苏州园林、北京颐和园和天坛、承德避暑山庄、泰安岱庙等等被联合国教科文组织列入世界文化遗产名录,说明中国古典园林不仅是中华民族的文化瑰宝,也是全人类共同拥有的物质和精神财富。

为了弘扬在中国和世界文化艺术史上弥足珍贵的中国古典园林,我们主编了这套《中国园林之旅》,收录现在尚存或修复的著名的、有代表性的古典园林,以皇家园林、私家园林为主兼收寺观园林、湖山园林和坛、祠、馆园林(不包括现代公园和纯属自然风光的名胜景点),按地区共分十册,每册八开、一百六十页、八万字、二百四十幅彩图,形成有机的景物长卷,历史地、形象地全面再现中国园林艺术多姿多彩的风貌。这套书以生动的文笔、精美的图片,反映了中国古典园林及其艺术,把秀丽的自然景观同多彩的人文景观融为一体,将造园的历史旨趣同实景参照解说,美妙的造园设计和工艺升华为观赏者的审美感受。本书有别于一般介绍中国古典园林的图书的特点在于,不仅着重对园林中的建筑、山水、花木诸构成要素作介绍、描述,而且通过园林中静态的景观切入当时动态的历史、社会和文化,带出相关的人物、事件、文物等等,动静结合,有曲折的情节,有动人的故事,引人入胜,

或使人感受深切。阅读这套书,可以说如同进行了一次丰富多彩的自然之
旅、人文之旅和美化净化心灵之旅。

与自然和谐相处,美化人们的生活空间,是中国人千百年来的追求;将
自然山水缩移和模拟到自己的生活环境中来,是中国人世世代代的杰出创
造。在人类高速走向工业化、现代化的今天,人们渴望回归自然、呼唤绿色,
创造园林式的生活环境成了人们梦寐以求的理想。今天,我们编辑出版这
套书,对于人们圆这个梦具有特殊的借鉴和启发作用。

# 《以人为本　构建和谐社会20论》*自序

## 以人为本　构建和谐社会是时代的
## 主题与实践的课题

　　自从党中央制定了以人为本的科学发展观和提出构建社会主义和谐社会的重要指导思想以后,我就一直对之进行跟踪学习和研究,力求对之作出马克思主义的解读和证明,为此,陆续写了二十篇文章。这二十篇文章构成本书的第一单元,记录了两三年来我的所思所得,其中有对"人"之所以能够为"本"的哲学解读。以及从经济、政治、文化、教育、社会、伦理道德等方面论说"以人为本"的丰富内涵的;有从唯物史观、马克思主义政治经济学、马克思主义国家学说、马克思主义社会劳动科学化理论、马克思主义世界观等理论层面论说"以人为本"与构建和谐社会重要指导思想的马克思主义证明的;有诠释这一重要指导思想是对建设中国特色社会主义规律认识上的深化的;有从理论同实际相结合的角度论说"以人为本"在执政兴国和构建和谐社会实践中运用的;用了更多的笔墨具体分析和论证了"以人为本"和构建和谐社会的指导思想,怎样既坚持又发展了马克思主义,怎样深入人心,变成为人民群众所掌握的改造客观世界和主观世界的物质力量。

　　本书第二单元三篇关于劳动异化论的文章,虽然没有直接谈论"以人为本"和构建和谐社会,但也有着紧密的内在联系,是论说"以人为本"和构建和谐社会派生出来的理论问题,其中一篇是针对近年来出现的一种不同

---

　　*《以人为本　构建和谐社会20论》,人民出版社2006年9月出版。

观点而写的,后两篇收录了过去已发表过的文章,因为有助于澄清对马克思劳动异化论的误解,也有助于正确理解"以人为本"与构建和谐社会。

第三单元的文章,收录了我的《人的哲学论说》、《人的哲学论纲》两本书的自序和跋,记录了我二十六年来研究人的哲学的心路历程,对于了解我对"以人为本"与构建和谐社会重要指导思想的认识也有一定的用处。

撰编成这本书之后,我掩卷沉思一个重要问题,就是迈入 21 世纪的中国共产党人面对的时代主题和实践课题是什么? 中国人民在中国共产党的领导下建立新中国,确立社会主义制度已经五十多年,结束"文革"十年浩劫、进入改革开放年代也已经二十多年,并取得了建设中国特色社会主义的伟大胜利。但是在社会生产力获得快速发展,人民群众的生活获得很大改善和提高的同时,也出现了一些新的矛盾和新的不平衡,我们的国家,中国的社会应该怎样科学地继续向前发展? 这是摆在中国人民面前的一个重大的新问题。中国人民以至全人类,在迈入 21 世纪之际,在经济全球化的语境下,思考人类所面临的重要发展机遇以及一系列困境和难题,诸如环境、生态、人口、能源、气候、核扩散、流行疫病、文明冲突、局部战争、全球治理等等一系列生活生存问题,也是中国人民需要解决的不可回避的问题。所有这些问题,都需要用发展着的马克思主义来加以解决,以人为本的科学发展观与构建社会主义和谐社会的重要指导思想,正是这样应运而生的。

以人为本与构建和谐社会这样的问题,也不是在任何环境下都能够成为现实问题的。谈论和解决这样的问题,需要一定的社会历史条件,正如周凡博士在评论拙著《人的哲学论纲》的《以马克思主义方法研究人的问题》一文中所说:在一个物质极度匮乏、人们的生活处于普遍贫困的社会无法谈以人为本;在一个任意践踏人的尊严的"人治"社会根本谈不上以人为本;在一个没有私人领域与公共领域的区分、物权和人权都没有保障的社会也谈不上以人为本。二十多年来我国改革开放的伟大实践是我们今天谈论"以人为本"的构成性语境的前提,也是我们真正理解"以人为本"内在蕴意的物质条件。今天我们谈论"以人为本",丝毫没有感到它是纯粹舆论宣传层面上的口号,其原因就在于,这一话语形态并不纯粹是以"语言"或"言语"的形式而存在,而在很大程度上是以行为、以实践、以语义效应的方式而存在。"以人为本"在当今的中国已不再是遥不可及的高高悬置的"崇高客体",它也不再是一种规范性的调节理念,在很大程度上它径直成为一种建构性的实践力量,我们的宏观政治导向、我们的微观政策定位、我们的具体操作方式都要体现"以人为本"、落实"以人为本"、依据"以人为本"。这充分表明,"以人为本"不是盘旋于知识分子脑际的想象,也不是局限于观念层次的一种纯思维,它正以日常化的面目和介入行为的"事务性"姿态走入民众的生活世界。

党中央求真务实,坚持实事求是的思想路线,敏锐地根据时代的需要、实践的需要,适时地提出了科学发展问题,并郑重地制定了以人为本的科学发展观和提出了构建社会主义和谐社会的重要指导思想,正确地从哲学层面解决了中国人民所面对的时代主题和实践课题,在马克思主义中国化和用发展着的马克思主义指导新的实践方面,迈出了坚实的、重大的步伐。

2006 年 7 月 1 日

# 《以人为本 构建和谐社会20论》后记

我一生从事编辑出版工作,在社内外举办的讲授编辑学的课堂上和撰写的编辑学论文中,我提倡编辑工作者在首先完成为他人作嫁衣裳的本职工作的前提下,也应做点儿科研和写作,力争在某一学科、某一方面成为专家、学者、作家,这样,你才能取得与作家、学者、专家们的话语权,处理书稿、对书稿作出判断时才能准确,不会眼高手低,造成失误。对于这一主张,我终生都在实践。在1999年8月离休前,由于编辑出版业务繁忙,加上又担任一个大出版社的社长、总编辑,从事科研、写作只能在有限的业余时间进行。好在我这个人好学好思,在业余时间没有其他的爱好与娱乐,学、思、写几乎成了我唯一的消遣和休息,几十年中,也积累了哲学方面的几十篇论文和编辑学方面的几十篇论文,当时也没有怎么想出书,只是作为一种爱好和责任而坚持着。1999年离休后,有了比较多的空闲时间,总要找点儿事情干干,不然就太无聊了。开始几年里协助杨瑾主编《中国园林之旅》(十卷本)。《中国园林之旅》的主编工作告一段落后,才将整理、编辑旧作和撰著新作提上议事日程,2003年整理、编辑了《人的哲学论说》,中国社会科学出版社于2004年8月正式出版面市。2004年整理、编辑了《为他人作嫁衣裳》,人民出版社于2004年12月正式出版面市。2004年至2005年花了两年时间撰写《人的哲学论纲》,人民出版社于2005年12月正式出版面市。在整理、编辑、撰写这三本书的同时,2003年10月党的十六届三中全会提出以人为本的科学发展观,2004年9月党的十六届四中全会提出构建社会主义和谐社会的重要指导思想以后,我的精神状态非常振奋,陆陆续续地写了二十篇论以人为本和构建和谐社会的论文,平均差不多一个多月写一篇。这二十篇论文汇编为本书的第一单元。我感觉近三四年来,是我的理论著述的收获期。这期间,2003 年 10 月份、2005 年 4 月份闹了两次心衰,各住院治疗一个月。说也奇怪,住院治疗心衰期间,因注射了稀释血液、疏通血管的药物,所以头脑特别清醒,思维特别清晰,我不能浪费这大好时光,《论"以人为本"》等几篇文章,就是 2003 年 10 月住院期间躺在病床上写成初稿,所以笔记本上的字迹歪歪倒倒,很不整齐。当时,主治医生张大夫见我躺在病床上写东西,多次劝阻,但我总是控制不住自己,还是偷偷地写成了初稿。我一生中的写作,没有任何人的授意或命令,完全凭责任心和理性的良知,为了追求真理,出于自觉自愿、无怨无悔。这本《以人为本 构建和谐社会 20 论》记录了两三年来的所思所得,其中有正面的论说,也有不同观点的争鸣和商榷,目的都是为了通过民主和平等的讨论求得正确地理解和贯彻党中央所提出的"以人为本"和构建和谐社会的指导思想,在新的历史条件下和新的实践中坚持马克思主义,心意是真诚的。这些文章,大部分在《人民日报》、《光明日报》、《文汇报》、《北京日报》、《理论前沿》、《当代思潮》、《今日中国论坛》等报刊上发表过,有七篇未刊发过,存于我的文稿档案中,此次借汇集出书的机会,一并发表。

我已出版了《人的哲学论说》和《人的哲学论纲》两本书,为什么还要出版主题相近的《以人为本 构建和谐社会 20 论》? 这本新书到底有什么特色?《论说》是我二十多年中关于人的哲学的论文汇集,反映了我的心路历程,带有历史的痕迹;《论纲》是一本系统的学术论著,逻辑地记录了我对马克思、恩格斯关于人的哲学的原著文本的解读,和我对马克思主义人的哲学基本内容的系统阐述。而这本《20 论》则集中地讲了我对党中央提出以人为本的科学发展观和构建社会主义和谐社会的重要指导思想的解读,新一届党中央是怎样根据实践的、时代的需要,既坚持又发展了马克思主义。党中央提出要用发展着的马克思主义指导新的实践,我们有责任、有义务具体地来证明党中央是怎样发展了马克思主义,又用这种发展着的马克思主义指导新的实践的。在这样做的时候,我们一定要十分自觉地坚持实事求是的原则,不要无根据地有意拔高,而要摆事实,讲道理,用事实说话。我建议读者不妨先读一读这次公开发表的《"以人为本"是执政兴国理念的新飞跃》、《"以人为本"与马克思关于劳动过程中人与物关系的理论》、《"以人为本"与马克思关于社会劳动科学化的理论》、《"以人为本"与马克思主义的世界观》、《"以人为本"与建设中国特色社会主义》、《理论一经掌握群众也会变成物质力量》、《继承马克思走向新时代》等几篇文稿，然后再读其他文章，这一思路便清晰可见了，就会知道在这本新书中是有一些在前两本书中没有说过或没有说透的话语的。

我要特别感谢在争鸣、探讨中持有不同观点的人们，正是他们的一些文章激发了我的思考，给我出了不少选题。思想和科学是在争鸣、切磋中发展的，真理愈辩愈明。真理在实践中生成和存在，而且要接受实践的检验和校正。

2006 年 3 月 1 日

# 《以人为本　构建和谐社会40论》<sup>*</sup>自序

2006年9月,我在人民出版社出版了《以人为本　构建和谐社会20论》一书,此后又陆续写了近三十篇文章,现从中选出二十五篇补编进去,作为本书的第四单元,并将书名相应地改为《以人为本　构建和谐社会40论》。这本书,是在党中央制定以人为本的科学发展观和构建社会主义和谐社会的重大战略指导思想以后,也就是2003年10月以来五年内我的有关人的哲学的新感悟、新成果。我已经出版了《人的哲学论说》、《人的哲学论纲》,这本关于人的哲学新论,可以说是我的人的哲学三部曲之三。

以人为本,构建社会主义和谐社会,是中国共产党人面对的时代的和实践的主题。我们的党是一个与时俱进的具有强大生命力的党,无论在实践上还是理论上,都在不断地创新和前进,我的大脑也在紧跟学习、思考和研究,取得点滴成果,便记录了下来。如果加以细分,大体上有这样几个方面:

坚持以人为本,构建社会主义和谐社会,党中央非常重视加强政治文明建设、推进政治体制改革,还作出了加强党的执政能力建设的决定,所以我写了几篇谈政治文明建设、政治体制改革以及党的执政地位与思维方式变革问题的文章。

在这期间,党的十六届六中全会作出了《关于构建社会主义和谐社会若干重大问题的决定》,党的十七大高举中国特色社会主义伟大旗帜,透彻地阐明了中国特色社会主义道路和理论体系的科学内涵,十届人大五次会议通过了《物权法》、十七届三中全会又作出了《关于推进农村改革发展若干重大问题的决定》。我紧跟党的实践和理论的新发展、新创造,写了几篇

---

* 《以人为本　构建和谐社会40论》,人民出版社2009年2月版。

学习心得和体会,努力解读党的实践和理论上创新的重大意义和价值。

在这期间,还发生了四川汶川特大地震,举办了举世瞩目的奥运会和残奥会。在抗震救灾中"以人为本"的执政理念发挥了强大的力量;奥运会大大促进了中国"人"的全面发展,这些都强烈地激发了人们的理论思维,我的理论思维很活跃,接连写了几篇文章抒发自己的新感悟。

随着以人为本的科学发展观的深入贯彻落实,我国人的主体性觉悟普遍提高,主人公意识不断增强,我有所感,写了几篇有关人的主体性、公民基本权利和干部对平民百姓应有敬畏之心的文章,论说我国社会在这些方面的发展和进步。

随着"以人为本"的马克思主义价值观日益深入人心,人们也在思考二十五年前在我国发生的有关人道主义和异化问题的大争论,反思和总结那场大争论的经验教训和理论上、思想上的成果。我也写了几篇文章参与切磋。

还有些文章是对马克思主义经典原著的再学习再思考的心得体会,在改革开放的年代,邓小平和党中央再三强调要完整地准确地对待马克思主义和毛泽东思想,正是在这一号召下,我又重新去认真阅读经典原著,发现过去的理解确有一些片面性和不准确的地方,便把一些心得体会写了下来,其中包括对《共产党宣言》的再学习再思考;对阶级、阶级斗争和无产阶级专政理论的再学习再思考;对马克思恩格斯对未来理想社会论述的再学习再思考,等等,记录了我在这些方面的一些新的感悟和收获。

在这期间,我国理论界、学术界,在对民主社会主义和普世价值观的认识和评价问题上,发生了争论,我在《科学社会主义的实践形态和理论形态》和《共产主义者的世界观与价值观》两篇文章中,虽然不是用正面论战的方式,但却作出了我的回应,自信是坚持"双百方针"和用民主的平等的方式表述了自己的认识和观点,细心的读者是可以从中品味出我同某些学者不同的认识和观点的。

在本书截稿后,喜读北京大学著名哲学教授张世英先生的《归途——我的哲学生涯》一书。张先生创立了自己的新的万物一体、新的天人合一哲学,我感到他的哲学思维同马克思主义的"关于现实的人及其历史发展的科学"，同马克思一百六十五年前关于自然科学与关于人的科学将综合为一门科学的预见，有着内在的相通之处，于是赶写了一篇读评《推进建立当代中国哲学》，同时还增加了一篇《论"物我一体"哲学》，抒发了我对马克思主义哲学的新感悟。

新增的二十五篇文章，绝大部分在报刊上发表过，只有六篇是此次辑集时首次发表。这次收入本书时，保持文章的原貌，仅对少数文章，在不改变原意的情况下，适当地作了编辑、修订。这些文章的编排次序大体上按照发表或写作的时间，少数文章为了读者阅读方便，则将内容相近的编辑为一组，例如关于二十五年前人道主义与异化问题的那场大争论的三篇文章，就集中放在全书的末尾。

我的这些论说，都只是个人的学习和思考的心得体会，其是非对错只能由别人和历史老人去评说了。上述有些文章，发表时曾获得网络媒体比较广泛的关注，有几十家门户网站加以转载，《新华文摘》、中国人民大学《复印报刊资料》等文摘类期刊转载了其中的多篇文章。我真诚地愿意听到读者的批评指正。

2008 年是中国改革开放的三十年，我谨以此书作为献给三十周年纪念的一份小礼物。

2009 年元旦

# 附录 序言与书评

# 顾　骧　《人的哲学论说》序

　　20 世纪 70 年代末 80 年代初,中国兴起了一场新的启蒙运动。这是 20 世纪中国第二次伟大的思想启蒙运动。这场思想启蒙运动,上承五四运动"科学"、"民主"的先声,下启社会主义现代化建设的新时代。这场思想启蒙运动的主潮是人的重新发现与马克思主义的重新发现,是马克思主义人道主义的复兴。历史的灾难,常常以历史的进步来补偿,十年"文化大革命"的空前浩劫引发全民族进入一个反思的年月。人们追寻那场劫难的根源,并上溯 50 年代末以来几十年间,中国人民经历的曲折、挫折、不幸的缘由。人们发现"神道"的沉重,"兽道"的施虐,"人道"的泯失。人的价值的跌落,展望社会主义现代化的建设,深感充分发挥人的积极性,尊重人、重视人之紧要。伴随着人的觉醒,是对马克思主义的重新发现。人们惊异地发现了一个不完全相同于传统诠释的马克思主义。一个不完全相同于长时间被歪曲、阉割了的、"掐头去尾"的马克思主义。一个准确完整的马克思主义,人在其中占有重要的位置,人道主义是题中应有之义。人们把马克思主义中长期被践踏的人道主义思想,从尘封的著作中发掘出来,给它以应有的地位,并把它作为一种评价标准,应用于社会主义的理论和实践。一些"掐头去尾"对待马克思主义的人,把马克思早期的,虽不成熟却是与晚年马克思一致的思想,如《1844 年经济学哲学手稿》排除在马克思主义之外;对晚年恩格斯的思想,如关于历史唯物主义的若干通信,漠然对之。完整地、准确地对待马克思主义,我们就会发现马克思主义出发点是人,是现实的人,实践的人。马克思主义哲学是历史哲学,它认为"整个所谓世界历史不外是人通过人的劳动而诞生的过程"。马克思主义的终结目标,就是要通过无产阶级的解放,达到全人类的解放,以实现共产主义,而共产主义是"十九世纪的伟大经济运动所引向的人道目标"，就是"在保证社会劳动生产力极高度发展的同时又保证人类最全面的发展"，如《共产党宣言》所说，是一个自由人的联合体，"在那里，每个人的自由发展是一切人自由发展的条件。"整个马克思主义的理论体系就是围绕着实现这个崇高的人道目标建立起来的。广义的人道主义是一种重视人的价值的价值体系、价值观念。马克思主义的世界观怎么能把这种价值评价体系排除在外呢？这种价值体系又怎么能仅仅局限在伦理道德观之内呢？我国历史上缺乏尊重个人发展的文化传统。但有久远的人身依附和专制主义的文化传统。在这种文化传统影响下，对于20世纪第二次启蒙运动汹涌而来的人的哲学潮流所作的抵抗，其顽强程度可以想见。迨至马克思祭辰一百周年纪念活动时，其冲突达到白热化的地步。令人欣慰的是，马克思主义人道主义思潮，愈来愈掌握了群众，二十年后，党中央在庄严的中央会议上提出了"以人为本"的口号，提出"坚持以人为本，树立全面、协调、可持续的发展观，促进经济社会和人的全面发展"的重要思想。根据党中央的建议，将"国家尊重和保障人权"写进了国家的根本大法，这应看作是新的启蒙运动的重大认识成果。

薛德震同志是我国著名哲学家、理论家。他熟谙马克思主义，而且具有与时俱进的品格。他在社会主义新时期理论上觉悟较早。在这场新的启蒙运动中，推波助澜，卓有建树。他在70年代末80年代初即单独或与人合作，对马克思主义人学理论作了较系统的论证。它不是静止的、教科书式的阐释，而是锋芒犀利的论战。他的文章有严谨的科学性，又有生动的论辩性，文章聚集还显示出系统性。薛德震同志在这场伟大的启蒙运动中所作的理论贡献，这本《人的哲学论说》便是史证。回首往事，斗争是异常艰巨的。当有人要"埋葬"马克思主义"异化"科学概念的时候，薛德震同志坚持不改对"异化"理论维护的初衷，这是要有点勇气与骨气的。薛德震同志是我同乡，我们曾共事于人民出版社，他的这本文集中的文章，过去读过一些，这次又集中读了一遍，深受教益，并感钦佩，这本文集在当下出版，正逢其时。

2004年3月于煮默斋

# 方厚枢 《为他人作嫁衣裳》序

从 1949 年 10 月中华人民共和国成立到 2004 年,新中国的出版业已走过了五十五个春秋,从 20 世纪 90 年代开始,在出版界的领导部门和部分老同志的倡议、推动下,对新中国出版史的研究工作有了可喜的成就。十多年来,不仅出版了王子野主编的《当代中国的出版事业》、于友先主编的《新中国出版五十年》、刘杲、石峰主编的《新中国出版五十年纪事》、袁亮主编的《中华人民共和国出版史料》(多卷集)、宋原放主编的《中国出版史料(现代部分)》(第三卷为中华人民共和国时期)、宋应离等编的《中国当代出版史料》等一批著作和史料集;同时还出版了一批出版界的老领导、老编辑、老出版工作者的个人文集,其中有在新中国担任国家出版行政管理机关历届领导人的胡愈之、叶圣陶、王益、陈翰伯、王子野、许力以、边春光、陈原、王仿子、宋木文、刘杲等,还有一些曾在编辑出版部门长期辛勤耕耘和默默奉献的老同志,他们在职时以全部身心为多出好书或者为出版单位的经营管理费心操劳,直到离退休后,才有时间将过去的亲身经历、工作成果以及在编辑、出版工作实践中的心得体会等文章汇编成集。这批长期在出版界工作的老同志的编辑出版文集,所收集的在新中国各个时期的论述,不仅对当时出版业的发展起过积极的影响和指导作用,而且对当今的出版业也有认识、借鉴意义。其中有些论述经过多年的历史检验,至今还有较强的生命力;有些论述难免带有时代的痕迹和历史的局限性,但对后人研究新中国半个世纪的出版史也有有益的参考价值。

薛德震同志最近辑录成书定名《为他人作嫁衣裳》的编辑出版文集,是他在编辑出版岗位连续工作五十二年(其中有四十三年是在新中国成立后的第一家国家政治书籍出版社——人民出版社度过的)工作经验和成果的结晶。他是新中国自己培养出来的第一代编辑出版工作者,从出版社的一名普通校对起步,历经见习编辑、助理编辑、编辑、代理编辑组长、编辑室主任、副总编辑,直到担任了近十年的人民出版社社长兼总编辑,是一步一个脚印地经历了编辑出版工作的全面锻炼而成长起来的。他在这本文集中所反映的工作经验和思考所得,可以说凝聚了新中国老一辈编辑出版工作者所共有的那种认真、严谨、殚精竭虑,全心全意将全部智慧和精力贡献给人民出版事业的一种可贵的奉献精神,值得当今和后来的编辑出版工作者继承和发扬光大。

薛德震在完成繁重的编辑出版业务和行政领导工作的同时,还勤于思考、重视经验的总结、潜心编辑出版工作的理论研究。在这本文集收集的学术论文,如论述《编辑工作在社会中的地位和作用》、《社长总编辑的社会角色及其职责》、《知识经济与中国的出版业》、《坚决贯彻执行党的宣传出版方针》、《对当前出版工作的一些思考》、《更新知识结构,建立新的知识体系》等,都是他在编辑出版工作的切身实践中认真思考得出的经验之谈,具有普遍的理论学术意义。

薛德震于 1988 年 11 月接受新闻出版署任命为人民出版社社长兼总编辑时,这家老牌出版社正面临着严峻的形势:我国的经济体制处于由计划经济体制向社会主义市场经济体制的转换期,新的社会主义市场经济体制尚未完全建立与健全,旧的计划经济体制在一些地方还起作用。从 20 世纪 80 年代中期以后,与人民出版社性质相近的出版社纷纷成立,人民出版社原来承担的出书范围不断被分割出去,生存空间逐渐缩小,日子过得相当艰难。具体的表现之一是:新书的征订数连续下降,最多的征订数仅有 2000 多册,少的只有几百册。全社出版的学术著作面临更加困难的境地。1986 年出的 100 种书中,赔钱的就占 86%,1987 年出版 72 种,有 89% 赔钱,两年内仅学术著作一项亏损 72.5 万元。面对这样严峻的困难局面,薛德震没有气馁和退缩,他带领新一届领导班子一班人,向全社同志提出:一方面要有强烈的忧患意识和危机意识,从而产生强烈的紧迫感和责任感;另一方面鼓励大家不要垂头丧气,失去信心,而是要振奋精神,迎接挑战,克服困难,开拓前进。社领导提出扭转困难局面的设想,一是进一步明确出版社的性质,创造较好的外部环境；二是通过深化改革，建立新的运行机制，搞活出版社。经过全社同志的努力，出版社的工作逐渐有了起色，每年都有所前进。从1988年11月到1998年7月，薛德震作为人民出版社的法人，与领导班子的成员团结拼搏，在前一届领导班子创造的较好的工作基础上，在中央宣传部和新闻出版署的正确领导下，依靠和团结全社职工，紧跟国家改革的形势，集中精力抓了目标管理责任制和劳动、工资、人事三项制度的改革以及党的建设、队伍建设、精神文明建设，较好地完成了党和人民赋予的编辑出版任务。他们在工作中始终坚持为人民服务、为社会主义服务、为党和国家的工作大局服务的出版方针，弘扬主旋律，兼顾多样化，实现了较好的社会效益和经济效益。十年来共出版新书1848种，重印书941种，其中有207种图书获得国家级和省部级以上的奖励。十年中共实现利润总额5321万元，减去上缴国家的所得税2103万元，税后留利3218万元。1992年和1997年人民出版社连续两次被国家人事部和新闻出版署评为全国出版系统先进单位；1993年被中央宣传部和新闻出版署评为全国首批优秀出版社。

近年来，为了促进对新中国出版史的深入研究，出版界有些研究工作者提出加强对出版界的个案研究的建议，通过对某些出版单位内部详细、真实的材料作深入具体的研究，或通过某些同类型的出版单位的横向比较、分析，找出共同带有规律性的问题。从这些实际情况的叙述中，可以清晰地了解到出版社十年来是如何从困境中逐步走向持续发展的历程，其经验和教训对于其他出版单位是很有借鉴价值的。

我有幸在薛德震这本编辑出版文集问世之前看到全书的清样，成为这本书的最早读者之一。读完全书后，我从研究新中国出版史的角度，认为这是一个出版史研究中具有丰富内容和特色的"个案"，值得向出版界的同志和对新中国出版史研究有兴趣的同志推荐，并真诚地期望这类著作今后能更多地出现。

2004年7月1日

# 高 放 《人的哲学论纲》序 独立研究人学的最新成果

## 一、我国人学的兴起和本书作者的投入

1978 年年底我们党的十一届三中全会端正了党的指导思想和基本路线之后，真正迎来了我国哲学社会科学的春天。有越来越多的新见解、新学科如雨后春笋般迸发出来，节节成长。其中有一门研究作为个体的人的学科——人学也在 80 年代初应运而生。"人学"，作为新学科、新名词最早出现在 1988 年 6 月 6 日《人民日报》上（吉林大学高清海、孟宪忠发表《从对人的研究到人学》一文，主张建立相对独立的人学）。那么，人学与哲学究竟是什么样的关系呢？我国学者在研讨中大致有四种看法。第一种认为人学是哲学的一个分支，第二种主张哲学就是人学，第三种表明以往哲学不是人学，哲学的当代形态应该主要是人学，第四种是把人学视为结合哲学与人文科学、社会科学、自然科学三大门类科学的交叉学科。我同意第一种看法。但是由于以往不研究人学，哲学只限于研究自然、社会与思维发展的一般规律，所以哲学有很大的缺失，以致无法充分发挥哲学的社会功能。所以当今要特别重视加强研究人学，要把人学列为哲学的一个重要分支、重点学科，大力促其繁荣昌盛，这样才能实现马克思早在 1843 年《〈黑格尔法哲学批判〉导言》中提出的理想，使哲学成为无产阶级和全人类解放的"头脑"和"精神武器"，亦即使哲学成为人人争取解放的"头脑"和"精神武器"。好在近二十多年来，我国学者已经发表、出版了大量人学的论文与专著。1997年北京大学建立了人学研究中心，2000 年进而成立了中国人学学会，迄今

会员已有二百三十多人。从 1997 年起每年都举行一次全国性的人学研讨会。中国人学学会秘书长、中共中央党校韩庆祥教授在《发展中的当代中国人学思潮》中披露,据不完全统计,自 1985 年至 2001 年我国发表的相关人学的文章有二千九百多篇,相关专著一百三十多部①(经向韩庆祥教授咨询,2001 年以来人学论著的数量尚未有人作过统计)。可见,在社会主义改革开放和现代化建设大潮带动下,随着我国人的解放程度的逐步提高,我国人学昭然兴起,成果愈益增多,"人学热"在不断升温。

令人高兴和欣慰的是,除了哲学专业工作者之外,社会各界还有不少热心人士都很关注而且投入了人学的研究。本书著者薛德震同志是当代我国著名出版家。他早在 1947 年,15 岁就投身革命,在华中新华书店工作,开始了编辑出版生涯。他自 1956 年起,在人民出版社历任编辑、哲学编辑室主任、副总编辑、社长兼总编辑、编审。他一辈子为人作嫁衣裳,1996 年被中共中央国家机关工委评为"优秀党员行政领导干部"。难能可贵的是他在繁重的编辑出版工作和党政领导工作之余,毕生"爱智",对哲学有浓厚兴趣,这甚至影响他一生的各个方面。1979 年他为参加"建国三十周年学术讨论会",曾经写出第一篇人学论文,题为《马克思主义的人性论初探》,文中开宗明义,旗帜鲜明地提出:长期"左"的路线,所造成的"谈人色变"的局面一定要打破。自 1999 年离休后,他能够集中更多时间从事哲学研究。今年年初,他亲自把新写成的《人的哲学论纲》专著打印稿送到我家。其实我并非哲学和人学的专门研究者(尽管在马列主义理论课教学生涯中,有几年我也讲过哲学课)。如他所言,出于对我的敬重和我们之间的神交,他一定要我对他的书稿多提批评意见,并且还要我为之写序言。真可谓"同声好相应,同气自相求"(晋·杨方《合欢诗》)。为了不负好友重托,我在 2 月住医院更换心脏起搏器期间,细心拜读了二十多万字的书稿。3 月初,他又光临寒舍,认真记下了我提出的点滴管见。随后他患肺炎加心衰,住了个把月医院。康复后他即修改书稿,并且联系好将由人民出版社出版,已获得三审通过。6 月间他寄来修改后的《自序》和封面设计,又催我写序。不巧我

---

① 见《理论视野》(北京),2002 年第 6 期,第 35 页。

正忙于审读、修改我牵头主编的《科学社会主义的理论与实践》教材第四版的校样。赶完紧急任务之后,我即重读书稿,反复考虑如何来写这篇序言。

## 二、本书的四个突出特点和优点

从丰富、发展人学以及发挥人学作用的角度着眼,我认为本书有以下四个突出的特点和优点。

第一,本书是著者长期独自钻研人学、独力撰写成书、独具匠心、独树一帜的大作。他从1979年夏天撰写上述第一篇人学论文起,连续不断就人的本质、人的需要、人的劳动、人的价值、人的责任、人的发展、人道主义、人的解放等诸多问题发表过多篇文稿。这些问题可以说都是他经历了几十年的政治风浪、积累在心头、深感必须从哲学的高度加以明辨是非、澄清正误的重大理论问题。他是从社会实际出发,从个人感情出发,来深入探究人学问题。在发表个人论文之外,1986年8月他与中国人民大学一位哲学系博士生合著的《社会与人》一书,由山西人民出版社出版。这本书很受好评,《人民日报》、《博览群书》等报刊曾发表书评,肯定此书是"把人的问题的研究具体化的可贵尝试","具有一种鲜明而强烈的时代感","具有某种创新的性质","理论上的丰满性和处处体现出来的现实感,令人印象深刻。"去年8月中国社会科学出版社出版了他的文集《人的哲学论说》,收入他多年来发表的四十二篇文稿,共有三十五万余字。我拜读之后,曾经于今年初应约在《南方周末》上作为去年我所读到的四本好书之一,向读者推荐,指明这本书并不是大讲艰深玄妙的哲学原理,而是通俗易懂地细讲人人关心的人的解放问题,全书敢于纠正"左"的观念,敢讲真话。现在作者又出版他的《人的哲学论纲》专著。回顾近二十六年来,他由发表单篇论文到出版合著、文集和专著,连登三个台阶,这三本书是他对我国人学三个里程碑式的独立贡献。尤其是这一本专著,正如他在《自序》和《跋》中所说:本书是"汲取了实践的发展、认识的提高、思维方式的进步的新成果",是"学术上升华的过程","是在二十六年思想苦旅的基础上写成的,是对以往研究成果的一次深化和系统化,增强了内容的逻辑性和系统性。"最为难得的是本书并非综合别人研究成果的普及读物,也不是参照吸纳别人成果的一般论著,而是二十六年来个人潜心思考、日积月累、最终汇总的学术精品。我曾经向他提到我手边收藏和我读过的几本人学专著,他坦承因忙均未见过。看来他研究人学是有感而发,有的放矢,一马当先,单枪匹马,长驱直入,硕果累累。这在我国人学学界是颇具特色的。

第二,以发展着的马克思主义为指导,结合当今实际,深入钻研人学。西方的人学,最早起源于古希腊的亚里士多德,从 15 世纪文艺复兴开始,人学逐渐形成一门学科,17 世纪初英国唯物主义哲学和现代实验科学始祖弗·培根最早把哲学分为自然哲学、人的哲学和公民哲学。到 19 世纪马克思主义、科学社会主义诞生之后才真正对人学作出世界观与价值观相统一的科学说明。可是后来苏联模式的社会主义却严重背离了马克思主义,在理论和实践上都践踏了人学。所以当今首要任务是重新认识马克思主义人学观。本书第一章、第二章,从考察马克思恩格斯的一系列代表作入手,说明了人在马克思主义唯物史观中居于中心地位。既要实现受压迫的现实人的解放、又要促进未来理想人的成长,这是马克思恩格斯创立唯物史观的出发点和目的。马克思主义是真正以人为本的科学观,科学的人本观是唯物史观中的一根主线。依据马克思主义的科学人本观,人既是真实的研究客体,又是社会发展的主体,更是客体与主体相统一的产物。人作为客体,体现了社会发展的客观规律性;人作为主体,包含着人的自觉能动性;人作为主客体的统一,表现出人的主体活动要深化认识并且自觉顺应客观规律,这样才能顺利推动社会不断前进。马克思主义人本观所讲的人,并不是旧人本主义所谓的"一般的人",即抽象的人,而是活生生的具体的人,历史的现实的个体的人,既是你、我、他,又是你我他相统一的人,还包括未来有待培养的理想型的新人。以往受"左"的路线干扰,正是忽视甚至背离了对具体的、个体的人的研究、尊重和关怀,才造成重大灾难。当今只有以马克思主义人本观为指导,我们才能真正建立和发展马克思主义人学。

第三,对人学的基本问题提出了自己较为系统的观点,能够自成体系,自圆其说。人的存在首先必须吃、喝、住、穿,所以人学首先要从研究人的需要入手。本书关于人的需要部分,我感到写得最充分、最深刻。马克思认为人的本性、本质就是人的需要。对满足人的吃、喝、住、穿、用各种物品的需要,这是人最基本、最简单、最低层次的需要;文化、艺术、宗教、科学等等则是人的精神发展的需要;社会、政治、法律、国家等等都是人的需要发展的产物。书中指出,人的需要具有五个辩证的特性:一是客观性及其主观表现形式,二是物质性及其无限丰富趋势,三是个体性及其社会存在形态,四是能动性及其实践过程,五是内在必然性及其外部制约。人为了满足自己的需要,就要进行生产劳动和各种实践活动。因此人的劳动创造活动是人类社会发展的根本动力,也是人类自我发展的根本动力,由此引发出生产力、生产力与生产关系矛盾运动,阶级斗争、进步的社会意识等等也都是社会发展的动力。人的需要和人的劳动、活动还派生出人的价值与人的责任问题。人为了追求提高自我价值,为了对社会、对自己尽责任,就要努力达到人的全面发展,就要全面提高人的素质,最终实现人的彻底解放。所谓人的彻底解放就是做到人对自然、对社会和对自身发展规律的把握,做到人与自然、与社会、与自身的和谐发展。而这三者的和谐发展又是与物质文明、制度文明和精神文明这三个文明建设有着内在一致性和互相促进的辩证关系。人的解放就是人从必然王国到自由王国的飞跃,就是达到人的全面而自由的发展,造就理想的"自由人",建立"自由人联合体",实现世界大同和社区高度自治,过着美满幸福的生活。总而言之,人的哲学就是人学,人学是研究人的存在、本质和发展的规律的科学。从人的需要入手研究,最终实现人的彻底解放,本书对人学一系列问题一环扣一环递进的阐述与分析,对人们是很有启发的。

第四,对我们党提出的"以人为本"的科学发展观,从理论的高度作出了全面的、有力的论证。2003年党的十六届三中全会的决定提出了"坚持以人为本,树立全面、协调、可持续的发展观,促进经济社会与人的全面发展。"以人为本的科学发展观,在理论上既是坚持了马克思主义唯物史观的人本观,又是在当今时代结合中国特色社会主义现代化建设实践对马克思主义重大的新发展。对"以人为本"的发展观,本书从以下四个方面进行论证。第一,从哲学上说"以人为本"就是以人为本位,因为世界是属于人的,只有人能够利用、改造世界,而且人能够有意识、有目的地为了自身的需要去改造世界,人的智能的发展是无限的。第二,从经济上说"以人为本"就是一切生产都要以满足人的需要为目的,而且人在发展生产时一定要注意节约资源和劳动,保护生态环境,既要满足当前需要又要保持可持续发展。第三,从政治上说,"以人为本"就是要让人民成为我们社会主义国家真正的主人,官员应是为人民服务的公仆,要协调好社会群体间的矛盾,保持社会稳定,防止出现新的社会对抗。第四,在伦理道德上说"以人为本"就是要把人当作人来对待,切实尊重和保护人权,切实贯彻实现宪法所规定的人民享有的十项社会主义自由权利,政党、政府和所有掌权者都必须切实遵守宪法。我在这里还可以补充一点意见。从人学上说"以人为本"就是要大力贯彻科教兴国战略和人才'强国战略,大力加强社会主义精神文明建设,大力发展各类教育(学校教育、社会教育、家庭教育),大力提高人的素质,使越来越多的人成为全面发展的自由人。作者在《自序》中说"本书以坚持以人为本,实现人的全面发展为核心主题",是很恰当、很有现实意义的。书中还阐述了"以人为本"的科学发展观是对我国社会发展动力系统的全面开发。作者把我国社会的发展动力作为一个复杂的大系统,进而又细分为动因、动能、动力三个子系统。动因是满足人的物质文化生活的需要,动能是提高人的科学文化素质、健康素质、思想道德素质和促进人的思维方式现代化,动力是以经济建设为中心,进一步深化经济体制改革,完善社会主义市场经济体制,继续推进政治体制改革,加强党的执政能力建设,继续推进文化教育各方面的体制改革和制度创新。在这动因、动能、动力三个子系统中,一以贯之,始终贯穿贯彻"以人为本"的科学发展观。这是从初级阶段社会主义社会发展的总进程来考察"以人为本"科学发展观的指导作用,概括与分析是很精要、很透彻的。总之,阅读本书对于深入领会我们党所提出的"以人为本"的科学发展观,是很有帮助的。

## 三、有待进一步充实和探讨的人学问题

　　作者在《跋》中写道:本书"只是一个初步的探索。我并不认为我的这

个逻辑系统及其中的每一个论点都是绝对正确、完美无瑕的。"这样我就敢于不揣冒昧,在充分肯定作者的成就和本书的特点与优点之余,吹毛求疵,再谈些本书的不足之处。

人的劳动的变化以及如何"消灭劳动"(马克思语),人的智能的发展及其与人工智能的关系,人性的善恶及其由来、表现、利害和消长,人性与人民性、阶级性和党性的关系,人的权利与义务(本书提到人的责任)及其发展变化,人与人关系的准则及其发展变化,人作为社会发展动力如何再区分为启动力、原动力、主动力和推动力,人如何由兽性人、异化人、畸形人到完美自由人的发展变化,苏联模式的社会主义如何改造人、培养人,又压制人、摧残人,当代资本主义世界人的变化局限性和未来趋势,所有这些人学涉及的重要问题,本书都写得不够充分,不够集中,有的甚至没有论及。深望作者再接再厉,继续研究。

本书论及的有些问题,还有待进一步探讨。这里仅举一例稍加申述。党的十六大文件和新党章提出社会主义物质文明、政治文明和精神文明建设。而本书论述了社会的全面进步包括这样三个文明建设,即物质文明建设、制度文明和精神文明建设。这两种说法涉及政治文明与制度文明的异同以及两者关系问题。这里要稍为回顾一下我自己对这一问题认识的变化过程。早在1986年10月我学习党的十二届六中全会《关于社会主义精神文明建设指导方针的决议》时,就已感到只讲物质文明与精神文明是不够全面的,因为这两个文明涵盖不了政治文明。所以我当时应《红旗》杂志之约,在撰写的《在精神文明建设中要认真学习马克思主义》一文中就大胆提出:"社会主义精神文明在整个社会主义建设中占有重要战略地位,它与物质文明、政治文明一起构成社会主义社会鼎足三分的三大支柱。"①到1996年4月我对《理论视野》记者就《"讲政治"和中国政治建设中的若干问题》发表谈话时,进一步说到:"我以为制度文明是一种相对于物质文明和精神文明而独立的文明,而在制度文明中政治文明又很重要。""不加强政治体制改革,不加强政治文明建设、制度文明建设,只加强精神文明建设很难奏

---

① 见高放著:《马克思主义与社会主义》,黑龙江教育出版社1994年版,第76页。

效,因此这些问题就必然会被提到议事日程上来。"①我当时虽然已经把制度文明与物质文明、精神文明并提,同时又认为制度文明包括政治文明在内,但是并没有完全说清楚制度文明与物质文明、精神文明、政治文明三者的关系。应该说制度文明除了指政治制度文明之外,还包括物质制度文明(如经济制度)和精神制度文明(如文化制度)。所以从某种意义上说,制度文明是比物质文明、政治文明和精神文明更高、涵盖面更广的概念。制度文明固然也具有相对独立性,但是它是各自包含在物质文明、政治文明、精神文明之中。如果离开了物质文明、政治文明和精神文明,缺失这三个文明的内容,那么制度文明就会架空了。从这个意义上说,制度文明又是这三个文明的重要表现形式。本书作者也认为"制度文明建设,主要指经济、政治、文化等各种体制的现代化,也就是我们通常所说的各种体制改革。"按这种理解,制度文明岂不是包括物质制度文明(经济制度)、政治制度文明和精神制度文明(文化制度)吗？所以我认为,可以单独强调当今制度文明建设的重要性,然而政治文明还是应该与物质文明、精神文明并列为文明建设的三大支柱或三大系列。政治文明的内容,除了政治制度之外,还有政治斗争、政治活动、政治谋略、政治方向、政治立场、政治艺术等等,这些都不属制度文明、物质文明、精神文明范畴之内。

唐朝刘禹锡在《酬乐天咏老见示》中留下名诗佳句:"莫道桑榆晚,为霞尚满天。"学术研究无止境,但愿薛德震同志老当益壮,不懈探索,期待他继续推出新的学术论著,为繁荣学术更多作贡献。

夏日炎炎,热气腾腾,遵命为序,勉力草成。匆匆急就,难免失慎,不当之处,敬请指正。

(2005 年 7 月 14 日至 20 日

于中国人民大学寓所顶斋)

---

① 见高放著:《政治学与政治体制改革》,中国书籍出版社 2002 年版,第 909、918 页。

# 胡义成 《以人为本:国内外有关
# 学术争鸣述评》*

在提出和落实科学发展观时,明确申言"坚持以人为本",是胡锦涛同志为总书记的党中央在理论与实践结合上的一大创新。

本文着重从哲学理论研究的角度,简要述评国内外围绕"以人为本"问题展开的相关学术争鸣。

## 一、国外发展观研究新动态

作为人道主义的一个根本命题,"以人为本"目前在国外首先是在发展观论争中被又一次突现出来的,故本文述评也先由此切入。

本来,在人类社会发展中,并缠着两个相对独立的历史过程,即社会经济发展和人的发展。传统发展观只强调经济增长,使资源危机严重。近二三十年,出现了可持续发展战略。其哲学奠基者之一的海德格尔(Heidegger)认定,资源危机、严重生态环境恶化是"人类中心主义"的恶果,故应反对以人为中心的人道主义。这在某种条件下可能导致忽视人的发展。上世

---

* 《西北大学学报》刊发本文时,编者在文前加了这样一段摘要:"以人为本"目前在国外首先是在发展观论争中被凸现的。离开生产力标准,抽象呼求自由、平等和人权是西方人道主义的老毛病。在国内,周扬等人倡言人道主义,而胡乔木和黄楠森等先生从历史观上否定人道主义,形成两种意见。黄先生至今对"以人为本"的理论怀疑陷于过时模式,而薛德震先生对他的批评是有道理的。

纪最后一二十年,在发展观方面出现了以人为中心的世界性思潮。它与可持续发展战略或合或分,形成了发展观理论主流。

在联合国推动下,1992 年形成的《21 世纪议程》是全球可持续发展的总纲领。几乎与此同时,1994 年开罗人类发展大会,1995 年哥本哈根世界发展首脑会议,把"以人为中心"提升到发展观高度。看得出来,"以人为中心"的提法也是对海德格尔哲学的纠校。但对中国来说,它又是不甚确切的命题,应表述为"以人为本"。1997 年,联合国计划开发署首次以人的发展指标发布《中国人类发展报告》,把中国排在 175 个国家中的第 108 位。

美国舒尔茨(Schultz)"人力资本理论"获诺贝尔经济学奖,是推动全球经济发展移向以人为本的又一理论诱因。

# 二、国外对以人为本的研究概况

作为人道主义的根本点,"以人为本"历史不短,流派纷呈。在西方,目前它在哲学理论上主要表现为"哲学人本学"和"西方马克思主义"。离开生产力提升而抽象地或超现实地吁求人的自由、平等和权利,是其理论特征。可以说,这也是西方人道主义或人本主义思潮的一个难以改悔的老毛病。

只注目经济增长,在理论上基本无视人的发展、否定以人为本,是苏联斯大林时代发展观的特征。但后来它却跳到另一极,又离开经济建设为中心而大讲人道主义和人权。戈尔巴乔夫"新思维"是其典型。它离开主客体互补的生产力标准而大讲人权和自由、平等以及人道主义,把人们的"胃口"吊得太高,是导致联盟解体的理论诱因之一。

苏联斯大林时代的哲学教科书体系反对"以人为本"的一个理论代表,是法共哲学家阿尔杜塞(Althusser)。他的思路特征之一,是以研读马克思《资本论》为名,绝对割裂、对立撰写《资本论》的晚年马克思和撰写《1844年经济学哲学手稿》的青年马克思。事实上,《资本论》继承了《手稿》的人道主义,不仅不是反人道主义的著作,而恰恰是一本论证和应用马克思主义人道主义的巨著①。阿氏的思路,不仅在理论上是荒谬的,而且在政治上,它的负面影响还在于它以共产党理论家研究成果的名义,败坏了马克思主义哲学的声誉。

匈牙利哲学家卢卡契(Lukacs)是苏联阵营在以人为本研究上摆动于两极的理论代表。作为"西马"鼻祖,他在年轻时所撰《历史和阶级意识》倡言人道主义,虽有合理成分,但完全离开经济发展片面地空想地吁求人道主义,陷入谬误。其晚年所著《社会存在本体论》又反对以人为本,从而又陷入另一种谬误。

此外,在国外有影响的一些研究历史唯物主义的论述,如哈贝马斯(Habermas)的《重建历史唯物主义》,柯亨(Cohen)的《马克思的历史理论》,莱尔因(Larrain)的《重构历史唯物主义》等,也均只讲社会经济发展,不讲人的发展,难以适应时代对以人为本的呼唤。

北欧某些社会(民主)党及其理论家,一方面着力促进经济发展,另一方面又在理论上明确皈依以人为本,且有老练操作,执政绩效不错,很值得我们注意和借鉴。

## 三、国内上世纪后半叶人道主义讨论简况

20世纪60年代在"反修斗争"中,周扬先生的讲话使中国论界曾把人道主义作为修正主义基本观点加以批判。一些学者当年出于"反修"也都这样或那样地予以配合,发表或演说过全盘否定人道主义的言论。"文革"中的"四人帮"更以反人道主义起家。张春桥就曾以批判资产阶级法权为名,把人权理论搅得令人啼笑皆非。姚文元的文艺评论和后来的政论,也都是以凶狠批判自由、平等、博爱、人权和人道主义而被钉在理论耻辱柱上的。

---

① 胡义成:《人道悖歌——马克思主义人道主义新论》,华夏出版社1996年版。

中共十一届三中全会以后,几乎与于光远提倡生产目的问题讨论同时,周扬先生吸取当年反修中的理论教训,宣传以人为本的人道主义,但又由于离开向市场经济转轨,仅仅从哲学抽象理论层面提出和表述问题,把人们的"胃口"吊高,也存在消极面,不是不可以批评。但论争中的胡乔木先生以及黄楠森先生等学者,也完全离开中国向市场经济转型及其必然呼唤人道主义的规律,完全否定作为历史观的人道主义,在当时制造了一些思想偏见。其中包括竟然否认现实的人是马克思主义的出发点,否定马克思的"异化"理论。今日看来,这种"两极"只不过是国外"两极"在国内再现,在理论上原创不多。如果论战双方当时使哲学论战与经济实践分析相结合,像马克思那样先在经济学—哲学层面解决问题,那么,结论可能不会那样令人遗憾。在此之后,薛德震先生一直在为马克思主义人道主义进行辩护;本人与周黄思路不同,着力在经济哲学的层面上说明人道主义和人权是适应市场经济的意识形态,强调并肯定马克思主义人道主义,并把人的全面发展与市场经济推进相关联,同时力主用以人为本缓止市场经济必然产生的异化,形成了一定影响。本人当年还公开发表文章,点名批评权威论者把历史观与伦理观割裂对立、否定现实的人作为马克思主义出发点、无视马恩对人道主义肯定的大量言论而误认马恩后期完全否定人道主义的理论失误等,受到广泛注意。在文艺界,王蒙后来发起的人文精神讨论以及哲学界的"人学"研究中的许多内容,特别是韩庆祥等先生的见解,作用都是积极的。

事实上,当年"两极"论争之后,坚持人道主义和否定人道主义的论战一直未结束。仿照阿尔杜塞思路,把《1844年经济学哲学手稿》代表的青年马克思和《资本论》代表的晚年马克思绝对割裂对立起来,只是有限定地在伦理观上承认人道主义而在历史观上全盘否定人道主义;断章取义地引用马恩片言只字,完全否定现实的人是马克思主义出发点的正确命题;几乎全盘否定马克思主义发展史上所有倡言人道主义的思潮和理论,认定苏联的解体仅仅是由于当时的苏共领导宣传了"人道的民主社会主义";这样或那样地仍把人道主义和人权视作西方资本主义和资产阶级的专利品,等等,仍然在理论界长期盛行,几乎成为主流。有一些上世纪80年代初在批判周扬先生时很活跃的论者,连篇累牍地写书发文章,各有重点地传播上述看法,在理论界制造了一些混乱。只是由于党中央一再强调高举人道主义和人权旗帜,这些宣传才不能不有所收敛,相反的见解才得以与之抗衡。

# 四、近年国内关于以人为本的讨论

2001 年 7 月 1 日,江泽民同志根据"三个代表",在历史观层面,明确提出了社会经济发展与人的发展是"两个历史过程",以及人的全面发展是社会主义的本质要求的理论,大大深化和发展了唯物史观。从理论形态看,在把人类社会发展过程明确界定为"两个历史过程"的基础上,提出社会主义、共产主义的本质是人的全面发展,而不仅仅是社会经济(生产力和生产关系,经济基础和上层建筑等)发展,的确是马克思主义历史观上的一次大尺度飞跃。至少,它继承发挥了马克思的异化理论,彻底抛开了苏联教科书体系只讲社会经济发展而淡视人的发展的旧史观,使马克思主义哲学升华到新的境界。在后来的中国,"尊重人权"入宪,胡锦涛同志为总书记的党中央又提出了以人为本的科学发展观,使论界主流不能不实施转轨。近年,围绕上述理论创新,理论界展开了热烈讨论。薛德震的《人的哲学论说》、顾骧的《晚年周扬》、陈卫平的《人的全面发展是建设新社会的本质要求》、陈小鸿的《论人的自由全面发展》等专著,袁贵仁、夏甄陶、张奎良、韩庆祥、孙显元、俞吾金、丰子义、余培源、姜义华、赵卫等教授的大量论文,均围绕"以人为本"的命题,展开了十分有益的理论建设。一般认为,这种创新,立基于"两个历史过程"的新史观,在紧紧抓住经济建设中心的同时,进一步彰显了马克思主义及社会主义价值选择以人为本位的特质,把唯物史观理论和社会主义实践提升到了一个崭新境界,包括可望形成以"两个历史过程"为支撑的"以人为本"的当代唯物史观和发展观新理论体系;它也扬弃了国内外在人道主义问题上长期存在的"两极"对立,同时又吸收了两者合理因素,回归并创新了马克思主义人道主义,对中国共产党执政的合法性、合理性提供了最深层的哲学根据。

　　"以人为本"实际也是中国共产党在市场经济条件下提高执政能力的理论基础之一。这是因为,社会主义市场经济也是一种市场经济,而市场经济自身会离开人的发展而出现"异化"倾向;在市场经济条件下,共产党人要把人的全面发展作为根本目的,就必须采用"以人为本"的执政理念,在利用市场经济提升社会生产力的同时,尽量弱化、抵消市场经济的"异化"倾向。

　　从根本上看,作为社会经济发展的一种形式,市场经济之所以产生"异化",乃是由于它与人的发展是相对独立的两个历史过程;这两个历史过程互为前提和基础,但往往也存在差异,出现矛盾;"异化"即市场经济离开"以人为本"而呈现出的一种非人化状态,只能靠人们在发展市场经济的同时自觉坚持"以人为本"来纠校。提出"以人为本"的执政理念,是中国共产党人发挥马克思异化理论,认识政党执政规律的一大创造,其理论价值和实践意义都十分重大。有论者认为,它代表着中共在根本的哲学理论层面对阶级斗争为纲的彻底否定,是中共成为成熟的执政党的理论旗帜,显然是有道理的。

　　当然,马恩的著述不仅有对社会经济发展的唯物史观解剖,而且也有一些关于人的发展的唯物史观思路。其中包括,马克思以自然经济、商品经济和计划经济三大社会经济形态依次进化为据,说明人的发展的三大阶段,便是明显例证之一;《资本论》由于商品经济必然产生"异化"而全盘否定商品经济,也是它。"以人为本"但又离开主客体互补的生产力标准的体现之一,等等。应当说,马克思把社会经济发展视作人的发展的基础和前提,是对的;马克思对商品经济的全盘否定,则已被中国社会主义市场经济的实践所纠校。马克思在处理经济社会发展和人的发展的关系方面,并非完美无缺。中国的实践揭示出:"以人为本"必须以主客体互补的生产力大发展为前提和基础。中共坚持"以人为本"的执政理念,是与它倡言社会主义市场经济互补的。它一方面是对《资本论》以人为本选向的继承发挥,另一方面也包含着对其失误的纠正。其中包括,中共坚持"以人为本",包含着通过社会主义市场经济体制促进人的全面发展的内容,确实是大大地推进并发展了马克思学说。

应特别指出,中共坚持"以人为本"的执政理念,高明于费尔巴哈代表的抽象人道主义者和戈尔巴乔夫"人道社会主义"的要点之一,便是它同时坚持以经济建设为中心,而不是离开社会主客体互补的生产力标准抽象呼求人道主义以吊高人们的胃口;它超越马克思的要点之一,就在于它是在坚持社会主义市场经济的前提下,坚持"以人为本"的。正是在这个意义上,我们把中共"以人为本"视为马克思主义人道主义的当代形态。

在近年国内关于以人为本的讨论中,原来在历史观上否定人道主义的一些论者与时俱进地改变了观点。例如,王锐生先生便发表过一系列论文阐释以人为本的理论合理性;有篇文章标题便是《以人为本的社会历史观意义》①,重在说明以人为本也是唯物史观的根本原则,实际上也否定了自己以前关于人道主义只具有伦理观意义的旧见解;陈志尚先生主编的《人的自由全面发展论》一书,也在第四章专论"人的发展和社会发展的辩证关系",在第五章第二节专论"人的自由全面发展是社会主义的本质特征",等等,以人为本显然是被置放在历史观的层面上而加以肯定的。这些先生更新理论见解是好事,值得肯定。

在近年来关于以人为本问题的讨论中,黄楠森先生等也肯定党中央提出"坚持以人为本",但其在历史观上否定以人为本的人道主义的立足点未变,其代表的倾向仍显示出对以人为本的理论持疑。据我所见,这些理论怀疑主要是:(一)在明确承认以人为本即人道主义根本点的界定下,仍坚持历史观上的人道主义只能是历史唯心主义;(二)明确说以人为本会导向"把个人利益摆在首位";(三)认定不能把以人为本看作最高原则,否则便是错误地把马克思主义归结为人道主义;(四)仍然把以人为本与唯物史观、辩证唯物主义、"以人民为本"、"以社会为本"等割裂对立,同时明确提出不能以前者代替后者;(五)仍然把晚年马克思与青年马克思思想加以绝对化地割裂对立,仍然无视《资本论》坚持人道主义的事实,把它曲解为历史观上的反人道主义;(六)仍然基本否定马克思主义发展史上肯定人道主

---

① 王锐生:《以人为本的社会历史观意义》,《人民日报》2004 年 9 月 3 日。

义的历次思潮；（七）据此批评"不少中国学者"随声附和"西方马克思主义"①，等等。

黄先生对"以人为本"的这些理论怀疑，实际上都不能成立。其根本性的理论失误首先在于，由于完全抛开了马克思异化理论，他实际上在历史观上至今未能认同社会经济发展与人的发展是两个彼此相对独立的历史过程，两者既有统一的方面，也有对立的方面，这种对立会导向"异化"，应当用"以人为本"加以校正。看来，黄先生至今还不自觉地深陷于数十年前的人道主义是"资产阶级意识形态"的"反修"思路中，应当力求与时俱进才对。

薛德震先生是数十年一直坚持以人为本的著名学者。今年他又推出《人的哲学论说》②一书及一系列论文，一方面总结发挥自己数十年关于以人为本的人道主义的研究结论，包括从历史观层面，从人作为历史主体、客体和主客体统一体等方面，充分全面地论证以人为本在历史观上的合理性，包括从"两个历史过程"审视马克思异化理论的合理性；另一方面，他又针对黄楠森先生的以上理论怀疑，择其要者，一一加以澄清，包括明确指出黄先生提出的以人为本会导致"以个人为本"的推论是明显的误解，指出黄先生说社会主义只能"以社会为本"而反对以人为本是对社会主义本质的错解，指出反对"现实的人是马克思主义出发点"，是直接批评马恩，等等，获得了广泛响应。张奎良先生对叶汝贤先生的批评与黄薛争鸣相似。近来，《人民日报》也开辟《对话》专栏，《光明日报》的《学术》专栏，均就此展开了学术讨论。可以相信，通过学术争鸣，"坚持以人为本"必将进一步深入人心。

（原载《西北大学学报》（哲学社会科学版）2005 年第 1 期）

---

① 黄楠森：《以人为本凸显人道主义价值观》，《人民日报》2004 年 9 月 3 日；《马克思主义与人道主义》，《光明日报》2003 年 8 月 19 日；《马克思主义与"以人为本"》，《北京日报》2004 年 3 月 1 日。

② 薛德震著：《人的哲学论说》，中国社会科学出版社 2004 年版。

# 汪子嵩 执著的探索

## ——读薛德震《人的哲学论说》

收到薛德震同志的论文集《人的哲学论说》，读后仿佛回到二十多年前，那时我在《人民日报》理论部当编辑，这本论文集中好几篇文章是在我们理论版上发表的。20世纪80年代初期曾经发生过一场关于人道主义的大论争，薛德震是积极的参与者，这本书中许多文章都是为此而写的，现在许多人不了解这个背景，先作点简单介绍可能有助于理解本书的内容。

20世纪70年代末开始的"真理标准"问题的讨论，将一些被长期歪曲和颠倒的理论问题纠正过来，但是关于人道主义的问题，在当时还是不能碰的禁区，因为人只有阶级性，而人道主义讲的据说是抽象的人性，是反动的，社会主义不能讲什么人道主义。虽然经过十年"文革"，任何人都随时可以被侮辱、打骂、迫害以至死亡；每个人的人格和尊严都被湮灭；人人心里都在痛恨这种湮灭人道的局面。记得当时有位搞外交工作的同志对我们诉说，他们参加国际会议时感到最为尴尬的是：当别国代表大谈人道主义的时候，我们既不能表示赞同，又实在无法站出来驳斥。薛德震将当时这种情况形容为"谈人色变"，确是史实。正当这时候，我们收到一位哲学家送来的文章《人道主义就是修正主义吗？——对人道主义的再认识》，文章认为"人道主义就是主张要把人当作人来看待，人本身就是人的最高目的，人的价值也就在于他自身"。这篇文章在1980年8月15日《人民日报》理论版发表后，立即受到广大读者的欢迎赞许，当时主管理论工作的胡乔木也说这篇文章"写得很好"，它被编辑部评为"1980年好文章"奖。从此，理论界以为会开放一些了，陆续发表许多讨论人和人道主义的文章。薛德震的《马克思主义的人性论初探》和《"人"在马克思主义哲学中的地位》等都是在这时候较早发表的,他提出了"我们可以说,马克思主义哲学就是有关人的解放的哲学。'人'既是马克思主义哲学的出发点,也是它的目的"等论点。①

　　可是到 1983 年,情况发生了人们完全没有料到的突变。在那年 3 月 8 日举行的纪念马克思逝世一百周年学术讨论会上,周扬作了《关于马克思主义的几个理论问题》的报告,其中主要是谈关于人道主义和异化的问题。在"文革"以前,周扬同志是党内文化领域的主要负责人,"文革"前夕,中央发表多篇批判苏联"修正主义"文章的时候,周扬也奉命作过批判人道主义的报告,甚至将苏联在揭露斯大林肃反等问题后所提倡的人道主义思潮,也批判为"修正主义"。但经过"文革"中长期被监禁在秦城监狱的痛苦与奇异的生活后,他对自己过去的"左"有了深刻的反思。我记得 1978 年在一次全国性讨论"真理标准"的会上,有人说这个问题"是学术问题,不是政治问题",要将这场讨论引入歧途。正是周扬同志立即站出来,义正辞严地指出:"真理问题的讨论,是关系我们国家和党的前途命运的重大政治问题"。在许多会议上,他公开向当年被整的同志道歉,承担并检讨他自己的错误。在一次中宣部的会议上,他公开宣布自己过去批判人道主义是错误的。正因为他不断深入探索产生这些错误的根源,所以在这次报告中,他选择了人道主义和异化作为主题。他在报告中说:"由于民主和法制的不健全,人民的公仆有时会滥用人民赋予的权力,转过来作人民的主人,这就是政治异化,或者叫权力的异化。至于思想领域的异化,最典型的就是个人崇拜。这和费尔巴哈批判的宗教异化有某种相似之处。所以,'异化'是客观存在的现象。我们用不着对这个名词大惊小怪。彻底的唯物主义者应当不害怕承认现实。承认异化,才能克服异化。"当时到会的听众,包括许多老干部,都为周扬同志这种爱国爱党、无私无畏的精神所感动,全场报以长时间的热烈掌声。

　　事情发展却出人意料,接着便批判了周扬的讲话。由于《人民日报》发表了周扬讲话的全文,事情的结局是:人民日报社长胡绩伟被迫辞职。周扬则被勒令检讨,他不愿意,认为自己没有错误;经人劝告要他"顾全大局"

---

① 薛德震著:《人的哲学论说》,中国社会科学出版社 2004 年版,第 42 页。

后,才不得不违心地作了检查,承认"犯错误"。从此他郁闷在心,病势恶化以至不起。跟着来的一连串运动是大家都晓得的。

在此前后,薛德震在探讨马克思主义的人道主义学说时,也多次讨论到马克思的劳动异化论,他指出,"异化"这个概念,马克思在《资本论》第一册中将它界定为:"这是物质生产中,现实社会生活过程(因为它就是生产过程)中与意识形态领域内表现于宗教中的那种关系完全同样的关系,即把主体颠倒为客体以及反过来的情况。"①在资本主义的生产关系中,由工人创造的劳动产品却被资产者拥有,反过来成为剥削和奴役工人的异己力量。在政治上,人民中产生出来的某些官员,由于掌握了政治权力,便反过来成为人民的主人。宗教上的神本来是人自己制造出来的,反过来人只能低头膜拜。这些就是异化。薛德震认为:马克思的"劳动异化论为剩余价值学说和唯物史观的创立作了理论准备;唯物史观和剩余价值学说是异化劳动论的逻辑的必然的结论。"②当时理论界有所谓两个马克思即"青年马克思"和"老年马克思"的对立的说法,说异化概念是青年马克思不成熟时期所使用的,在他成熟时期的著作中已经抛弃异化等概念了。为此,薛德震专门写了《驳在异化问题上所谓两个马克思对立的观点》,他具体分析了马克思在成熟时期的三部巨著,《政治经济学批判》、《剩余价值理论》和《资本论》,其中并没有放弃异化概念,只是在用语的精确性以及理论的广度和深度方面,比他的早期著作《1844年经济学哲学手稿》有所提高和发展,"但在其基本立场和观点,在其精神实质方面则是一脉相承、基本上一致的。"③

过了二十年以后,现在国内情况发生了很大的变化,人和人道主义的问题已经是理论界热烈讨论的话题,这是不可避免的,现代文明社会不可能关起门来建设,必须与世界相通,不过换了一个概念,叫"以人为本"。以人为本,就是说人是最根本的,是中心。它和人本主义、人道主义其实是同一回事,翻译为英文,同为 Humanism。薛德震在参加"以人为本"的讨论时,写了一篇简短的回忆文章《我参与讨论胡乔木论异化的文章》,发表在 2004

---

① 《马克思恩格斯全集》第49卷,人民出版社中文第1版,第49页。
② 薛德震著:《人的哲学论说》,中国社会科学出版社2004年版,第199页。
③ 薛德震著:《人的哲学论说》,中国社会科学出版社2004年版,第195页。

年第 3 期《炎黄春秋》杂志上（收入《人的哲学论说》第 300～302 页）。原来在 1983 年批判周扬以后，胡乔木自己要重新做一次理论报告，作为那次批判运动的总结，那就是在 1984 年 1 月发表的《关于人道主义与异化问题》。在他报告以前，曾将文章原稿在中宣部召开有二三十位学者参加的讨论会，听取意见，薛德震也参加了。他说他在会上提了三点意见：

第一，针对争论初期有人公然声称马克思主义不能讲人道主义，凡讲人道主义都是资产阶级的；现在胡乔木同志肯定了有社会主义人道主义，这一点他是赞成的。但说社会主义人道主义"只能在伦理道德意义上说"，这一点却是值得商榷和研究的。后来薛德震在 1986 年发表的《社会主义与人道主义》文章中说："马克思主义的所有关于共产主义的论述中，可以说都浸透着崇高的人道主义思想……如果把对人的价值的重视、对人的尊严的关注、对人的自由的追求、对人的命运的关怀、对人的幸福的向往、对人的解放的论证、对人的全面发展的憧憬等等饱含着人道主义的思想内容统统从马恩著作中剔除出去，那么，马克思主义还成什么样子呢？"①

第二，会上有个别人提出要埋葬"异化"概念，要为"异化"概念举行葬礼；薛德震据理力争，引述马克思在《资本论》中为"异化"概念作过界定。当场有人找出《马克思恩格斯全集》第 49 卷第 49 页并宣读了马克思的原话。薛德震还接着说："退一万步说，即使马、恩一次也没有用过这个概念，马克思也没有对之作过哲学上的定义，但是在现实生活中，无论是人们改造自然界，还是改造社会的过程中都会出现种种异化现象，如：人作为主体创造出来的客体，不但不为人服务，反而反过来成为制约人、危害人、主宰人的一种力量，亦即马克思所说的'把主体颠倒为客体以及反过来的情形'。怎么能将它埋葬呢？"②

第三，薛德震提出："这场争论是一场学术上、理论上的争鸣，人道主义问题，异化问题，国际上争论了几十年，在国内也争论了几十年。在对十年动乱进行理论上的反思，进行理论上的拨乱反正的时候，周扬同志与一批理

---

① 薛德震著：《人的哲学论说》，中国社会科学出版社 2004 年版，第 277 页。
② 薛德震著：《人的哲学论说》，中国社会科学出版社 2004 年版，第 301 页。

论工作者有了正反两方面的经验教训，这仍然属于学术上、理论上的争鸣，千万不要上政治纲，扣政治帽子。"可惜的是：从那时开始，对于"异化"问题，人们真是"谈虎色变"了。

在以后的二十多年里，马克思恩格斯所说的"权力异化"，像贪污腐败和特权等行为，触目惊心。这时候，正是特别需要用马克思主义的"异化"学说作为反腐的理论武器，可是它却被埋葬了，不能用了！今天我们重读当年周扬同志的讲话，真是不胜感慨之至！

现在，"以人为本"已是中央的决策，正式写进中央文件，无论当年对人道主义持赞成的还是反对态度的人，对"以人为本"都异口同声，表示热烈拥护。但是他们对"以人为本"的解读，却还是有明显不同的。2004年5月，薛德震写了《谈谈马克思主义的人本主义》一文，不同意一种理论，为我们提供了一个典型。这种理论要将"以人为本"和"人本主义（就是人道主义）"区别开来，说："前马克思主义的社会主义是人本主义的，而马克思主义的社会主义是科学的社会主义，它把人类社会看成是客观存在，具有自己的客观规律，反对把社会发展归结为人的思想观念的发展。换句话说，它是以社会为本。"①按照这个逻辑，现在就不应该提"以人为本"，而应该提"以社会为本"，才是马克思主义了。原来在他看来，马克思主义的人本主义所讲的"人"，都还是"抽象的人"，属于思想观念，只有"社会"，才是"客观存在"。这是将马克思主义的人道主义和以前的资产阶级人道主义混淆的产物。薛德震指出："马克思主义的人道主义，正是在批判了黑格尔、空想社会主义者把社会发展归结为人的思想观念的发展和费尔巴哈对抽象的人的崇拜以后建立起来的。""所以，马克思主义所讲的'人'，是具有丰富内容和多重规定性的概念，他既是主体，又是客体，而且是主客体的统一体；既是个体，又是群体，而且是个体与群体、个人与类的统一；既是'我'，又是'你'和'他'，而且是你、我、他的统一。"②大家知道：人类的认识总是从感性到理性，先是认识到一个个现实的人：你、我、他，然后才能概括出类概念即

① 薛德震著：《人的哲学论说》，中国社会科学出版社2004年版，第317~318页。
② 薛德震著：《人的哲学论说》，中国社会科学出版社2004年版，第318~320页。

"人"。如果说"人"是抽象的,不是客观实在,那么"社会"也是从各种现实的社会中抽象出来的类概念,同样是抽象的,马克思主义之所以能将空想的社会主义变为科学的,就是由于它将研究的主体从"抽象的人"变为"现实的人",是在各种社会关系(经济的、政治的、伦理的等)中进行实践活动的人,是一个个客观实在的你、我和他;从而才能发现其中的客观规律,提出科学的社会主义。

薛德震所批驳的这种论点,其实质就是认为马克思主义只能讲"以社会为本",不能讲"以人为本"。这种观点认为:如果讲"以人为本"便必然会导致"个人主义"、"以我为本",以至"天下大乱"了。

社会必然是由一个个个人组成的,因为任何个人都不是能单独生存的,必须和别人一起分工合作,形成为社会。所以,个人和社会是一对互相联系又互相制约的矛盾。个人要求发展自己的才能和幸福地生活,必需要求社会的和谐和合理;而社会的和谐和合理,又必须能让个人发展自己的才能和过幸福的生活。所以在个人和社会两个方面存在着辩证的关系。存在双向的价值追求,个人要求社会满足自己的需要,社会要求每个人为社会作出贡献,并受社会规范的约束。

"以人为本"是不是就是"个人主义"?"以人为本"并不是说以社会中的某个人为本,而是说要以组成社会的所有的每个个人为本。在哲学发展史上,有两种不同的"个人主义"。一种是:从 15 世纪欧洲文艺复兴开始,启蒙思想家们提出"自由、平等"的口号,将"人"从中世纪的宗教神权和封建王权的束缚下解放出来,使每个个人认识到自己有争取独立生存、平等发展的自由权利。由此产生的以尊重个人的人格尊严和自由权利为特征的个人主义,英文作 Individualism,它是近现代西方以及一切追求现代文明的社会所共同追求的社会准则和理想目标,马克思主义也不例外。而另一种个人主义则是以自我(ego)为中心,自私自利的个人主义,英文作 egoism 或 egotism,也可译为自我主义、利己主义或"以我为本",它当然是任何社会都应该坚决反对的。这是人人都知道的两种根本不同的东西,而这位论者却将中央倡导的"以人为本"和后一种自私自利的个人主义、"以我为本"等同起来了,难道他是真分不清两种个人主义吗?作为研究"人学"的专家,对于这样一个在思想史上属于常识性的问题,居然混淆不清,实在令人费解!

至于个人主义是不是会导致"天下大乱"?那就要看是哪一种个人主义了。如果是前一种 Individualism,每个个人都遵循自由、平等的原则,既尊重自己的人格和权利,也更尊重别人的人格和权利,社会便会和谐而且合理发展,决不会天下大乱。而且这是现代社会的根本立足点,是一个国家能否立足于现代文明国家的基础。党中央将"国家尊重和保障人权"写进我国宪法就是最有力的证明。没有每个人的尊严、文明与人格的独立,哪来一个国家、民族的尊严、文明与国格的独立?!如果是后一种 egoism,每个人都只顾自己的利益,尔虞我诈,以强凌弱,了无法治,天下当然不能安宁和稳定了。

讨论中还有人提出,要用"以公民为本"或"以好人为本"取代"以人为本"。在他们看来,"人"是必须区别为公民和非公民、好人和坏人的,只有公民和好人才能成为根本,必须将非公民和坏人排除在外。这是对中央提出的"以人为本"的严重曲解。

新一届中央领导深入研究和总结了历史经验,明确提出必须从革命党转变为执政党。革命党是要进行你死我活的斗争夺取政权,夺取政权以后成为执政党,其根本和首要的任务便应该是建设。中央提出要构建一个和谐的社会主义社会,而要建立一个和谐的社会便必须照顾到社会各个方面、各个阶层利益的协调均衡发展,从而使得社会中每一个人都有平等的和平发展的机会,这样的社会才能和谐而且稳定。一个执政的党,不能只对国家中的某一个人或某一部分人负责,而是必须对所有的人,任何一个一个的个人负责。这就是提出"以人为本"的深刻含义,它和马克思、恩格斯在《共产党宣言》中提出的"每个人的自由发展是一切人的自由发展的条件"的伟大理想,是完全一致的。

为此必须大力提高党的执政能力,中央提出要科学执政、民主执政和依法执政。这就是说,要根据科学发展的规律,以科学的思想和方法,去建设一个民主和法治的现代文明国家。建立一个民主和法治国家,必须遵循的一条最基本的原则是:在法律面前应该人人平等。对于任何人,不论他是公民还是非公民、穷人还是富人、好人还是坏人,都必须依法保障他的一切合法利益,包括尊重他的独立人格和自由意志。即使对于已被判刑的犯人,无论是政治犯或其他罪犯,都只能剥夺他依法应该被剥夺的权利,同时也必须依法保障他其他一切不应被剥夺的权利,包括依法尊重他的独立人格和自由意志。这是现代文明国家公认的法律准则,是有国际人权公约规定了的,我们国家是在这样的公约上签了字,要负责的。由于我国长期缺乏法治观念,现在也缺少法治教育,还存在许多法盲是难免的。但只要看到现在媒体上常有报道监狱改进对待犯人的态度,尊重他们的人权,以人道主义对待他们,在这些方面已经有所改进,便可以有所认识。再看到由于美国军人虐待战俘,竟引起一场轩然大波,全世界舆论同声谴责,也可以理解这样的人权问题在世界现代文明社会中,占有何等重要的地位。从这里应该看到:中央提出"以人为本",确实是一项伟大的、里程碑式的重大方针决策。

薛德震同志从20世纪80年代初开始,探讨马克思主义关于人和人道主义的理论,经历了1983年开始的关于人道主义和异化问题的大争论,一直到现在,又参与了"以人为本"的探讨。可以说:二十多年来,他真是孜孜不倦地、执著地探索着这个重要的有关人的哲学问题。这本《人的哲学论说》是他取得的第一部研究成果。

关于"以人为本"需要探讨的理论问题很多,薛德震在书中大多有所论及。以上只谈到"抽象的人"和"现实的人",以及人和社会的关系等等问题,其实与此有关联的问题还有不少,比如:民主和集中的关系,是不是"集中是目的,民主只是手段"? 自由和纪律的关系,是不是能将个人应有的自由权利可以置之不顾? 等等。这些都是在现实生活中实际存在的问题,也是我们为了建设和谐的社会,加强政治文明和精神文明建设时迫切需要探讨解决的问题。这些问题既是理论问题、学术问题,同时不必讳言,它们也是政治问题、实践问题。正因为是政治问题、实践问题,更需要大家来共同探讨,让各种不同的观点、意见都发表出来,公开争辩,或者去伪存真,或者求同存异,以期取得某种共识,才能达到社会的和谐,实现中央提出的"以人为本"的伟大方针,在建设民主和法治国家的康庄大道上奋勇迈进!

(原载《炎黄春秋》2005年第2期)

# 洛　丁　薛德震两本新著问世引人瞩目*

　　人民出版社原社长、总编辑薛德震,当他从繁忙的工作岗位上离退下来有了闲适的时间之后,精心编撰了自己的两本文集:一本是人民出版社出版的《为他人作嫁衣裳》,一本是中国社会科学出版社出版的《人的哲学论说》。这两本新著不仅封面设计朴实无华,典雅大气,而且内容深含洞见,浸透着作者的学养。问世之后在出版界、学术界引人瞩目。

　　过去有种说法,做编辑工作,似乎只能奉献,为他人作嫁衣裳,而自己却默默无闻,很少考虑为自己出书。正如唐人秦韬玉在《贫女》一诗中所云:"苦恨年年压金线,为他人作嫁衣裳。"薛德震同志为自己编辑出版文集,就借用这一生动贴切的诗句作为书名,也确是别有意味的。

　　薛德震同志从事编辑出版工作已有半个多世纪,是与新中国出版事业同步成长的新一代编辑出版家,同时他又是一位在学术上卓有建树的哲学家。长期以来,经他之手编辑、策划和开发的选题以及组织领导的重点工程项目不计其数,他沿着前人的足迹,继承和发扬人民出版社的光荣传统,锐意进取,励精图治,为人民出版社的改革创新作出了重要贡献。文集中收录的不同时期撰写的文章、讲话、工作报告和全国人民出版社历届年会的开幕词等,真实地反映了新中国建立的第一家党和国家政治书籍出版社——人民出版社的艰苦创业,团结奋进的发展历程和长期形成的为党和国家大局服务的优良传统与一丝不苟、严肃认真的社风。正如出版史家方厚枢在为本书写的序言中所说:"他在这本文集中所反映的工作经验和思考所得,可以说凝聚了新中国老一辈编辑出版工作者所共有的那种认真、严谨、殚精竭

---

* 这是陆本瑞先生以"洛丁"为笔名写的书评。

虑,全心全意将全部智慧和精力贡献给人民出版事业的一种可贵的奉献精神,值得当今和后来的编辑出版工作者继承和发扬光大。"

薛德震同志历来主张编辑不应只当"编辑匠",而应成为学者。他自己就是一位熟谙马克思主义而且具有与时俱进的品格的学者。二十多年来,他孜孜不倦地、执著地探索着马克思主义关于人的哲学这个重大的理论问题,还积极参与1983年关于人道主义、异化问题的大争论。他以严谨的科学性和生动的论辩性,运用马克思主义关于人的哲学原理,有针对性地进行锋芒犀利的论战。直到近年又参与了"以人为本"这一重大课题的探讨。学界曾有人曲解人本思想,要将"以人为本"和"人本主义"(即人道主义)区别开来,认为马克思主义只能讲"以社会为本",不能讲"以人为本"。针对这一错误观点,薛德震同志于2004年5月发表了《谈谈马克思主义的人本主义——兼与黄楠森教授商榷》一文,针锋相对地进行了有理有据的辨析。之后又于同年6月22日在《光明日报》发表了《"以人为本"的马克思主义证明》一文,从唯物史观的角度,再一次论证了党的十六届三中全会明确指出的:"坚持以人为本,树立全面、协调、可持续的发展观,促进经济社会和人的全面发展"这一科学结论的完全正确性。

收录在《人的哲学论说》一书中的大多数文章,都是为捍卫马克思主义关于人的哲学的科学性、完整性而写,而这本集子正是他长期进行理论研究而获得的重大成果的体现,在学术界很有影响。著名哲学家、《人民日报》原理论部资深编辑汪子嵩在《炎黄春秋》2005年第2期发表了《执著的探索》一文,对薛德震同志《人的哲学论说》一书进行了高度评价,认为他在上个世纪70年代末80年代初我国兴起的这场伟大的思想启蒙运动中作出了理论贡献。

(原载《出版参考》2005年3月下旬)

# 严　冰　人学研究的里程碑

## ——薛德震《人的哲学论纲》简析

人学作为哲学的一个重要分支,是研究人的存在、本质和发展规律的科学。前不久,由人民出版社出版的《人的哲学论纲》一书。则是人学研究的最新成果,也是作者二十六年来独立探索的思想结晶。

1978 年年底,党的十一届三中全会之后,我国迎来了科学的春天。作为研究个体的人的学科的人学,也在那时应运而生。在社会主义改革开放和现代化建设大潮带动下,我国"人学热"也不断升温。

该书作者薛德震同志是我国当代著名出版家。他早在 1947 年十五岁就投身革命,在华中新华书店工作,开始了编辑出版生涯。自 1956 年起,在人民出版社历任编辑、哲学编辑室主任、副总编辑、社长兼总编辑、编审等职。1999 年离休后,得以集中更多时间从事哲学研究。

作者自 1979 年夏天撰写第一篇人学论文起,连续就人的本质、人的需要、人的劳动、人的价值、人的责任、人的发展、人道主义、人的解放等诸多问题发表多篇文章。可以说,他是从社会实际出发,从个人感悟出发,来深入探究人学问题的。他于 1986 年 8 月出版的《社会与人》(合著),2004 年 8 月出版的《人的哲学论说》,2005 年 12 月出版的《人的哲学论纲》,被认为是他对我国人学研究的三个里程碑式的独立贡献。尤其是后者,以发展着的马克思主义为指导,以"坚持以人为本,实现人的全面发展"为核心主题,从人的需要入手,结合当今实际,对人学问题进行了一环扣一环的递进阐述与分析,对人学的基本问题提出了自己较为系统的观点,读后使人不无启发。

2003 年,党的十六届三中全会提出:"坚持以人为本,树立全面、协调、可持续的发展观,促进经济社会与人的全面发展。"对此,作者从四个方面进行了全面、有力的论证。第一,从哲学上说,"以人为本"就是以人为本位,因为世界是属于人的,只有人能够利用、改造世界,而且人能够有意识、有目的地为了自身的需要去改造世界,人的智能的发展是无限的。第二,从经济上说,"以人为本"就是一切生产都要以满足人的需要为目的,而且人在发展生产时一定要注意节约资源和劳动力,保护生态环境,既要满足当前需要又要保持可持续发展。第三,从政治上说,"以人为本"就是让人民成为我们社会主义国家真正的主人,官员应是为人民服务的公仆,要协调好社会群体间的矛盾,保持社会稳定,防止出现新的社会对抗。第四,在伦理道德上说,"以人为本"就是要把人当作人来对待,切实尊重和保护人权,切实贯彻实现宪法所规定的人民享有的十项社会主义自由权利,政党、政府和所有掌权者都必须切实遵守宪法。阅读本书,对于深入领会我们党所提出的"以人为本"的科学发展观,是很有帮助的。

作者提出:"这种发展观之所以是科学的,就在于它揭示了中国特色社会主义发展的真谛和客观规律,真正称得上是发展着的马克思主义。"

（原载《今日中国论坛》2006 年第 2~3 期）

# 冯玉珍 《人的哲学论纲》读评

近读薛德震先生的新著《人的哲学论纲》(人民出版社 2005 年版),认为这一集作者终生对马克思思想孜孜以求、不屈不挠竭尽张扬其思想精髓,以达马克思思想深处之学术力作,是一本以马克思著作阐释马克思思想,力求将自己的理解或阐释形成解释系统或自己的形上观,即如作者说的"这本书,从其狭义内容来说,是有关人的哲学的专著,但从更广泛的意义上也可以说是'我观马克思主义'或曰'我的马克思主义观'。"这是作者对马克思主义真理追求、信仰、思考、研究、笃行之逻辑总结。通读全书,我认为薛德震先生这本富有个性的新著有如下特色:

从思维方式、方法和写作方法上说,该书摒弃了苏联教科书模式对马克思哲学解释的传统旧观念,也不以任何一种现有的解释样式为参照系,而是在占有马克思经典文本基础上,经过自己刻苦研读、思考和理性判断,从当代人类生活和中国现代化建设实践出发,或基于时代精神与现实统一的方法,将对马克思思想的理解或解释形成自己特有的理解系统,从而构成本书逻辑结构或理论框架。第一章至第三章是作者对马克思历史的哲学观或人本观进行总体性逻辑论证或形上学论证,接着转入历史人本观主题的各分立专题论证。无论是对历史的人本观主题或是对这一主题各分立专题论证,作者始终坚持和贯彻了理论和实践、历史和现实、科学和人性、真理与价值以及辩证法和历史过程结合或同一的原则和方法。于是,就使历史的人本观主题通过各分立专题论证显得感性、实证、生动和具体,如人与社会辩证关系及其发展,社会发展的内在、外在动力以及精神意识对社会发展能动作用等。最后从社会宏观进到社会微观的具体人的内在价值及其需求论证,以及人的个性自由全面发展的历史深层动力,人——自然——社会全面和谐发展及其人类自由王国生成必然性,或必然王国与自由王国辩证关系,即是第四章至第十二章论证主旨。此即全书体现作者书写个性的基本理论框架。

从对马克思哲学精髓的学术判断上,作者通过研读马克思的经典文本作出如是判断,认为马克思哲学或思想精髓即是历史唯物主义,而历史唯物主义核心思想是马克思的伟大人道主义或人本思想,或者说,历史主体也即人类及其生命个体的生活命运和个性自由全面发展及其社会条件或制度保障,是马克思思想或马克思全部理论的重心。应该说,作者对马克思思想和马克思主义作如是理解或解释和判断,是准确的、符合马克思思想和马克思主义本意的。因此,历史不是阶级斗争为纲的历史,不是单一的经济发展史,阶级斗争和物质生产不过是人类追求自己价值目标的个体自由全面发展的方式或手段而已。作者引证了马克思大量的经典文本进行深层次科学论证,如其中说:

"人们的社会历史始终只是他们的个体发展的历史,而不管他们是否意识到这一点。他们的物质关系形成他们的一切关系基础。这些物质关系不过是他们的物质的和个体的活动所借以实现的必然形式罢了。"①作者在论著中继续说,我们再注意看:"历史什么事情也没有做,它'并不拥有任何无穷尽的丰富性'……创造这一切、拥有这一切并为这一切而斗争的,不是'历史',而正是人,现实的、活生生的人。'历史'并不是把人当做达到自己目的的工具来利用的某种特殊的人格。历史不过是追求着自己目的的人的活动而已。"②所以,作者结论是:"值得注意的是,马克思下面一段话深刻地揭示了社会劳动的科学化与人的主体化的密切关系。这为我们理解马克思主义的科学性和价值观的统一提供了一个清晰的思路。马克思说:'物质生产的劳动只有在下列情况下才能获得这种特性(1)劳动具有社会性;(2)劳动具有科学性,同时又是一般的劳动,是这样的人的紧张活动,这种人不是用一定方式刻板训练出来的自然力,而是一个主体,这种主体……是作为

---

① 薛德震著:《人的哲学论纲》,人民出版社 2005 年版,第 42～43 页。
② 薛德震著:《人的哲学论纲》,人民出版社 2005 年版,第 43 页。

支配一切自然力的那种活动出现在生产过程中。'劳动本身'向科学过程的转化,也就是向驱使自然力为自己服务并使它为人类需要服务的过程的转化'。'节约劳动时间可以看作生产固定资本,这种固定资本就是人本身'。从这里我们可以看到:(1)马克思认为人是社会生产的主体,因而(2)创造性劳动同时是人自我实现的手段,因而(3)所谓社会劳动的科学化,实质就是在具体劳动过程中确立起人的主体地位,(4)科学劳动具有价值的目的——生产出自由的人。这就从更深的层次上揭示了社会的发展就是人的发展和为人的发展,社会劳动科学化过程(规律)无论在哪个意义上(起点、运动、归宿)都是以人为主体的,而唯物史观正是对这个社会劳动科学化过程的揭示。"①总之,"人类社会发展的最终归宿将使一切不依赖于个人而存在的状况不可能发生"。"人终于成为自己的社会结合的主人,从而也就成为自然界的主人,成为自身的主人——自由的人。"②

应该说,作者上述对马克思思想解释和自己的观念,显现了作者对马克思思想和马克思主义精髓的深刻理解和把握,显现作者的解释是准确的、合理的。这是作者深厚理论功底和学养以及理性智慧判断力或睿智之体现,也是长期知识积累,不满于现状永远有新的奋进目标艰辛劳作之结果。读其书,同时也是学其品格,学其为人为学。

纵观全书充满了对当代人类生活命运,特别是中国现代化建设实践及其人民生活和生存的极大关注和热忱,显现了一位人民的学者和一位优秀的国家机关干部与人民、社会、国家融为一体、息息相关,急人民、社会、国家之所急,想其所想,思其所思的应有风范。因为马克思主义人学理论不是脱离人民现实生活和社会实践活动的,而是以现实的人民生活和中国现代化建设为其生长与发展的土壤的。所以,以人为本,和谐社会以及民主与法制建设,民族素质和人口素质提高,科学、教育甚至优生优育和老龄化等问题,也在作者的马克思主义人本学思想统摄下——得以深切关注和理论论证。这种以知,笃之于行,先天下之忧而忧,后天下之乐而乐的中国传统文人学

---

① 薛德震著:《人的哲学论纲》,人民出版社2005年版,第44~45页。
② 薛德震著:《人的哲学论纲》,人民出版社2005年版,第50页。

士的忧国忧民情怀,在今天是多么难能可贵!

所以,读薛德震先生的书,实在是在读他的思想,读他的对人民、对社会、对国家那份深厚真切情怀,那份中华民族赤子之心!

由于思想被该书的精神所感动,他要求的批评意见一时还难以说得准确,姑且就感觉或模糊视角说,我认为在分立专题的论证之间或各章的逻辑关系上,其逻辑性显得有些弱。然而对于长期从事行政领导的学者来说,此意见或许是苛求了。不揣冒昧对薛德震先生的《人的哲学论纲》著作广述以愚见,是谓读评。

(原载《今日中国论坛》2006 年第 5 期)

# 周　凡* 以马克思主义方法研究人的问题

## ——评薛德震先生的新著《人的哲学论纲》

"以人为本"这个短语目前频繁地在各种语境下被使用,以至于人们甚至忘了它原本并不是一个现代词汇。《华严经》中有"王以人为本,亿兆同一身"的经文,所以便有人说,"以人为本"原本是佛家用语,是唐朝的三藏般若译《华严经》时最早引入的,其实这是一种臆测妄断。早在春秋时代,"以人为本"就已出现在《管子》的"霸言"篇中,"夫霸王之所始也,以人为本。本理则国固,本乱则国危"。管子作为齐的相国提出"以人为本"当然不是为了阐发一种关于人的纯哲学理论,而是为了治国理政,为了成就齐国的霸业,所以从原初语境看,"以人为本"在古代中国最初是作为一种政治方略而提出的,但这个"民本"方略之最终指向与目的并不是真正为"民"而是为"君王",这是古代人本思想与我们当代人本思想的本质区别。在当代中国,人的问题被提升到了一个前所未有的崭新高度,"以人为本"被庄重地铭写为一种政治宣言并在主流意识形态话语中激鸣回响。当然,"以人为本"也不是在与"以阶级斗争为纲"相对照的意义上提出来的,毕竟,不论在理论上还是在实践上,我们早已走出了"谈人色变"的忌讳与禁区,那种把批判人道主义中的唯心主义成分混同于彻底否定人道主义的时代也一去不复返了。从这个意义上讲,"以人为本"并不标识一种革故鼎新的大变换和激烈的政治转向,与其说它是一种先导性的倡议,倒不如说它是在增量积淀基础上的普遍性升华。在一个物质极度匮乏、人们的生活处于普遍贫困的社会无法谈以人为本;在一个任意践踏人的尊严的"人治"社会根本谈不

---

* 周凡,南开大学哲学系博士后流动站研究人员,中央编译局当代所副研究员、哲学博士。

上以人为本,在一个没有私人领域与公共领域的区分、物权和人权都没有保障的社会也谈不上以人为本。二十多年来我国改革开放的伟大实践是我们今天谈论"以人为本"的构成性语境的前提,也是我们真正理解"以人为本"内在蕴意的物质条件。今天我们谈论"以人为本",丝毫没有感到它是纯粹舆论宣传层面上的口号,其原因就在于,这一话语形态并不纯粹是以"语言"或"言语"的形式而存在,而在很大程度上是以行为、以实践、以语义效应的方式而存在。由此,在一定程度上我们可以把"以人为本"看作是进行过程中的功能主义的踪迹,看作是业已渗入公众意识与生活空间的"观念殖民"活动的一部分。无论如何,"以人为本"在当今中国已不再是遥不可及的高高悬置的"崇高客体",它也不仅仅是一种规范性的调节理念,在很大程度上它径直成为一种建构性的实践力量,我们的宏观政治导向、我们的微观政策定位、我们的具体操作方式都要体现"以人为本"、落实"以人为本"、依据"以人为本"。这充分表明,"以人为本"不是盘旋于知识分子脑际的想象,也不是局限于观念层次的一种纯思维,它正以日常化的面目和介入行为的"事务性"姿态走入民众的生活世界。

对"以人为本"的当代存在形态的描述并不是要断言它仅仅作为一种行为策略或工具理性而发生作用,而是要说明:我们目前谈论"以人为本"的背景已发生了根本性的转换,而这种背景的转换给我们研究人的问题带来了得天独厚的自由拓展的机遇,带来了重新构想人的研究的理论界面、问题域以及研究范式的现实可能性。近日欣喜地读到薛德震先生的新著《人的哲学论纲》,在感到十分振奋、鼓舞的同时,又为该书的体系构造、自成一体的布局、匠心独具的阐述方式、强烈的现实感、丰厚细密的理论论证深深吸引。正如高放先生在该书的序言指出的:"最为难得的是本书并非综合别人的研究成果的普及读物,也不是参照、吸纳别人的研究成果的一般论著,而是二十六年来个人潜心思考、日积月累、最终汇总的学术精品。"[1]在我看来,这样有的放矢、有感而发、言之有物、融入了个人体验与感悟的精品的出现本身就是"以人为本"在理论探索中的具体化,本身就是"以人为本"

---

① 薛德震著:《人的哲学论纲》,人民出版社 2005 年版,第 4 页。

在人的研究领域中结出的丰硕果实。

一

通览薛德震先生的《人的哲学论纲》,第一印象是:全书真正做到了"以人为纲",该书的导论及正文十二章的每一章都紧紧围绕人的问题展开论述,诚如作者在自序中讲的,"本书以'坚持以人为本,实现人的全面发展'为核心主题,并围绕这一主题展开对人的哲学的系统论述"①。多年以来,在我国马克思主义哲学界,对于教科书体系人们提出很多批评意见,其中核心的问题便是"见物不见人"的问题。20 世纪 80 年代之所以有关于实践唯物主义的争论,表面上看好像意在强调实践概念在马克思主义哲学中的轴心地位,以实现从"物质本体论"到"实践本体论"的转换,而其实质不过是要恢复人在马克思主义哲学中的本来面目,凸显马克思主义哲学与人的问题的内在关联。绝大多数的教科书第一章一般总是要谈"世界的物质性",好像物质概念是马克思主义哲学的起点和基石,不谈物质概念就不是马克思主义!翻开《人的哲学论纲》,首先映入眼帘的不再是"物"而是"人",而且第一章的标题就叫"唯物史观中的人",对于长期生活在"物质本体论"理论阴影下的人来说,真有一种直奔主题的轻松快意和莫名的振奋之感。"唯物史观中的人"这个提法非常到位,因为,"唯物主义中的人"并不能准确地概括马克思主义哲学,费尔巴哈也大谈人的问题,他曾明确地宣称人是哲学的最高对象,并把自己的哲学叫作"人本学"(anthropologism),但是,由于他不是作为一个历史唯物主义者来理解人的本质,他只把人看作是"感性的对象",他只从人的生存的直观的、自然条件和生物学特征去分析人的属性,所以,他的人本学的"下半截"终归是唯心主义的。

只有唯物史观才达到了对人的全面的、真实的、准确的和彻底的理解;

---

① 薛德震著:《人的哲学论纲》,人民出版社 2005 年版,第 2 页。

反过来,一种理论只有把实际的人作为研究的前提和出发点,只有把现实社会中的个人存在境遇与发展命运作为关注的对象、研究的主题,它才能真正超越对人的形而上学(唯心论的形而上学或者唯物论的形而上学)观点,达到唯物史观的界域。马克思主义的人本观与唯物史观的内在统一性是《人的哲学论纲》首先要彰显与诠证的一个核心论点。"马克思、恩格斯从创立唯物史观起,到他们成熟时期以至晚年的论著中,在有关人类社会发展的论述中,有一根主线贯穿始终,这便是科学的、唯物主义的人本观。"①马克思主义不是像萨特说的那样存在一个"人学的空场",也不像阿尔都塞所描述的,马克思到了写作《资本论》时期达成了对历史的一种"反人本主义"的理解,从而将历史的发展认定为"无主体的过程"。唯物史观是因人而起、缘人而发、论人而立,质言之,"马克思创立唯物史观的过程,也就是清算黑格尔的绝对观念异化的思辨哲学和费尔巴哈对抽象人的崇拜的新宗教即他的人本主义过程,同时也就是马克思主义的人本观(或曰马克思主义的人本主义)产生的过程"。②

在采用"编年叙事方法"从文本学的角度确证了马克思和恩格斯著作的人本主题之后,作者又从四个方面进一步论证唯物史观的"人学"性质:其一,唯物史观的创立不是发思古之幽情的纯学术冲动,而是为了打破现实世界人的异化状态,寻求整个人类的彻底解放,所以现实的人的解放与理想的人的生成是马克思和恩格斯创立唯物史观的根本目的和出发点。其二,马克思主义哲学最初在中国的传播,并不是像教科书写的那样,从自然观、认识论、辩证法开始,而是直接从唯物史观开始,因为唯物史观满足了当时中国先进知识分子寻求革命地改变现实状况的实际愿望,就像李大钊所说的那样,唯物史观"于人类本身的性质内求达到较善的社会情状的推动力与指导力",它"看社会上的一切活动和变迁全为人力所造,这种人类本身具有的动力可以在人类的需要中和那赖以满足需要的方法中认识出来"③。马克思主义哲学的创立首先从唯物史观开始,马克思主义在中国的传播也

①　薛德震著:《人的哲学论纲》,人民出版社 2005 年版,第 14 页。
②　薛德震著:《人的哲学论纲》,人民出版社 2005 年版,第 21 页。
③　薛德震著:《人的哲学论纲》,人民出版社 2005 年版,第 27 页。

首先从唯物史观开始,这既不是一种机械照搬式的学术引进,也不是一种历史的偶然巧合,而"是由马克思主义哲学就是关于人的解放和发展的哲学这一本质属性决定的"①。其三,唯物史观的人是具有客观真实形态的"客体",他具有物质性、实践性和社会性,正是由于人的这些特征,人必然受到许多外部条件的制约,人的活动才有确定的规律可循。另一方面,在唯物史观中,人又作为主体而存在,人既然是社会的主体,那么它也就是社会历史运动规律的主体,人的主体性与客体性的统一构成了人的完整性。人是客体化了的主体,又是主体化了的客体,由于前者,人的主体性才不等于主观性;而由于后者,人的客体性才不简单地等于生物特性。其四,唯物史观生动地体现了人与社会的有机统一,人是社会的人,而社会是人的社会,社会与人构成一种相互联系、相互作用的双向动态系统。"马克思的伟大贡献,不仅在于他阐述了社会与人的辩证关系,更为重要的是把社会与人的关系推置历史长河中,从社会的发展与人的发展的相互作用中,揭示并阐明社会有机体发展的一般规律和历史进程。"②正因为社会的发展与人的发展是统一的,在衡量与评价社会进步时,我们不仅要注意到生产力发展的历史尺度,也要注意到作为主体的人的价值尺度。从人与社会的统一及社会评价的双重尺度,社会的现代化与人的现代化应该被理解为统一的历史过程。"社会的现代化作为主体客体化的过程,是人的实践的产物。人是现代化的主体,是现代化的设计者和创造者。人的现代化作为客体主体化的过程,是社会现代化的结果,社会的现代化改善了人的素质,丰富了人的需要,提高了人的价值。"③

从内容与结构层次上,上述几个方面的论证可以看作是《人的哲学论纲》的"总论",因为它从整体上涵盖了"人的哲学"的基本内容,阐明了马克思主义哲学的人学路径、人学视域、人学主题和人学方法论特征,以下各章节可以说是更加细密、更加具体、更加深入的"专题"性探讨。历史过程的描述与理论逻辑的展示相结合、总体性阐述与分论性的深度耕犁相结合是

① 薛德震著:《人的哲学论纲》,人民出版社 2005 年版,第 29 页。
② 薛德震著:《人的哲学论纲》,人民出版社 2005 年版,第 78～79 页。
③ 薛德震著:《人的哲学论纲》,人民出版社 2005 年版,第 90 页。

本书在写法上的一个显著特色。我国马克思主义哲学界在上世纪 80 年代中期曾有两本颇有代表性的关于人的问题的专著，一本是宋定国先生的《人的本质的揭示和唯物史观的创立》（1985），另一本是肖君和先生的《论人》（1986），前者侧重于叙述马克思对人的本质的揭示的历史演变过程，后者致力于从理论上剖析人的主体性结构（包括人的本质、人的本性、人的能力、人的认知、人的情感、人的意志、人的价值等），相比较而言，薛德震先生的《人的哲学论纲》更好地体现了两个维度的结合与平衡，在具体的阐述上也更加全面、更加深刻。

二

细读《人的哲学论纲》，给人感受最深的是：它遵循马克思主义的方法来研究人的问题。著名哲学史家恩斯特·卡西尔的《人论》在 20 世纪的中国学界一度产生过较大的影响，但它的研究方法并不是马克思主义的。卡西尔认为，马克思推崇经济本能，就像尼采公开赞扬权力意志、弗洛伊德突出性本能一样，是把人缚在一张"普罗克拉斯蒂的铁床"①上，马克思关于人的本性的描述不仅限于经验事实，而且把一种武断的假设强加给事实本身。在卡西尔看来，人已"被包围在语言的形式、艺术的想象、神话和符号以及宗教的仪式之中，以至于除非凭借这些人为媒介的中介，他就不能看见或认识任何东西。人在理论领域中的这种状况同样也表现在实践领域中。即使在实践领域，人也并不生活在一个铁板事实的世界之中，并不是根据他的直接需要和意愿而生活，而是生活在想象的激情之中，生活在希望与恐惧、幻觉与醒悟、空想与梦境之中"②。基于对人的生存的文化形式的把握，卡西尔明确反对从文化的构成"质料"、从直接的现实性、从"需要的映像"来理

---

① 卡西尔：《人论》，上海译文出版社 1985 年版，第 28 页。
② 卡西尔：《人论》，上海译文出版社 1985 年版，第 33 页。

解人的特质,所以,马克思从生活的"第一需要"本身来理解人的本性当然也就被卡西尔指责为经验主义和实证主义的方法。美国哲学家杜威写过一本名为《人的问题》的小册子,在书中,他断言,"经济制度和经济关系是属于人性的表现方式之最易改变者","工业的和法律的制度上的改变所引起的人生关系上的种种改变反过来改变人性的表现方式,这个又引起制度上的进一步改变,如此循环,以至无穷"①。作为实用主义的一代宗师,杜威承认人们由于其身体构造而表现出的固有的需要以及那些并非直接属于身体方面却同样植根于人的本性之中的其他需要是人性不可分割的要素,是人存在的重要部分,因此,"不可设想在任何情况下,这些需要会停止存在"②,然而,从人的基本需要的永恒存在的不变事实并不能推出人的需要的表现方式也是绝对不变的错误结论,正缘乎此,杜威断言,人的本性是可变的,文明本身就是人性改变的结果,也正是在这种意义上谈论社会的改良、制度的改进、民主的增进、教育的发展才具有真实的意义。可惜的是,杜威仅仅触到马克思的起始点却没有进一步深入下去,他将人性的改变与经济关系、经济制度联系起来,顶多达到一种准马克思主义水平而没有达到马克思主义的方法论层次,因为他只停留在需要表现形式的变化上,而不去追溯这一变化的根据,更没有探究人的需要与社会发展之间的动态作用关系。

《人的哲学论纲》不仅没有因为"需要"是直接的经验事实而回避它,也没有仅仅把它作为一个理论前提而空悬在那里。确切地说,该著的"专题"部分并不是提纲挈领式的"宏大叙事",而是实实在在地"论要"——论人的"需要"之重要。高放先生在序言中写道:"本书关于人的需要部分,我感到写得最充分、最深刻。"③应该说,这一评价是十分中肯的。仅仅从篇幅的比重上,便可以明显地看出,关于人的需要的阐述是用墨最多的,全书中间部分的三大章都是在谈"需要"的社会历史作用问题。黑格尔十分重视需要的作用,在《历史哲学》中他把需要规定为人类行动的原动力,"我们对历史最初的一瞥,便使我们深信人类的行动都发生于他们的需要、他们的热情、

---

① 杜威著:《人的问题》,上海人民出版社1986年版,第154页。
② 杜威著:《人的问题》,上海人民出版社1986年版,第150页。
③ 薛德震著:《人的哲学论纲》,人民出版社2005年版,第6页。

他们的兴趣、他们的个性和才能。当然,这类的需要、热情和兴趣,便是一切行动的唯一源泉——在这种活动的场面上主要有力的因素"①。但是,黑格尔从来不把需要看作是客观的实践活动,而是把这"一大堆的欲望、兴趣"当成崇高的世界精神为完成它的目的所使用的工具和手段,因此,在本质上需要不过是"绝对精神"的内在环节。费尔巴哈也谈论需要,但他只从受动性的意义来谈人的需要,并把这种受动性理解为外部环境对人产生作用的表现方式。从受动性与能动性的统一、客体性与主体性的统一、自然本体论与社会本体论的这样一个整体的视域去透视人的需要,是马克思需要理论的方法论特征。在马克思看来,人一方面是受动性的自然存在物,因为作为表现与确证人的本质力量所不可或缺的"需要对象"客观地存在于他自身之外;另一方面,"人不仅仅是自然存在物,而且是人的自然存在物,就是说,是为自身而存在着的存在物,因而是类存在物……因此,正像人的对象不是直接呈现出来的自然对象一样,直接地客观地存在着的人的感觉,也不是人的感性、人的对象性"②。所以人的需要也是人自己创造出来的、生产出来的社会性需要,正是这种超出直接肉体需要的全面性和普遍性维度使"需要和享受失去了自己的利己主义性质",只有需要的对象对人来说成为"社会的对象",人本身对自己来说才是"社会的存在物"。③《人的哲学论纲》对人的需要的客观属性作出了详尽的阐发,不论是对需要的客观性的表现的描述,还是对人的需要的"物质性及其无限丰富性"、"个体性及其社会存在形态"、"能动性及其实践过程"、"内在必然性及其外部条件制约"的深度诠释,无不紧紧扣住了马克思需要理论的本质特征,并不时闪现出作者体察的精到、感悟的灵性和思维的敏锐。

　　《人的哲学论纲》对需要的马克思主义探索之最突出表现或者说最新颖之处并不在于提供一种静态的概念图解,而在于它把需要置于社会发展动力系统中加以认真考察。阅读该书"人类社会发展的动力与动因"一章确有高放先生所谓的"一环扣一环的递进"之感,从作为"直接动力"的阶级

---

①　黑格尔著:《历史哲学》,上海书店出版社 1999 年版,第 21 页。
②　《马克思恩格斯全集》第 42 卷,人民出版社中文第 1 版,第 169 页。
③　《马克思恩格斯全集》第 42 卷,人民出版社中文第 1 版,第 124～125 页。

斗争,到作为"基本动力"的生产方式,再到作为"根本动力"的生产力,然后追溯到作为"最终动力"的劳动创造,最后引出人们从事劳动创造的内在目的或动因——人的需要:"马克思主义不仅把人的劳动目的作为一个重要的科学范畴引入自己的研究中,而且对这个范畴作出了明确的、彻底的唯物主义的解释。马克思主义认为:人的需要是驱使人从事劳动创造活动的最终动因"①。事物本身的逻辑应该是从动因到动力,而作者偏偏从几种动力的比较入手,从规律本身一步一步推溯到它背后隐藏的物质动因。显而易见,这种叙述顺序的设置不是一种简单的平行性的罗列,它还基本上反映了人们关于社会发展动力这一问题的思考的变化与进展,同时也寄寓着一种深沉的感慨:一个简单的事实、一种平凡的真理要去蔽还原、要显露它本来的面目从而为人接受是一件多么艰难的历史过程!

需要是唯物史观的一个最基本的范畴,可是长期以来,它基本上处于被遗忘的角落,在最好的状态下它也只是被当作人类社会发展规律的一个附属性概念。上世纪70年代以前,不要说在国内,即便是国外理论界也鲜有理论家直接把需要与生产方式或人类社会发展规律联系起来加以探究。英国著名新左派理论家赫斯特(Paul Hirst)和辛达思(Barry Hindess)在1975年曾写过一本研究生产方式的专著《前资本主义生产方式》,在这本书中,他们根本不提需要这一范畴,令人沮丧的是,他们通过反复的论证,竟得出一个极左的结论:阶级斗争决定着生产方式的转变。而具有讽刺意味的莫过于,他们在短短的两年后根本颠覆了自己的看法,把阶级斗争概念彻底抛进了历史的垃圾堆!然而,此时他们仍没有引入需要范畴,而是以"话语"来诠释社会的构型。匈牙利当代著名哲学家阿格尼丝·赫勒(Agnes HeLler)在1972年发表了《马克思的需要理论》(The Theory of Need in Marx),这是不可多得的一部研究马克思需要理论的专著,但是该著的着力点并没有从本体论的层面来分析需要在人类社会发展规律中的地位问题。研究生产方式不提人的需要,而研究人的需要又不谈生产方式的决定作用、不谈社会发展规律的运行机理,这就很难达到对人与社会的科学把握。从这个角度

① 薛德震著:《人的哲学论纲》,人民出版社2005年版,第104页。

来看,薛德震先生的《人的哲学论纲》成功地实现了需要与社会规律间的本体论"嫁接",从而强化了需要与社会发展动力之间的内在关联,突显了人的主体性在社会发展规律的构成以及实际运行中的基础性作用。即便像后马克思主义者(post-Marxist)所说的那样,马克思主义存在着一个本质主义的"棱堡(redoubt)"①,那么这一"棱堡"也无非是人本身所建构起来的"棱堡"。在康德那里,知识的客观必然性是以"人"为中心的而不是以"物"为中心的,这才有所谓的哥白尼式哲学革命;而在马克思那里,人的需要无疑是客观的社会需要,但它绝不是与人无关的、外在于人的客观需要。如果它具有客观必然性,它也是一种"软的必然性"(soft necessity)。由"避而不谈人的需要"到"在价值领域内谈论人的需要",再到"在社会历史本体的层面谈论人的需要",这既是一种理论框架的转换,也是一种思维与研究范式的更新。既然生产力、生产关系、生产方式对社会与人的决定作用都要到人的本性、人的需要的内在必然性中去寻求,而人的需要又是一个不断变化与发展的无限过程,那么我们就绝不能把马克思主义当成一种封闭的命题体系,更不能把马克思主义的一些原理当成是完全外在于人的实践活动的纯客观规律,而只能根据变化了的现实、变化着的时代要求和当代人的存在与需要形态去把握自然、把握社会、把握人本身。

## 三

既反思历史,又回应现实;既注重逻辑性、系统性,又有一种深切的问题意识;既有沉静的理论观照,又有热忱的实践品格,这是《人的哲学论纲》的又一个显著特点和突出优点。在本书的"跋"中我们读到作者这样的肺腑之言:"马克思主义具有与时俱进的品格,党中央强调要用发展着的马克思

---

① Laclau and Mouffe:Hegemony and Socialist Strategy:towards a Radical Democratic Politics,verso,1985,p.75.

主义指导新的实践。所以,我们要弄清楚什么是发展着的马克思主义。发展着的马克思主义不是虚无缥缈的空中楼阁,不是不食人间烟火、不着边际的抽象原则,而是实实在在的在实践中发挥着正确的指导作用的我们党的方针、政策和路线,是符合实践需要的正确的理论思维,是能够动员群众、武装群众、为群众所掌握的精神武器。"①读完全书后,完全可以得到一个真切的印证:作者的这一坦诚告白已内化地、透彻地、贯彻在整部著作的别具一格的谋篇布局和没有丝毫刻意雕饰的朴实文字之中。每每完成一次高密度的理论性演绎之后,作者总是随即切入一幅当代中国的现实图景,从意在开阔对生存论视野的探索之旅返回到当代性境域中来。在"马克思主义人本观的理论证明"之后是"社会主义社会中的人";在"人类社会发展动力与动因"之后是"社会主义社会的发展动力与动力开发";在"人的价值与人的责任"之后是"三个文明建设",书的最后一章"人的解放——从必然王国到自由王国的飞跃"则着重研究了"三个和谐发展"。这种回环穿插的写法,当然不是为了刻意达到一种错落有致、起伏变化的修辞性文法效果,而是作者厚重的现实关切和紧迫的时代感的真切流露与自然展现。

结合当今实际,根据变化了的时代精神来研究人的问题,这不仅是着意表现理论的实践意义的一个附加性绎证,在其根本意涵上,它是如何看待马克思主义,如何发展马克思主义,如何坚持马克思主义立场、原则与方法的大问题。历史不可能返回到马克思的时代,而马克思在他那个时代也不可能完全预料当今的人类状况。马克思从来没有设想过社会主义与市场经济的结合,因为在他看来,所谓的资本主义乃是市场运作机制的充分展开,消灭资本主义制度就意味着以计划为本质取向的社会主义取代资本逻辑的舞台——市场。马克思也没有主张建立社会主义的市民社会,按照他的想法,如同市民社会随资本主义的发展而发展一样,它也将随资本主义的消失而消失,因为市民社会不仅是个体性、法制和人的独立性的必要条件,同时也是异化、私利、不平等和宰制的基础,所以马克思要义无反顾地坚决取消市民社会这个中介。尽管马克思强调:"共产主义并不剥夺任何人占有社会

---

① 薛德震著:《人的哲学论纲》,人民出版社 2005 年版,第 302 页。

产品的权力,它只剥夺利用这种占有去奴役他人劳动的权力。"①但他不太重视、也没有明确断言社会主义社会中私有财产的广泛存在及其地位。另外,一如赫勒所言:"马克思从来没有想到过自然资源可能会枯竭,他也没想到过人类保留的有限性与脆弱性。"②可是在人类的当代处境下,马克思在 19 世纪没有预想过的事物却成为现实的真正焦虑与关切。环境、生态、能源、气候、核扩散、风险、人口过剩、文明冲突、全球治理等一系问题正深刻地影响着并实际地塑造着社会政治格局与人们的观念与思维。世界正发生着快速而惊人的巨大变化,社会结构、阶层分布、人的谋生方式甚至职业的性质与名称都与过去殊然不同,人们的需要及其表现方式和满足方式当然不会停滞在陈旧的内容与程式之上。正是人的存在境域、人的生存方式、人的本性的表现方式与实现方式的历史性变化必然要求理论的发展与完善。就此而论,薛德震先生所说"人们在不同历史时期,面对不同的实践需要,随着理论思维兴奋点的转移,常会有新的体会、新的理解"是非常精要的概括。我们也看到,正是由于社会、政治、经济、文化等的结构性变化的"冲击",西方马克思主义理论家才从不同的角度重新审理马克思的现代性批判,重新考量马克思主义哲学的当代意义,并试图从经典作家缺失的地方重构一种批判性的激进规划。在此意义上,生态马克思主义、女权主义的马克思主义、分析的马克思主义、后现代的马克思主义甚至拉克劳与墨菲版本的后马克思主义都应该被理解为在新的文化氛围下使马克思主义具有当代相关性与适用性的理论努力。尽管我们不可能完全同意他们的某些现成结论,但这绝对不能成为抵制人们开放马克思主义研究的借口。

　　毋庸讳言,传统马克思主义理论具有它自己的历史局限性,看不到这一点、不承认这一点,就不可能秉持马克思主义的"真精神",就不可能根据变化的历史条件推进马克思主义向前发展。当然,承认传统马克思主义的局限性和问题性并不是为了否认它、拒斥它、抛弃它,也不是为了肢解它、歪曲它、损害它,我们不能像伯恩施坦那样去"修正"马克思主义,也不能像哈贝

---

① 《马克思恩格斯选集》第 1 卷,人民出版社 1995 年版,第 288 页。

② 赫勒著:《现代性理论》,商务印书馆 2005 年版,第 47 页。

马斯那样去"重建历史唯物主义",也不能像德里达那样把马克思主义作为"幽灵"来对待,更不能效仿拉克劳与墨菲把马克思主义"掏空"。既不能死守教条与成规,又不能背弃原则和方法,唯一正确的态度是顺应时代的潮流,符合现实的需要,满足人民的愿望,推动社会的进步,根据变化了的具体实践去关注新形势、研究新问题、总结新经验、提炼新观点、做出新概括。正是在这个意义上,我们完全同意薛德震先生对"以人为本"所作出的当代诠释,我们也抱有同薛德震先生一样坚定的立场和至诚的信念:我们党提出的"以人为本"的科学发展观"揭示了中国特色社会主义发展的真谛和客观规律。真正称得上是发展着的马克思主义",而在发展着的马克思主义的指导下,我国的社会主义现代化建设进程必将因为动因、动能和动力的成功的深度开发而获得更强大的推动并取得更加辉煌的业绩,"以人为本"也将在新的主体形态和新的实践活动中灌注新的内涵、融入新的历史境域。

（原载《马克思主义与现实》2006 年第 2 期）

# 胡义成　弘扬以人为本的唯物史观

## ——《人的哲学论纲》和《研究马克思主义哲学人性范畴应廓清的几个关键问题》读后

2005 年，人民出版社推出了薛先生《人的哲学论纲》（以下简称《论纲》）；2006 年，《湖北社会科学》发表了郝晓光先生《研究马克思主义哲学人性范畴应廓清的几个关键问题——兼谈对分工与分配的否定之否定》的文章。拜读之下，有所启示。

《论纲》"化剑为犁"，铸出了"人的哲学"精品。"以人为本"是科学发展观的核心。完整地理解和实现"以人为本"的科学发展观，是对马克思主义以人为本的唯物史观的最好继承、丰富和发展。当前，大力弘扬以人为本的唯物史观，要在努力贯彻和落实科学发展观的同时，加强对马克思主义经典作家的学术理论探讨。在这方面出现的任何一种理论成果和任何一项开拓性的研究，都会令人感到鼓舞。

## 从坚持马克思的"异化"论到坚持"以人为本唯物史观"

薛著《论纲》最精彩的部分，首先就是对"以人为本历史观"的这种持续论证。《论纲》说："'异化'作为一个哲学范畴，马克思是用来揭示和概括主客体之间的特定关系的"，"异化具有客观必然性，它既使人类历史渗透了悲剧的色彩，同时又必须被看作人类历史上的一种进步"，它"是人类的不幸,但却又是必然";"一些人主要是把它作为马克思对资本主义社会的价值评价的角度上来研究的,以至有些人把这一理论当作不成熟的马克思学说"①,都不妥。从这种思路出发,确立"以人为本历史观",就成为逻辑的必然;社会主义市场经济社会仍然存在着主客体矛盾体现的"异化",必须通过确立"以人为本"加以缓解克服,也就不再是"异端邪说"了。这种论证,不仅延续了《社会与人》、《论说》等论著的固有思路,而且进一步汲取国内外有关成果,对作为两个不同历史过程的"社会发展"和"人的发展"的辩证统一关系,阐释得更加周密细致了。在这种论证中,斯大林《辩证唯物主义和历史唯物主义》发表以来,把唯物史观仅仅与社会—经济发展相关联而排斥作为历史主体的"人的发展"的哲学片面性,被从历史本体上扬弃了;从斯大林哲学模式出发的对"以人为本历史观"的排斥和"大批判"的不合理性,被进一步暴露于光天化日之下以警示世人。

《论纲》及其第四章的写作并未采用"论战"的形式,而是力求正面说明,仔细论证。但是,对中国近二三十年哲学争论状况稍有了解的人,从平静的学术展述中,都可以悟出:无视时代变化,承继斯大林哲学模式,在历史观层面上继续忽视作为一种历史过程的"人的发展",不仅在理论上是完全错误的,而且在实践上也是有害的;苏联当年的一系列"左"的恐怖,中国"文革"十年的浩劫,都在为这种有害提供着历史证据。可以说,在这里,薛著也是在哲学的深层上,为纠正长达半个世纪以上的世界性"左"的倾向,进行努力,包括对上世纪80年代以来中国哲学界的争论,进行充分反思。这种努力和反思是成功的:不仅"两个历史过程"的思路,已被共认为唯物史观基本原理,而且,使"人的发展"与"社会发展"和谐并进,也已化为当代中国人的伟大实践。至于还有一些持续反对"以人为本历史观"的论者时不时地跳出来"大批判"一下,也无伤大雅。因为,这些论者不能成功反驳薛著第四章,尤其不能成功证明,在历史本体层面上,社会有机体为什么仅仅只是"社会—经济过程"的展开,它为什么绝对不能包含"人的发展过程"。只要这些论者在这个问题上不能取胜,那么,他们坚持旧见就只能是

---

① 薛德震著:《人的哲学论纲》,人民出版社2005年版,第84~86页。

一种哲学悲哀。

　　试听听《论纲》中的这段话罢："不妨设想一下"，如果把"饱含着以人为本的思想内容统统从马克思、恩格斯著作中剔除出去，那么，马克思主义还成什么样子呢？面目全非了！如果不仅仅是剔除，而且还要大批特批人道主义"，"把马克思主义说成是理论上的反人道主义"，"这样的'主义'怎么能够获得广大人民群众的信仰和拥护呢？"①这种话，并不是今天每一位喊一下"以人为本"的人都可以写出来的。

## 马克思主义哲学究竟是什么

　　近二三十年中国哲学界的论争既已围绕历史观问题展开，就不能不表现出对"马克思主义哲学"本质理解的巨大差异。虽然在这个问题上至今也无定论，但《论纲》作者却一如既往，并未回避这种最严重的哲学歧见，而是仍然"风雨兼程"。《论纲》第一章第三节题为《人的哲学在中国的历史命运》，实际上已经正面论及这一关于马克思主义哲学的最根本的问题。一方面，它指出，斯大林《辩证唯物主义和历史唯物主义》把"历唯"看成"辩唯"应用于社会历史领域的结果，本身就是对"从现实的人出发"的马克思主义哲学的误解；另一方面，它又指出当马克思主义哲学被介绍到中国的时候，"首先讲的"也是唯物史观与以人为本的统一，而不是斯大林哲学模式，说明"马克思主义哲学在中国的传播，走的是同马克思主义哲学的创立首先从唯物史观开始一样的路径，'人'及其解放和全面发展问题在其中占有十分突出的地位。这当然不是历史的偶然巧合，而是走着历史的必然之路，是由马克思主义哲学就是关于人的解放和发展的哲学这一本质属性决定的"。②

---

　　①　薛德震著：《人的哲学论纲》，人民出版社 2005 年版，第 76 页。
　　②　薛德震著：《人的哲学论纲》，人民出版社 2005 年版，第 29 页。

在这种表述中,马克思主义哲学直接就是"以人为本的唯物史观"(本文又称"以人为本历史观");在"以人为本历史观"之中,一方面,是由生产力和生产关系对立统一体结构而成的经济基础最终决定社会上层建筑,其中,生产力尺度是衡量社会经济发展的决定性尺度;另一方面,与作为历史客体的社会—经济发展过程相纠葛,还存在着"人的发展过程",这种过程又是以"人的异化"及"人的异化不断被缓解克服"的对立统一状态呈现的,"以人为本"是作为缓解克服"人的异化"而被提升为人类发展的最高评价尺度的。

我们可以看出:这是与源自苏联的传统哲学教科书完全不同的哲学体系。从上世纪 80 年代开始的中国哲学争论,从最深层的哲学体系上获得了应有的反思。薛先生直接从马克思出发,从社会主义面对的惨痛教训出发,从中国当代实践出发,把马克思主义哲学理解成以"现实的人"为首要关注点的兼顾"两个历史过程"的开放性哲学体系,于是,"以人为本"也就成了马克思主义哲学的首要原则。

当然,由于斯大林哲学模式在中国影响深远,可以说,目前中国论界的主导哲学,事实上是"辩唯"加"无人的历唯"体系,与"以人为本的唯物史观"体系的并存僵持。因此,当代中国马克思主义哲学建设工程的当急任务之一,是用后者真正取代前者,尽快确立马克思主义以人为本的唯物史观体系的真正的主导地位。这种"取代"可以采用渐进的、非"大批判"的方式,在潜移默化中推进,但"取代"的大方向不能游移。当然,双方学术争鸣应以讨论方式进行,坚持旧见者不能动辄再扣"帽子",激化矛盾,坚持新说者在批评对方时也不必"以牙还牙"。

在我看,当代中国从"阶级斗争为纲"到"和谐的小康社会"的转型,虽然最早是围绕从计划经济到市场经济的转型展开的,经济学一度成为社会焦点,当年刚开始的哲学转型,也只能首先以确立"生产力标准"而为市场经济的合理性提供支持,尚不可能确立"以人为本"的最高尺度。① 随着社

---

① 这在当时是有合理性的,因为,当时的"以人为本"也具有抑制市场经济的功能;在计划经济氛围中,当务之急是确立市场经济的合理性,而不是首先确立"以人为本"的最高原则。参见拙著《生产力哲学》,宁波出版社 1998 年版。

会主义市场经济体制的确立,随着"和谐社会"模式进一步要求关注"人的发展",马克思主义哲学转型的进一步展开,它又成为社会焦点,可以预料。当然,这种彻底的哲学转型,以何种话语模式表述,从何种具体论题再展开,都存在多种可能,但它必然围绕"以人为本的唯物史观"的全方位确立而呈现,却是无疑的。因为,非官方的或官方支持的启蒙运动,或前或后作为市场经济的哲学文化伴生物持续出现,是全球历史通则,当代中国也不能例外。

## 论界转型尚未完成　哲学论者仍须努力

确立马克思主义哲学就是"以人为本的唯物史观"的当代体系,不仅须在相对有限的纯哲学论域完成转型,包括容纳薛先生的哲学理路,而且须同时实现经济学和科学社会主义等马克思主义组成部分的全面理论转型,使之互为掎角之势,互相支持,才可告成。但目前中国主导哲学的实况,不仅是斯大林哲学模式与"以人为本历史观"体系并存,而且,还存在着哲学与经济学和政治学等关系的争议。经济哲学和政治哲学问题或者已经突现,或者正在突现,歧见的对峙不可避免。"以人为本唯物史观"体系应当对此给出自己的理论拓展,才能进一步确立自己的主导地位。正是面对这种新态势,薛先生的思路有待进一步拓延。

作为对马克思主义经济哲学和人权哲学很感兴趣的人,笔者认为,从文本证据上看,在相对有限的纯哲学论域,马克思的"以人为本的唯物史观"哲学,并不像黑格尔体系那样庞大绵密;与其说它是一种黑格尔式的哲学体系,不如说它首先是一种经济哲学和一种政治哲学的互补体,因为,它主要体现在以《资本论》为代表的马克思主义政治经济学著述中。作为一种经济哲学,马克思哲学关注的首要对象不是历史主体,而是历史客体,是"生产力"、"生产关系"或"经济基础"、"上层建筑",以及市场经济和计划经济等等;但作为一种政治哲学,马克思哲学关注的首要对象不是历史客体,而是历史主体,是"人权"。它以实际作为"平等人权"吁求体现的"劳动价值论"和"剩余价值论"宣判资本主义死刑,向往理想社会,①关注历史客体的这种经济哲学,与关注历史主体的这种政治哲学,构成了马克思"以人为本的唯物史观"体系的互补主干。由于中国论界长期被蔽于斯大林哲学模式中,所以,不仅"以人为本的唯物史观"长期被误解为"无人的唯物史观",而且,很少有人展开论述马克思主义哲学中经济哲学与政治哲学的主客互补结构,包括很少有人研究马克思政治哲学中"人权"理论的得失。所有这些遗憾,都应在重建完善当代马克思主义"以人为本的唯物史观"体系过程中加以弥补。正是在这里,薛先生尚须努力前行。

实际上,《论纲》已经多少迈出了探讨马克思主义经济哲学和政治哲学的步伐。全书《结束语》郑重提出了对《资本论》关于以"生产资料的社会所有制为基础的个人所有制的恢复"命题的新理解。在我看,《资本论》的这一论断,不仅基于股份制作为公有制实现形式的马克思经济哲学,而且基于以股份制作为个人人权保障之经济形式的马克思人权哲学。它在当代的理论价值和实践意义均十分重要。《论纲》以之作为全书结尾,耐人寻味,不排除它已寓示着薛先生的最新思考。因为,在《论纲》第四章,薛先生不仅明确指出,"社会发展"与"人的发展"也有不一致的方面,而且在"人的发展"中,个体的发展与"类"的发展也呈现为对立统一。由此重申马克思的"重建个人所有制"以确保个人人权,也顺理成章。

可以预料,以马克思主义经济哲学和政治哲学的互补的形式,把"以人为本的唯物史观"加以细化深化,是一个十分巨大的学术工程,需要一批论者继续"风雨兼程"。

中科院研究员郝晓光先生《研究马克思主义人性范畴应廓清的几个关键问题——兼谈对分工与分配的否定之否定》一文注目于马克思主义关于"人的发展"的理论基础问题,论述了马克思"人的本质"概念中蕴藏的矛盾在马克思主义基本原理中的内涵,以"生产力与生产关系矛盾"与"分工与分配矛盾"的联系为结合点,将"对分工与分配的否定之否定"或"人在分工

---

① 参见拙著:《人道悖歌》,华夏出版社 1995 年版。

与分配中的矛盾"认识为马克思主义哲学的人性范畴。①

本来,"人性"问题已在中国被折腾了数十年,有论者认为"食之无味,弃之可惜",但郝先生却在这里把它与分工、分配以及"人的个性发展和社会约束的矛盾"结合起来思考,并从"人性"研究角度提出"马克思主义哲学和政治经济学的关系"问题,显出某种创新的气象。

在我看,从"人性"研究角度,展示"人的个性发展和社会约束的矛盾",是从马克思"异化论"出发,对"人的发展"基本矛盾结构的一种有益探索。它体现着对"以人为本历史观"中主体发展规律的某种省悟,在把"人性"置于分工和分配"社会装置"中加以审视时,深刻地揭示着人性异化的不可避免及其被不断克服的历史辩证法,见解新颖,服人。起码,由于社会有机体主客互补前提的存在,作为对主体发展的反思,"人性"理论再也不能走向两极端,或在历史观中舍弃人,或者以人的名义否定一切异化了。

我也赞同郝先生将"人性"范畴与"剩余价值论"及其基础"劳动价值"结合思考的建议。尽管语言简略,但郝先生起码参与开拓着从"人性"研究角度反思马克思主义否定资本主义判据的思路,足以启人再思。

(原载《湖北社会科学》2007 年第 2 期)

---

① 郝晓光:《研究马克思主义人性范畴应廓清的几个关键问题——兼谈对分工与分配的否定之否定》,《湖北社会科学》2006 年第 5 期。

# 李　蔚　薛德震对社会发展动力的精辟分析<sup>*</sup>

　　人类社会以什么为动力而发展，这是一个为人们所普遍关注的、饶有兴趣的理论问题，它在我国曾经得到过长期的讨论。作为一位理论工作者，薛德震同志在他所进行的各项探讨中，也接触到这个重要问题，在《人的哲学论纲》(人民出版社 2005 年版)一书里，他将自己多年独立思考、刻苦研究的成果，贡献给了读者。这本著作，在理论上颇多创见。其中，有关人类社会发展动力问题的论述，分析独到，自成一家言。特作此文，为之介绍。所有引文，均见薛著的有关章节。

　　**阶级斗争是社会发展的根本动力吗？不是。**

　　"阶级斗争是社会发展的根本动力。"——在过去很长一段时期，这种认识，对我们来说，几乎可以是一种常识，是天经地义、不容讨论的，尤其在讨论中国农民革命问题时，几乎众口一词，歌颂其为中国历史前进的唯一动力。多年来，我们"以阶级斗争为纲"，做了许多蠢事，与我们在理论上的这个误区，有直接联系。

　　薛德震破除了人们的这个迷信。

　　他承认：这种观点是有相当根据的。尤其在迄今为止的一切社会形态交替过程中，阶级斗争在推动社会发展上，其作用很明显，不应否认。但是，他指出：这毕竟只是人类社会在阶级社会这个特定阶段的现象；整个人类社会的历史，并不能由此得到解释。可见，阶级斗争不是人类社会发展的"唯一的、根本的或一般的动力"。人类社会所以能够得到发展，显然还有更一

---

* 这是李蔚先生在《中国思维网·历史之门》及《新浪》"博客"中发表的文章。

般的其他原因存在。

而且，追究起来，何以会有阶级斗争？阶级斗争的动力又在哪里？"阶级斗争作为一种一定阶段的历史现象，一种社会运动，其本身（产生、发展和消亡）就是应当加以动力说明的"。既然如此，它就"不可能是最终的动力"。

薛德震指出："从历史上来看，阶级斗争的激化往往是社会停滞不前甚至腐化倒退的产物，而阶级斗争的缓和却往往与社会的繁荣进步相伴随，就是说，阶级斗争的强度和频繁程度并不与社会进步成正比。"

可见，把阶级斗争看成社会发展的根本动力，是站不住的。

**生产力和生产关系的矛盾是社会发展的根本动力吗？也不是。**

把生产力和生产关系的矛盾看成社会发展的根本动力，这种观点，在我们这里也曾经十分流行。

薛德震认为：这种看法比上一种看法有进步，"深了一层"。人类社会的"全部历史确实是在这种矛盾运动中发展的，在这个意义上说它是历史发展的动力当然没有错"。

但是，所谓"生产力和生产关系的矛盾"，无非是说：一方面，生产关系是由生产力决定的；另一方面，生产关系又反作用于生产力。"而每一方面的意义都是以生产力为根据的"。据此，他认为：与其"说它（指生产力和生产关系的矛盾）是动力，还不如说生产力是动力更直接些和洞底些"。生产力和生产关系的矛盾运动，根本地说，是"一种动力作用形式，或动力作功过程，而不是动力本身。"

**生产力也非社会发展的初始动力。**

那么，生产力是社会发展的动力吗？对此，薛德震从两个方面进行了讨论。

尽人皆知，生产力是最活跃最革命的因素，没有生产力的发展，就谈不上社会的进步，而生产力的发展又必然导致社会的进步。所以，他认为：视生产力为社会发展的动力，这种观点"从更深的层次上揭示了社会进步的原因","谁也无法否认生产力给予社会历史的根本推动作用。"

但是,他问:生产力本身又是怎样形成和发展的?它的发展动力又是什么?这是值得进一步探讨的问题。生产力作为人类的生产能力,表现在人与自然物质的关系上,"它发展和形成的根据和内在动力只能在人类自身"。而且,从生产力的内在结构来看,劳动者是其中唯一能动的要素,是起决定作用的主体力量,而生产资料归根到底只有从属或受动的意义。

由此可见,生产力还不能看作社会进步的初始动力。

**只有人的劳动创造活动,才是人类社会发展的根本动力。**

在逐次分析了以上三种比较流行的观点以后,薛德震指出:"人们为满足自身需要而进行的劳动创造活动,是形成和发展生产力的直接动力,从而也是整个人类历史发展的根本动力。"

人的劳动创造活动很多,但最基本的是物质创造活动和精神创造活动两大类。"生产力就是在人们运用脑力和体力认识世界、改造世界以创造物质和精神财富的过程中形成和发展的。因此,与其说历史发展的动力是生产力,不如说是人的劳动创造活动更直接更明确些。"

薛德震说:"任何一个人群只要停止了劳动,不要说很长时间,就是几个星期也难以维持,而任何一个人群,只要充满了劳动创造生机,他就能生产发展,变得繁荣昌盛、富裕幸福。"而"社会的进步、停滞或倒退,归根到底在于它对人民的劳动创造热情的发掘、压抑或破坏"。

**而人的需要,又是驱使人从事劳动创造活动的动因。**

那么,人为什么要进行劳动?驱使人从事劳动创造活动的动因又是什么?人的劳动创造活动何以发生、何以发展?

一句话,人的需要。薛德震说:"从人的劳动创造活动的各个方面、各个时期和各种形态来看,它都是为了满足人类自身需要的;对人类来说如此,对个体来说也是如此。"

人的需要是人的生命活动的基础,是客观存在的,是不依主体的意志为转移的。忌讳它,漠视它,认为这就是利己主义,觉得它低下卑劣,是完全错误的。历史证明："凡是在人的需要遭受亵渎、压抑或扼杀的地方,人的生命活动的广度和深度、人的创造性活力也遭到亵渎、压抑和扼杀。""在人的世界里,没有什么比人的需要更可宝贵、更为重要、更加实在的了!"

人的需要是一个丰富的系统,并且具有无限丰富的发展趋势。大自然既然创造了人这样一个复杂的生命体,它也就同时赋予它以无限丰富的需要。人的需要以吃穿住用等直接物质需要为基础,但绝不局限于物质需要。人是有思想、有激情的能动存在物,日益丰富的精神追求是人区别于其它动物的重要标志。

任何人只要沉静地自我反省和客观地观察别人,就会发现人在生活中不仅需要物质文化产品,而且需要友谊和同情,需要交往和审美;他还需要自尊、自主、自信和自我实现。还有一些人以追求真理、英勇创造、献身事业为终生的最高需要。正是这一切,推动着人的劳动创造活动。

**必须以人为本,才能构建和谐社会。**

薛德震同志这项有关社会发展动力动因的科学研究,不仅有理论价值,在当前尤其具有现实意义。它为中国共产党近年来提出的"以人为本","构建和谐社会",提供了理论支持。

既然社会发展的初始动力是社会成员的劳动创造,那么,社会就不能不"以人为本";既然人的需要是人进行劳动创造的动因,那么,社会在推进生产发展、经济繁荣时,就不能不妥善调节各种社会关系,使各种类型的劳动者的各种不同需要,都能够得到满足。我们的一切工作,做得是否对头,衡量的唯一标准在于是否体现了"以人为本"的精神,在于脑力劳动者和体力劳动者的积极性是否调动起来了。

我们是"人民共和国",不言而喻,我们社会的构建更必须以劳动者为基础。但是,近二十年来,在我们国家,占人口绝大多数的普通脑力劳动者,尤其作为普通体力劳动者的工人和农民,竟然被"边缘化"了,沦为"弱势群体",这是何种严重的问题啊! 这不仅有违我们建政的初衷,而且与社会的发展方向背道而驰。

既然社会发展的根本动因在人的需要,那么,满足人的需要就必须真正成为我们发展各项事业的最高目标。我们的建设规模必须以环境的承受力为限,不能单纯追求"又多又快",江河空气大地不能再这样严重地污染下去了。损害环境就是损害群众健康。如果连人的生存条件和生活基础也要破坏,那搞这样的建设有什么必要,有什么意义?

我们各项建设事业发展的规模和速度,必须以自然资源的再生能力和承受能力为限,不能疯狂地"开发",过多挖掘,寅吃卯粮,严重浪费资源。我们今天享受的自然资源,是祖先留下来的。我们也必须给后代留足留够,不能有"世纪末"心态,做断子绝孙的事情。

在社会分配上,既要解决"国富民穷"的问题,也要解决权贵阶层贪占大头的问题。现在,一方面,官民矛盾,政府财政失去民众监督,本身开支太大,贪图享受,奢侈浪费,贪污腐化,而用于民生的支出太小,人民被新的"三座大山"压得喘不过气来。另一方面,社会分配严重不公,向权贵势力倾斜,普通劳动者所得甚少,生活艰难,贫富对立,社会矛盾尖锐,与"共同富裕"背道而驰。凡此,均与"和谐社会"的观念背道而驰,不符合"以人为本"的根本精神,应当以更大的努力,使其迅速得到解决。

2009 年 1 月 5 日

# 兰文飞*  以新的视野回到经典

## ——评《以人为本  构建和谐社会 40 论》

《以人为本  构建和谐社会 40 论》是薛德震先生新近的一部著作,它是作者在 2006 年 9 月出版的《以人为本  构建和谐社会 20 论》一书基础上重新修订的,收录了他在这两本著作之间已发表和未发表的二十五篇文章。薛先生是 1932 年生人,自 1947 年参加革命以来,一直从事编辑出版工作。以七十多岁的高龄仍勤于理论探索,并不时发表新作,令人感佩。

而在这两本书之前,作者还出版过《人的哲学论说》和《人的哲学论纲》,可以说,这本《40 论》延续了作者对人的哲学的关注。书中所收的四十多篇文章,既有对"以人为本"相关理论问题的阐发,又有结合现实的具体论述。并且,作者很好地把理论与现实问题结合起来,充分反映出作者理论思考的敏感度。

我个人理解,在书中,作者运思的方式是从马克思主义的角度出发寻求对现实问题的解答,当遇着新的问题时又能自觉返回到马克思主义经典作品中去,重新回归原著的结果是既回答了问题又开拓了对经典解读的视野。

这就启示我,思想的深度往往需要认识的条件也需要现实的条件。我们过去对马克思主义片面的和教条的理解,既有认识上的原因,也是历史条件不足所导致的。就如作者在书中的原序里所说:"二十多年来我国改革开放的伟大实践是我们今天谈论'以人为本'的构成性语境的前提,也是我们真正理解'以人为本'内在蕴意的物质条件"。可以说,没有改革开放的历史条件,就不可能理解"以人为本"的真正内涵,也不能够理解马克思所

---

* 兰文飞,《学习时报》编辑。

说的"人类解放"的究极含义是什么，就还会纠缠在阶级斗争的范畴里去把握。

所谓人的解放是需要诸多条件的，对这个问题的认识也是如此。从马克思当时所处的历史环境来讲，西方文明的进程已经初步崭露了这些条件的端倪，而马克思准确地分析和预见了这些历史条件得以产生和发展的内在逻辑，这是马克思成为一位伟大的现代思想家的重要原因所在。近代以来，西方不少思想家也都致力于此，不管是哲学、经济学、法学，还是政治学等等学科的一流思想家，都从各个角度分析和阐明了人的解放所需要的各种条件。

所以，在某种程度上讲，现在更有必要回到马克思的原著中去，因为历史给了我们新的条件，使得我们具备新的视野去领会那些曾经被忽视的重要思想。

（原载《学习时报》2009 年 4 月 6 日）

# 郝怀明　以人为本应当成为我们的核心价值

## ——读《以人为本　构建和谐社会40论》

　　薛德震同志的《以人为本　构建和谐社会40论》近日由人民出版社出版。这是他在继《人的哲学论说》、《人的哲学论纲》之后,在三年前出版的《以人为本　构建和谐社会20论》的基础上新增后来写下的一些篇章,又一部新的专著。作者自2003年10月党中央确立以人为本的科学发展观和构建社会主义和谐社会的战略思想以来,面对时代提出的重大课题,从我国的实际出发,继续深入研究人的哲学问题,本书是他对人学研究的新感悟、新成果。

　　众所周知,在"文革"和"文革"前的长时期中,人性、人道主义在我国一直是被批判的对象,被看作是资产阶级的意识形态,是马克思主义的对立物,在我国主流意识形态中是没有它应有的地位的。上世纪80年代,周扬在他那篇著名的《关于马克思主义的几个理论问题的探讨》一文中,为人道主义正名,曾引起了一场风波,余波至今仍未完全消失。在"谈人色变"的境况下,研究人的哲学是要付出代价的。党中央以人为本的科学发展观的确立,从根本上改变和结束了"谈人色变"的历史,研究人学的政治环境空前地改善了。薛德震同志的这本书在他以往研究人学的基础上,从各个不同的层面和角度论证了以人为本的马克思主义性质,论证了它的理论意义和实践意义。他说:"坚持'以人为本'是科学发展观的本质和核心。以人为本,就是要把人民的利益作为一切工作的出发点和落脚点,一切为了人民,一切依靠人民,不断满足人们的多方面的需要和促进人的全面发展。具体地说,就是在经济发展的基础上,不断提高人民群众物质文化生活水平和健康水平;就是要尊重和保障人权,包括公民的政治、经济、文化权利;就是要不断提高人们的思想道德素质、科学文化素质和健康素质;就是要创造人们平等发展、充分发挥聪明才智的社会环境。"他还说,以人为本,从哲学上说就是要以人为本位,从经济上说就是我们的一切生产要以满足人民的需要为目的,从政治上说就是要以人民为主人,从伦理道德上说就是要把人当作人来对待。作者从理论和实际的结合上阐述了以人为本具有实现华夏同胞大团结的强大凝聚力,在构建和谐社会、建设三大文明、促进社会经济和人的全面发展中的巨大作用。作者研究人学达三十年之久,是下了大力气,用了苦功夫的。像他那样专注执著,孜孜以求,并且成就斐然,在今日之理论界是不多的,是难能可贵的。从他身上,我看到了一位老共产党员对党和人民的事业,对马克思主义理论的一片忠诚,以及不畏艰险追求真理的理论家的风骨。他对我说:"历史和人民是公正的和无私无畏的。权力可以使人发疯,可以用它去整人,但却整不倒、压不垮真理!"诚哉斯言。

我不是哲学科班出身,对人的哲学也缺乏研究,但我衷心拥护党中央提出的以人为本的科学发展观。我觉得,以人为本,同历史上的人本主义、人道主义是相通的,是在继承它的积极成果基础上的一个新的发展和创造,是一个中国化的马克思主义的命题。它符合实际,真有道理。我理解,以人为本,它的根本含义,就是尊重人民的历史主体地位,就是坚持全心全意为人民服务,立党为公,执政为民,始终把实现好、维护好、发展好最广大人民的根本利益作为党和国家的一切工作的出发点和落脚点,就是尊重自然和社会的发展规律,努力促进人与人、人与社会、人与自然相和谐,就是在坚持经济发展的基础上,促进社会全面进步和人的全面发展。可以说,以人为本是马克思主义始终以人为主体和目的,追求人的自由全面发展的思想的高度概括,体现了马克思主义历史唯物论的基本原理,体现了我们党的根本宗旨和我们推动经济社会发展的根本目的,体现了中国共产党人的崇高的价值理想。

记得在参加《中共中央关于社会主义精神建设指导方针的决议》起草时,陆定一曾就人道主义以及民主、自由、平等、博爱问题对我们讲过这样的话:第一,要接过来,不要否定它;第二,加以科学解释。资本主义比封建主义民主多一点,社会主义更民主一点,自由一点,平等一些。民主就是民主,自由就是自由,人道主义就是人道主义,在社会主义制度下比在资本主义制度下多一些。这样听得醒目。我赞成他的意见。面对这些多年来被人们搅得混乱不堪的问题,他的简捷、简括、简练、简明的回答,使我有一种清心明目之感。

以人为本为核心的科学发展观清楚地告诉我们,马克思主义中是包含着人道主义的,这种人道主义是马克思主义的价值观(其中包括伦理道德观),而这种价值观又是马克思主义世界观的组成部分。作者在书中指出,以人为本凝聚了马克思主义世界观、历史观、价值观的真精神,又汲取了人类文明发展的共同成果。自由、平等、民主、法治、人权、博爱、公平、正义等等,是以人为本的应有之义和重要内容。以人为本,既是伦理道德观、价值观、同时也是历史观、世界观。这样,在人道主义这个被搞得混乱异常、纠缠不清的问题上,就从理论上彻底地走出了在"文革"以及"文革"前和"文革"后长期以来形成的误区。如果依旧"念念不忘阶级斗争",抱残守缺,那就很难对以人为本这一战略思想的重大意义作出正确的理解和判断,与时代同步。

党中央明确指出,科学发展观"核心是以人为本",充分揭示了以人为本在科学发展观中的重要地位和作用。我们应当理直气壮地提出,以人为本应当成为我国社会主义的核心价值,或者说成为我国社会主义价值观的核心。坚持以人为本,就是坚持马克思主义的历史唯物主义,就是坚持党的全心全意为人民服务的根本宗旨,就是坚持共产党人的崇高理想和信念。应当加大力度,积极地、热情地宣传以人为本的价值观,形成浓厚的舆论气氛,有利的文化环境,强大的社会舆论,在认认真真、踏踏实实调查研究的基础上,采取切实有效的具体措施和实际步骤,把以人为本的思想和观念落实到人们的思想认识上,行为规范上,特别是制度建设上。我国有数千年封建社会的历史,封建专制主义思想的影响根深蒂固,多年来对人道主义的错误批判造成的恶劣影响尚未得到彻底清理,致使一些人至今对以人为本的马克思主义的性质仍持怀疑态度。中央提出科学发展观已近六年了,但是,科学发展观中以人为本这个"核心",思想至今还远没有成为我国意识形态的主流。以人为本就是旗帜,就是方向,就是力量。我们应当高举这面旗帜,紧紧抓住这个核心,突出这个核心,在这个具有战略意义的核心问题上,达成党内的共识,进而达成全社会的共识,达成社会和执政党之间的共识,使之真正成为全社会的一个重要的基础指导思想,成为党政官员的行为总则,成为全社会公民的行为总则,凝聚起改革的强大社会力量,把各项改革事业继续推向前进。可以相信,持之以恒的以人为本的核心价值的教育和践行,将引领中华民族走向现代文明,实现国家长治久安,社会永享太平。

(原载《今日中国论坛》2009 年第 5～6 期)

# 后　记

经过一年多的努力,书信集即将付梓,该写后记了。按照著书的传统习惯,后记应该感谢各方有关人士。我现在要感谢各方人士,倒不完全是按照什么程式,而是真正发自内心的感谢!

回顾和反思我对人的哲学的研究和撰著,从我同五十多位各方面的朋友、专家、学者的通信和交流中,可以清楚地发现,我的这种研究和撰著,实际上是一种集体的创作,朋友们正面的肯定、鼓励、建议、补充、选题创意和策划等等,直接参与了这种创作,自然不必说了,即使论辩对方,他们以论辩反方的立场和观点,不但激活了我的理论思维,而且启迪了我的心智,为我提供了展开论说的不少论题、论据,所以,他们实际上也参与了这种创作。在前几本书的后记中,我都忘不了对这些直接或间接参与创作的人士表示了感谢,这次更加深加强了对他们的谢意。对于家人的感谢,前几本书都是一笔带过,显得有点空,这一次我想稍微写得实一点。

五十多年做编辑工作从事脑力劳动,三十多年高强度精神苦旅,没有一个良好的家庭环境和亲人的理解、支持和鼓励,要能够顺利进行,并取得一定的成就,那是不可想象的,所以,最后得谈谈我的家庭和亲人,向她(他)们表示感谢。

前面都是讲哲学,都是抽象思维,比较枯燥。最后,我想来点形象思维,讲讲我的老伴和家庭。中国人不大习惯讲家庭亲情私事。其实家庭是社会的细胞,在加强和谐社会建设中,应加强和谐家庭建设。我的老伴名叫杨瑾,我俩结婚已经五十六年,加上从 1950 年相识相爱,携手相伴同行六十年。我俩学的、干的虽然不是同一个专业,但我的一些文章写成后总要请她先看看,提提意见。她做了一辈子的编辑工作,所以总能很熟练地从编辑业务的角度提出内行的意见,有时连笔误和错别字都逃不过她的慧眼。六十年共同从事编辑出版工作,但是都是分别编书写书,她在文物出版社工作,最后十年担任社长兼总编辑,我在人民出版社工作,最后十年担任社长兼总编辑,没有共同写过书编过书。离休后,合作主编了一部大书:十卷本《中国园林之旅》,并合写了一篇总序《美轮美奂 如诗如画——源于自然又人化自然的中国古典园林》。这可以说是我俩的精神结晶。在为这套书合作撰写总序时,我们也运用了我的关于人的哲学的知识储备,论说了中国古典园林以表现大自然的天然山水景色为旨趣,布局自由,着意于人与自然的和谐统一,强调地指出中国古典自然风景式园林同西方几何规整式园林反映了不同的人文哲学理念。中国古典园林所体现的人文精神,包含着中国传统的天人合一、天人和谐、崇尚自然的哲学思想。中国古典园林源于自然又人化自然的美轮美奂、如诗如画的艺术创造,在世界园林史上占有显赫的历史地位,是人类共同拥有的物质和精神财富。与自然和谐相处,美化人们的生活空间,是中国人千百年的追求;将自然山水缩移和模拟到自己的生活环境中来,是中国人世世代代的杰出创造。在人类高速走向工业化、现代化的今天,人们渴望回归自然、呼唤绿色,创造园林式的生活环境成了人们梦寐以求的理想。今天,我们编辑出版这套书,对于人们圆这个梦,具有特殊的借鉴和启发作用。

我俩一家,已经发展成为一个大家庭,而且是一个团结、友爱、和谐的大家庭。我俩都已迈向八十高龄,进入回顾、总结、反思的年月。回顾艰难、曲折又充满成就感的一生,我俩的晚年可以说是生活在我们国家民族兴旺发达、和谐幸福的最好时期,回眸往事,深感应当倍加珍惜!

在本书即将付梓之际,喜读温家宝总理在十一届人大三次会议上的政府工作报告,讲到:"我们所做的一切都是要让人民生活得更加幸福、更有尊严,让社会更加公正、更加和谐。"这让我们看到了新的希望,感到更为振奋。

2010 年 3 月 20 日

责任编辑：柏裕江
封面设计：肖　辉
版式设计：程凤琴

**图书在版编目（CIP）数据**

征途——薛德震哲学书信集/薛德震 著. -北京：人民出版社，2010.4
ISBN 978－7－01－008668－2

Ⅰ．征…　Ⅱ．薛…　Ⅲ．①薛德震-书信集②哲学-文集　Ⅳ．B－53

中国版本图书馆 CIP 数据核字（2010）第 016056 号

征途——薛德震哲学书信集
ZHENGTU XUE DEZHEN ZHEXUE SHUXIN JI

薛德震　著

人民出版社 出版发行
（100706　北京朝阳门内大街 166 号）

北京集惠印刷有限责任公司印刷　新华书店经销

2010 年 4 月第 1 版　2010 年 4 月北京第 1 次印刷
开本：710 毫米×1000 毫米 1/16　印张：22.25
字数：238 千字　印数：0,001－2,000 册

ISBN 978－7－01－008668－2　定价：38.00 元

邮购地址 100706　北京朝阳门内大街 166 号
人民东方图书销售中心　电话（010）65250042　65289539